智能传播变革丛书

数字变革

陆小华 著

天津大学出版社

智能传播变革丛书　ZHINENG CHUANBO BIANGE CONGSHU
数字变革　SHUZI BIANGE

图书在版编目（CIP）数据

数字变革 / 陆小华著. -- 天津 : 天津大学出版社,
2024. 8. --（智能传播变革）. -- ISBN 978-7-5618
-7786-9

Ⅰ. G219.2

中国国家版本馆CIP数据核字第2024UP9653号

出版发行　天津大学出版社
地　　址　天津市卫津路92号天津大学内（邮编：300072）
电　　话　发行部：022-27403647
网　　址　www.tjupress.com.cn
印　　刷　北京华联印刷有限公司
经　　销　全国各地新华书店
开　　本　710mm×1010mm　1/16
印　　张　16.25
字　　数　242千
版　　次　2024年8月第1版
印　　次　2024年8月第1次
定　　价　76.00元

“智能传播变革丛书”导读

随着生成式人工智能的突破和迅速迭代，新闻传播不仅进入数据驱动、算法分发的智能传播时代，而且进入人类生产内容与人工智能生成内容共同影响人的智能传播新阶段。在智能传播时代，匹配移动需求成为基本规则，实时匹配个性需求改变了传播逻辑，智能传播强烈放大了影响力生成中分发所占的权重。生成式人工智能在文字、图像、视频、音频生成方面不断推进，可用性不断增强，特别是其“生成即传播”的特性，深刻影响着人们的信息获取、知识萃取、观点表达、意识形成。不仅媒体等专业组织的工作范式发生重大转换，形成人与人工智能协同生产内容的新工作模式，而且，多模态大模型等生成式人工智能工具可能成为超级传播主体，并可能与推荐算法、社交机器人、人形机器人协同运行[①]，从而对传播格局产生颠覆性影响，也可能进一步改变影响力生成逻辑。因而，如何应对智能传播变革，如何有效落实“探索将人工智能运用在新闻采集、生产、分发、接收、反馈中”[②]的要求，特别是切实落实“用

① 2024 年 3 月 1 日和 5 日，在北京、天津两个机关的内部讲座中，我都曾预测，大模型可能与人形机器人协同运行，当时选择分别由国外和国内制作的两款人形机器人 Figure 01、Walker S 作为案例。这个设想的实现快得出乎预料。2024 年 3 月 14 日，美国机器人创业公司 Figure AI 正式发布了 OpenAI 大模型加持的 Figure 01。2024 年 4 月初，优必选公司宣布与百度合作，尝试将大模型接入 Walker S 中。

② 习近平：《加快推动媒体融合发展 构建全媒体传播格局》，《求是》2019 年第 6 期。

主流价值导向驾驭‘算法’，全面提高舆论引导能力”[①]的要求，就成为党政机关、企事业单位、新闻媒体等负责任的传播主体必须深入思考、努力践行的重大课题。因此，我把近年来对“智能传播变革”所做的系统研究的部分成果纳入本套丛书，交付出版。

本套丛书包括《智能认知》《数字变革》《内容竞争》《驱动传播》《重塑融合》，这五本书既分别论述五方面的趋势把握、战略设计、对策选择、案例解剖，又构成一个整体，体现以推动多方面变革来适应智能传播变革。本套丛书的内在逻辑和阅读顺序为《智能认知》《数字变革》《内容竞争》《驱动传播》《重塑融合》，即在智能变革中从优化认知开始，谋划适应数字变革的战略和策略，以有效手段赢得多媒体、多模态条件下的内容竞争，学会并善于驱动传播以改变原有传播模式、增强传播力，并要在智能传播新阶段重塑融合，改变原有融合认知与模式，走向智能融合。

本套丛书体现了智能传播变革中应有的认知框架、战略谋划和对策设计。其中，《智能认知》阐述了应对“与人工智能共生”新阶段的重要战略；《数字变革》提炼了适应新闻传播领域数字化变革中思维方式、运作方式变革的生存规则；《内容竞争》解析了增强内容竞争力、传播力、说服力的底层逻辑和创新方法；《驱动传播》在解析四种重要传播模式的基础上阐述了驱动传播的理念、策略与方法；《重塑融合》阐述了中华民族集体智慧中对“势”的感知、把握、运用、塑造，探究了如何顺应智能科技发展并积极有效得当运用，从深度融合走向智能融合，从融媒体向智媒体加速演变，从而重塑媒体融合。

《智能认知》一书共有“把握趋势”“刷新认知”“塑造能力”“优化战略”四章。本书系统探讨如何把握智能内容生成等新趋势、新变局，把握“与人工智能共生”的智能变革新阶段的演变特点与规律，把握生成式人工智能实质、生成逻辑与运行范式，把握智能传播

① 习近平：《加快推动媒体融合发展 构建全媒体传播格局》，《求是》2019年第6期。

演进规律与底层逻辑，以提升认知水平、把握智能变革先机，以催生创新溢价与创造协同价值获得变革成效，以塑造智能竞争力、提升数据话语权赢得舆论博弈。本书还探讨了如何通过优化内容战略、协同战略、拓展战略、规则战略来进一步提升传播力、引导力、影响力、公信力。

《数字变革》一书共有“生存规则”“变革逻辑”“运行范式”“融合体系”四章。本书系统阐述“坚持移动优先战略”“强化媒体深度融合”“成为新型主流媒体”“谋求体系枢纽地位”四个方面的政策要求和生存规则；深入解析数字化变革周期的演化趋势，阐述新型主流媒体应是智媒体的底层逻辑，阐述为什么必须把体系协同作为适应社会生产体系需求的战略选择。本书还系统论述了数字变革中运行范式变化的关键所在，即再组织化、再专业化、再服务化、再社会化、再体系化；并系统解析融合运作体系的构建，提炼智媒体平台设计基点、智媒体平台构建的核心目标，分析融合运作体系构建之关键所在。

《内容竞争》一书共有“竞争核心”“创新依据”“竞争策略”“创意案例”四章。本书系统阐述什么内容才值得生产与传播、为何竞争焦点在于赢得第一解释权、网络内容建设原则与突破点、如何通过价值发现实现基于新历史方位解析中国。本书系统解析如何把握智能传播变革中的创新规律，即数字内容应蕴含传播策略的表达逻辑、支撑短视频传播力竞争力的底层逻辑、新媒体内容与服务产品设计原则所体现的匹配逻辑和凭审时度势善于利用赢得内容竞争的传播之道。本书还系统探讨了作为新传播格局中竞争方法关键之一的需求匹配，新媒体产品供给形态演化所体现的领先制胜和适应新的内容生产分发方式的布局思维。本书以重大庆典多现场、多媒体直播报道为案例，系统解析如何基于塑造引导力构建现场演播室，如何基于体现思想力进行框架建构与报道实现，如何依托洞察力进行画卷构思与创意实现，如何通过效果想象与创意实现追求表达力，如何通过内容挖掘与创意提炼激活发现力，如何通过能力养成与创意验证锻造实现力。

《驱动传播》一书共有“模式认知”“战略选择”“对策实

施”“案例解析”四章。本书重新定义并系统解析关系链传播、驱动再传播、多模态传播、对抗性传播四种传播模式的核心秘诀及其在智能传播变革中的创新表现，深入解析对抗性传播在国际传播、舆论博弈中的应用规律。本书系统探讨了中国共产党的新媒体战略，探讨了最有助于实现战略传播效益的谋势战略和适应新媒体传播的驱动传播战略。本书基于中国实践探讨了如何进行策略谋划，如何让解释和观点在合适的节点体现，探讨了危机报道中的战略权衡与思路拓展、灾难报道中的能力展现与必要约束。本书还系统解析了三组案例，阐述政治传播境界在于既有温度又有深度，事件传播的关键在于多媒体协同传播策略设计与实现，频道运作的关键在于成为基于影响力的引导性媒体。

《重塑融合》一书共有“顺势得生”“重塑则成”“见识制胜”“智媒塑融”四章。本书系统探讨如何识势、蓄势、应势、取势，以顺应数字变革取向与智媒体转型要求；深入解析如何有效利用新媒体产品影响机制、驱动力量；系统阐述在重塑融合进程中如何推进观念重置、模式重构、资源重组、策略重设，如何推进构建适应新媒体竞争的运作模式，如何以颠覆式变革思维谋划融合变革，如何以整合需求、主动干预激发内在活力，如何从把握需求结构入手优化竞争策略。本书重点论述如何通过体现见识、增进共识、明晰标识、传递卓识来实现见识制胜，彰显解释力、凝聚力、说服力。本书系统地阐述了如何推进智媒塑融，以自趋深融来体现新竞争逻辑与融合运作，以协同共融在竞争格局中占领制高点，以变革促融适应新传播格局、赢得融媒体竞争，以智能交融实现深刻变革、适应智能变革。在系统探讨如何把握多约束条件、适应多维度竞争，通过智能化融合有效运用智能科技强大赋能作用的基础上，本书特别提出，适应智能变革，重塑融合是必然选择。本书探讨如何通过目标重置，以智能融合构建智媒体；如何通过内核重塑，构建人工智能驱动的数字媒体；如何通过体系重构，塑造适应人工智能的运作体系。

本套丛书的写作愿景，是希望帮助读者朋友提升“把握人工智能等新科技革命浪潮”[1]的能力，有效运用包括人工智能等在内的数字科技新技术赋能。在我看来，能力学习比知识学习更重要。能力学习的重心，就是思维方式和方法论。因而，基于既长期从事新媒体研究，又长期从事新闻传播实践，既管理过新闻传播业务，又负责过音视频技术系统规划、建设和运维[2]，我努力以多重视角、文工交叉思维解析智能传播变革规律与应对方法，既系统阐述智能传播变革趋势、战略、方法、路径、对策，又在方法论层面做了多方面探索、总结、提炼，紧扣中国实践，直面发展趋势和现实问题并提出解决办法。

“智能传播变革”这套丛书最初谋划于2023年1月初我写完关于ChatGPT[3]在催生什么智能传播新变局的几篇论文和研究报告之后的寒冬；交付此套丛书全部稿件则已是2023年9月秋暑正炽时。2024年初夏，又加入了2024年3月关于Sora[4]的研究成果，探究生成式人工智能从ChatGPT到Sora的发展特点与其间的联系。至于100多万字清样的多轮校订，大部分是在出差途中的飞机、高铁上和秋色、冬雪、春风、夏雨错落变换、交相映衬的各种客舍中进行的，也曾有把已看过的部分清样遗落在飞机上而再重新细读的经历。其间，虽曾错过“秋林苍野立，幽谷淡云横。叶落千枝挺，寒起万草丰”[5]的璀璨秋色，却也可以在细读清样后掩卷揉眼、倚窗眺望，感受“风急马鬃乱，山远古树铿。地阔天更静，星明月正升”[6]。本套丛书虽是学术著作，但也希望读者

---

① 《习近平主持召开二十届中央财经委员会第一次会议强调 加快建设以实体经济为支撑的现代化产业体系 以人口高质量发展支撑中国式现代化》，《人民日报》2023年5月6日，第1版。

② 本丛书作者主持建设的“新华社全球视频智媒体平台”项目获2019年“王选新闻科学技术奖”一等奖。“王选新闻科学技术奖”是科技部国家科学技术奖励工作办公室批准的传媒科技奖励项目。本丛书作者对通信技术的最早接触是从少年时阅读《无线电》杂志、尝试做矿石收音机和寻找2AP9二极管等开始的。

③ ChatGPT，Chat Generative Pre-trained Transformer，生成式预训练聊天模型。

④ 由美国的人工智能研究机构OpenAI开发的由文本生成视频的模型。据称，Sora这一名称源于日文，天空之意。

⑤ 陆小华：《秋林》，写于2015年9月27日。

⑥ 同⑤。

在阅读中能有类似的感受和体悟。

人类文明史就是直面挑战、以变革求发展的历史。今天的中国，“正在谋划和实施一系列全面深化改革重大举措”[①]，“进一步全面深化改革、推进中国式现代化”[②]。我们面对智能传播变革，必然需要直面挑战、以变革求发展。应当如此、必将如是。

以此导读，亦为自序。

2024 年 5 月 25 日，于客舍中

① 《习近平会见美国工商界和战略学术界代表》，《人民日报》2024 年 3 月 28 日，第 1 版。

② 《中共中央政治局召开会议 决定召开二十届三中全会》，《人民日报》2024 年 5 月 1 日，第 1 版。

目录

第一章　生存规则

移动互联网时代到来，数字变革持续演进，人工智能技术发展，深刻改变了人们的信息需求心理和消费行为，改变了传播格局，又创造出新需求空间。这一切都在深刻影响内容生产与传播，深刻影响政治、经济与社会运行，使传播格局、媒体生存逻辑发生重要改变。移动需求已经成为第一需求；加快推进媒体深度融合的一系列重要举措，是党中央的战略抉择和政治决策；打造新型主流媒体是媒体深度融合的重要任务和应有成果；而谁处在社会生产体系的枢纽位置，谁就可能具有更重要的价值和更强的竞争力。客观地看，坚持移动优先战略、强化媒体深度融合、成为新型主流媒体、谋求体系枢纽位置已成为媒体的基本生存规则。

第一节　坚持移动优先战略

移动互联网时代的到来，推动传播格局发生了重大变化，也促使媒体格局与生存逻辑发生重要调整。诸多重要变化，已经传递了清晰的信号，会有更多东西被移动互联网颠覆，一系列新的尝试和其成果传达着新的生存逻辑。

一、移动需求成为第一需求

（一）移动需求体现了人对自由的追求

从世界范围看，无论是通信业还是传媒业，移动需求都正在成长为第一需求。这种趋势是不可阻挡的。

为什么这样判断？移动通信业业务总量在短短 10 多年的时间里迅速超过了固定通信业，移动互联成为各个行业争先恐后投入的领域，传统媒体不惜改变外在形态与运作方式以适应新媒体竞争，手持终端成为包括媒体在内的诸多产品和服务提供方式的交汇点，如此等等的背后，一定存在着一种体现规律的推动力量和推动机制。追根溯源，那应当是人们心灵深处最重要的东西，即对于实现更大程度自由的不懈追求。

人的最大需求，不是一般的信息需求、娱乐需求，而是自由。人对自由的争取，伴随着人在自然环境中生存斗争的整个过程，也伴随着人们认识权利、争取权益的整个过程。而信息的充分获取、使用、分享，是人获得真正意义上的自由的条件之一。人对自由的需求是许多历史性变化的最重要驱动力。移动通信少了固定电话必不可少的那根线，它意味着人们释放掉了一种束缚，获得了一种自由。移动通信使人们可以在任何时间、地点找到一个人，从而得到超越想象速度的发展。在这个基础上，人们才可以不断发明并改进，不断拓展使用方式。同样，互联网在带来便利的同时也让人们感受到一定束缚——仍然要依赖一根网线才能上网。一旦能够去掉这根网线，实现无线上网，互联网就会更有魅力和影响力。因此，人的基本需求会促使互联网继续发展，互联网的移动化是历史的必然，给人们带来更大自由的同时，也会促使人们形成更为多样化的信息需求。这些，正在深刻改变与互联网有关的内容产品格局，也必然会改变我们对怎样满足人们信息需求的认识。应当说，人们对随时随地方便有效地获取信息的需求，就是传媒移动化的最主要的推动力量。技术进步、理念变化、运作方式变化，不过是从不同方面提供了条件而已。

与信息有关的需求，曾经被习惯地区分为社会需求、家庭需求与个人需求，并长时间作为传媒结构与定位的基础。有些传媒定位于满足人们的社会需求，注重与职业和社会身份相关的信息需求，从而出现多种专业媒体。而更多的传媒专注于满足家庭需求，多年以来体现了很好的成长性，比如，曾经引人关注多年的晚报、都市报等平面媒体。而满足个人需求，则成为传媒、特别是新媒体的着力重点。

但，这种区分方式，没有充分考虑受众的接受方式与接受地点，没有充分注意到个人需求在信息需求中所占比重正加速扩大的事实。如果充分权衡接受方式、接受地点与个人需求所占比重，就会得出一个简单结论：移动需求正在成长为第一需求。传统媒体所面对的受众需求主要是静态需求，在今天移动表达和移动商务造成的移动需求是第一需求。

（二）移动需求是传播格局的决定性力量

移动需求正在成长为第一需求，这将是左右今天以至未来传媒格局、传播格局的决定性因素之一。

从当前以至未来的发展演变来看，移动需求的内涵是丰富多样的。广播的重新崛起，是移动需求增强的重要表现。但移动需求不等于交通信息需求或移动时的娱乐需求。手机媒体化是催生移动需求的重要支撑，但媒体化的手机终端所能满足的，仅仅是移动需求中的一部分，或者说，随着移动需求的增长，手机等手持终端还将整合更多的功能与内容。新的移动需求正在借助手机之类的手持终端强劲发展，与手机相关的内容与服务产品的增长速度在明显提高。

研究移动需求的多样化，可以将短信发送量增长速度的变化作为样本。

中国移动在 1994 年就具备了收发短信的能力。2000 年 5 月 17 日，中国移动通信有限责任公司正式开通了服务短信（SMS），发出了中国第一条短信。当年，中国全年的短信发送量是 10 亿余条，也许是因为与高昂的移动通信费用相比，短信费用低廉，也许是因为在东方文化的影响下，人们具有维持人际沟通的强烈需求，也许是因为中国手机用户非同一般的想象力，短信业务在中国迅速发展。2001 年，中国短信发送量约为 189 亿条。2002 年约为 900 亿条，其中，中国移动约为 750 亿条，中国联通约为 150 亿条。2003 年，中国春节期间短信发送量破 70 亿条，而那年美国全年短信发送量约为 81 亿条。2003 年，中国短信发送量约为 1 371 亿条，2004 年约为 2 177.6 亿条，增长 58.8%，从 2000 年至 2004 年增长了约 217 倍。2005 年中国短信发送量约为 3 046.5 亿条，比 2004 年增长 39.9%；2006 年约为 4 296 亿条，比上年增长 41%；2007 年约为 5 921 亿条，比上年增长 37.8%。有意思的是，2007 年，中国短信发送量占全球的一半，而手机用户数只占全球用户数的 17%。

2008 年，中国短信发送量约为 6 996.7 亿条，同比增长 18.2%，与之形成强烈对比的是，中国手机用户数已达 6.41 亿余户，新增约 9 392.4 万户，普及率为 48.5%，但短信发送量的增长率反而从 40% 左右下降到了 18.2%。到了 2009 年，中国短信发送量约为 7 840.4 亿条，同比增长率仅为 8.4%，增长率第一次下降到了个位数。为什么有如此明显的下降，其中重要的原因，是即时通信工具、对等互联与社交网站的媒介化。即时通信工具、社交网站成为年轻人沟通的主要工具，在一定程度上代替了短信的地位。

但短信发送量增长率的明显下降，并不意味着手机等手持终端的地位下降。实际上，即时通信工具、社交网站的移动化已成为趋势，主流手机厂商已经把主要即时通信工具和社交网站的手机版软件集成到新款手机中。他们深知，提供这样的便利会促使人们选择购买这些新款手机，因为通过手机使用即时通信工具和社交网站可以满足人们在移动中的重要需求。

移动需求成长为第一需求，促使传播方式发生了深刻变化，必然对传媒理念、传媒形态、运作方式、竞争策略等产生深刻影响。

（三）走向以移动需求为核心是历史必然

传统媒体的提供方式与传统内容产品的定位核心是类型化，生存逻辑是满足一种类别需求。过去几年，满足类别需求得到了很好的市场反响。例如电视剧市场的三大收视利器：《亮剑》《西游记》。《亮剑》曾经在江苏卫视一年的播放量高达 40 遍，一部以男性角色为主的戏满足了男人“梦里挑灯看剑”的侠客梦；《西游记》满足了孩子们天马行空的想象。

移动互联网时代的定位核心是满足移动需求基础上的类别细分。移动需求的核心不是碎片化，是以移动需求为基础的一系列服务。新媒体对这个世界的影响显然不是多了一种基于数字技术的产品，而是改变了所有的消费行为。

二、移动需求对传播服务的要求

移动互联网的发展，催生了平台传播模式，它开启了全新的信息传播方式。今天，还有什么没有被以互联网为代表的技术革命改变？移动互联网在进一步改变社会关系、社会结构、人的行为方式，也在改变人的心理和需求。因此，移动互联网被视为 2025 年之前可能改变全球政治、经济和人们生活的 12 项颠覆性技术之首。[①]

（一）顺应移动需求的规律性特征

移动需求至少有五个规律性特征。

1. 即刻需求

人们以“碎片时间消费碎片内容”描述移动需求，这只是时间概念

① 2013 年 5 月，麦肯锡全球研究所发布专题研究报告《12 项颠覆性技术引领全球经济变革》，包括移动互联网、知识工作自动化、物联网、云计算、高级机器人、自动驾驶汽车、下一代基因组学、能源存储、3D 打印、先进材料、先进油气勘探和开采技术、可再生能源。

下的需求特征和需求内容，这种描述的核心不是“碎片”而是“即刻”。从人的信息消费行为视角观察，人们希望明晰的需求能够即刻获得满足，不明晰的则能够即刻获得提示。“即刻”决定了相应产品的满足特征和超便利性，超便利性要求内容产品的类别区分更清晰、表达方式更明快、叙述节奏更简洁、使用方式更简单。

2. 选择需求

人们可以随意选择想看的内容，随意选择内容产品的消费方式。人们更愿选择使用手机看视频的核心动因不在于线性、非线性观看，而是这种方式满足了人们的选择欲望、操纵欲望。相比之下，电视虽然依旧占据广告市场的半壁江山，但电视已经不是消费者的重要选择。

3. 多来源需求

静止状态下，单一信息源就可以满足要求；移动状态下，则要求多信息源。相对而言，人们对于某一信息源的忠诚度大为降低，主动长期跟踪一种娱乐产品的忠诚度大为降低，大家会在多个信息源之间来回选择。移动终端上多个信息源和娱乐源的竞争远比在传统媒体终端上激烈，因此产品代际更替更快，且难以独占用户注意力，难以固化用户对某一信息源的使用。以客户端为例，大概两个月就会出现明显变异。

4. 超细分与超便利

梳理移动新媒体的发展过程可以看到，不仅便利性决定传播有效性的规律在满足移动需求中更充分地体现出来，而且，新媒体发展本身还驱使内容产品的类别区分更清晰、表达方式更明快、叙述节奏更简洁、使用方式更简单。分析移动内容产品就会发现，其超细分的特征更清晰，比工业化时代内容产品的细分化程度更高，切口更小，反而呈现出更大价值。在这样的移动内容产品中，不仅多一即应减去的规则在起作用，而且内容呈现方式必须与移动状态下人们的即刻需求心理与行为特征相吻合。

5. 便利替代性服务

移动产品的规律性特征是提供便利替代性服务。这已经成为移动互联网创业的主流模式。便利替代性服务不只存在于移动内容产品，还在移动互联网得到了更为强劲的发展。这既表现为互联网金融的发展，又表现为引起广泛关注的团购、外卖、网约车等线上平台之争，也同样体现为移动内容产品迭代。便利替代性服务正在成为移动互联网创业的主流模式，所产生的价值，从百度对 91 手机助手的并购案例就可以看出来。仅仅 4 年时间，一个当初收购价格仅 10 万元的软件，演变成最大的智能手机应用分发平台，百度的收购价达到了 19 亿美元。而创建 91 手机助手的熊俊恐怕都难以置信，这样一个 6 年前在厦门开发的苹果手机文件管理工具“iPhone PC Suite”，会成为当年中国互联网史上最大一笔收购案的主角。

便利替代性服务就是把现实生活中存在的某种服务转变为基于移动互联网提供，使其更为便利，主要通过挖掘人们潜在的与显在的需求，设计不同于线下的新产品。除了互联网金融、叫车服务之外，人们在健康管理领域里也发现了更大的商机，现在已经有一些主体在这个领域投资。基于移动互联网的健康管理，考验的已经不是简单的技术能力，如传感器、可穿戴设备、数据库等技术已在市场可见，其所考验的更是一个投资主体以超越传统产业链的思维整合前后端的能力。微信公众号上出现的诸多服务产品，同样依循这样的路径。

（二）提供选择结果成为第一选择

有了免费网络内容之后，人们为什么还要付费购买报纸或其他内容产品？人们获知市场数据后为什么还要关注媒体的报道？显然，人们不是简单地购买信息，而是购买专业选择结果，购买传媒提供的对市场情况、政策变动、发展趋势的解读。就整体而言，在经济波动期，解读成为最有价值和最有吸引力的内容产品之一，能否提供足够的选择结果和解读，成为区分传媒综合素质高下的一个标准。

对读者来说，没有经过解读与分析的数据，就没有太多意义；当然，对数据的错误解读，其负面影响甚至大于没有数据。从方法论角度说，新闻学是选择的科学、还原的科学、翻译的科学，更是判断的科学。如何报道是一种选择，制作报道是一种还原，把公众不容易理解的东西转述给公众是一种翻译。但在经济波动期，媒体更需要提供的是判断，是见识。

在经济波动期，受众需求心理发生明显变化，更快、更专业是人们的需求重心，并越来越向两端集中，这体现为要求传媒具有更高的时效水平和更专业的选择水平。

多项获得诺贝尔奖的信息经济学研究成果，已经深刻证明信息不对称与交易的关系，证明了信息对于在交易中获得利益所起的作用。现实生活中，人们已经体验到只要更早一点获得信息，就可以获得更大利益。因此，在经济波动期，人们更期望早获信息。这种对于时效的迫切要求，深深影响受众的信息需求心理与行为。因而，可以预见，时效要求会进一步转化为希望随时随地获得信息的移动需求，会以前所未有的力度，推动能够满足移动需求的新媒体内容产品和新媒体业态的发展。

同样，人们关于选择结果、选择质量的观念会发生明显变化，会对选择水平有更高要求。在免费信息丰富的时代，最稀缺的是选择结果，特别是精选择、再选择、专业选择的结果。所谓新闻传播，就是新闻信息收集、选择、加工、提供的专业性活动，而新闻媒体，无非是专业从事新闻信息收集、选择、加工、提供活动的组织实体。提供选择结果是新闻传播活动的核心，也是免费信息泛滥时代新闻媒体所提供内容产品的价值所在。免费网络与付费报纸的差异，在某种意义上，是偏重于海量内容与偏重于选择质量的区别。因而，媒体提供内容产品的质量更多地体现为选择质量。

在这样的竞争中，从传媒格局看，传媒会选择在满足深阅读与浅阅读之间确定位置与竞争态势。在这样的竞争中，网络媒体与平面媒体的定位分野变得更清晰。网络更多地发挥满足快速、海量浏览需求的功能，更多地提供满足浅阅读需求的产品，而报刊则更多地提供发挥满足精当、深度、专业信息需求的功能，更多地提供满足深阅读需求的产品。所谓满足精当信息需求，即更多地要求报刊善于在其他传媒选择结果的基础上，再加选择，再加解读，再加组合，实质上是要求报刊提供再选择、再加工的结果。诸多电视频道以读报节目为核心的信息版块越来越受欢迎，越来越为报纸等媒体所看重，各报刊都将自己的报道能被选中视为拓展影响力的标志，就说明了这一点。因而，会有更多报刊更努力地通过再选择提高自己内容产品的水平。在经济波动期的竞争中，受众的需求满足耐受性会降低，一旦需求不能得到很好满足，就可能更迅速地改变信息获取来源，转而从其他渠道获取他认为有更高质量的内容产品和服务。需求满足耐受性降低的另一面——受众的支付心理也会变化，会为他认为有价值的选择结果、内容产品支付更多费用，承受更高对价。

综合分析传媒影响形成机理就会发现，传媒的深层影响不仅在于提供了事实，更在于提供了分析和见识。

传媒提供内容的层次和类型不同，所产生的影响必然不同，不同类型的内容满足方式会形成不同层次的影响力。一般的告知和描述，仅仅使人们得以获知、了解，影响层面显然较浅；提供有足够背景、深度的报道，提供足够的解释和判断，可以使人们获得分析、见识，影响层面显然较深；提供有足够感染力、渗透力的报道，满足受众在信息、心理、价值观等多种层面的需求，形成良好的互动，可以使人们获得共鸣、交融，影响层面显然深得多。在经济波动期，人们更需要媒体提供解释和见识。在这样的时期，人们的需求心理格外需要关注与呼应。基于利益相关性，人们会认为分析、解释、判断和见识更有价值，能提供这些内容的传媒比只能提供一般描述和报道的传媒更有影响力。

（三）提供内容并提供体验成为主流

新媒体的崛起，对传统媒体最大的影响在于改变了受众，包括改变了受众需要的内容，也包括改变了受众对传媒产品和服务的评价标准。今天的受众，不仅要求传媒提供满足需求的内容，还要求以适合受众的方式提供，在受众希望提供的时间和地点提供，以受众所期望的时效水平和选择水平提供。这种变化，反映在需求方式与需求地点上，就是移动需求正成为第一需求；反映在需求内容与需求满足类型上，就要求传媒不仅提供内容，还要让受众在传媒产品的消费中获得满意体验。从现代传媒运作观念分析，体验应当是传媒产品的组成部分，提供内容产品的同时提供让受众可以获得一定满足的体验，是新媒体的基本运作模式，也应当是传统媒体努力适应的运作模式。因为，从总体上看，提供内容的同时提供体验，正成为传媒提供服务的主流。

应当说，体验就是一种服务产品，本来就应当是传媒所提供产品的一个有机组成部分。

分析传播中传媒与受众的关系，就会发现，受众的体验贯穿于受众被传播的全过程。传播学对传播模式的基本模型进行了总结和要素分析，但就传播过程的研究还有许多空间。是什么因素在影响传播进程，甚至可能导致传播过程的突然中断？因素之一是体验。受众体验的好坏，决定了受众是否愿意继续处在被传播状态，决定了受众对传播者的传播能力与传播效果的判断，决定了实际的传播过程是否能够继续。以现代传播学的眼光看，体验是传播的基础，因而，也可以说，体验是受众与传媒关系的基本构成，提供有利于传播的体验，是传播行为与传播目的的重要组成部分。

什么是体验？什么是作为传媒产品有机组成部分的体验？

体验，是一种在亲身经历中获得的感受和知识，它实际上包括从中获得的感觉、反应、共鸣、认知和判断，它远比通过非亲身经历获得的感受和知识要复杂、丰富、多样、深入。它如同另一词“经验”的本来含义：因为亲身“经历”而有自己的感受和体验。它如同“体会”一词所述的，因为亲身经历而“会”其深意。因而，才会有人把“体验”解释为“用自己的生命来验证事实，感悟生命，留下印象”。“体验到的东西使得我们感到真实、现实，并在大脑记忆中留下深刻印象，使我们可以随时回想起曾经亲身感受过的生命历程，也因此对未来有所预感。”古人对“体验”的解释更为简洁有力。《朱子语类》卷一一九中说：“体验是自心里暗自讲量一次。”

而作为传媒产品组成部分的体验，从受众角度说，是受众对传媒提供方式等的直接的深层感受；从传媒角度说，是力争让受众获得适意、新鲜感受的独特设计与手段，或是至少符合潮流与标准的设计与手段。这样的手段包括互动，但不限于互动。照片更大些、字号更大些、行距更宽些、设计更现代些、墨色更适中些，如此等等的选择，成为报纸近30年变革的主流。其深层动因，都是主动给受众更好的感受和体验，都可以视为努力提供体验这种新服务产品的一部分。

体验，或者按照新媒体的方式表述为用户体验，是Web2.0时代传播模式的核心，被列为所谓“三验”（体验、试验、检验）之首。互动是一种很有魅力的体验，但体验不仅存在于互动之中。体验产品研发、提供做得比较好的腾讯公司，有专门的腾讯体验中心网站，提供了“正在进行中的体验计划”和“即将进行的体验计划”，供网民选择。就“怎样参与体验”这类问题，腾讯体验中心的广告语是：“只需要简单的三步，您就可以体验到腾讯公司那些还在研发中的让人热血沸腾的项目了。不要犹豫了，赶快加入吧。”这种邀请，给愿意参加的网民以体验新产品、获得新感受的机会，同时，对腾讯公司而言，这也是试验新产品的机会，在试验中也检验了新的产品，从而不断改进，形成成熟的产品。在线游戏的公测，可以说是一种体验活动，更是一种营销活动。

换一种眼光分析，新媒体与传统媒体在传播模式、运营重点方面的差异在于体验，这给新媒体带来了特殊的优势。总体上看，新媒体是体验导向，即以提供更适意的体验作为战略重点，作为争取更大注意力份额和市场份额的基本手段。但就不同类新媒体看，其着力提供的体验或竞争重点又有明显不同。

搜索引擎着力提供和显示的是速度体验与便利体验，因而，每一个搜索结果出来时，搜索引擎都同时要在页面醒目处以不醒目的小字显示两个数据，一个是数量，另一个是速度，即找到相关网页约多少个，用时多少秒。作为体验产品，这种显示总是告诉用户一个可能令人印象深刻的数量和时间：数量庞大的检索结果用时总是零点零零几秒。即时聊天工具着力提供和显示的是群聚体验，即你同时在与多少人共同使用这项服务，因而，一些即时聊天工具只要一上线，就总是在动态显示同时在线人数，这种体验极大地满足了人们的参与感。在线游戏着力提供和显示的是成就体验与超凡体验。在线游戏或设计从易到难的许多关，让人们在过关中获取成就感，或设计多种角色让人们随意扮演，满足人们在现实生活中难以实现的梦想。可能每一个男人都有侠客梦，而在线游戏提供了网络社会环境下的侠客环境。电视直播则提供了见证体验、仪式体验与超视角体验。参加仪式的嘉宾们的尊贵地位与记者所享有的在重大事件现场见证历史的职业满足，因为有电视直播，而被观众分享。虽然同一时间处在不同空间，但观看电视直播的观众仍然如同参加了这个仪式一般。电视还能通过布设在不同制高点、关节点、特殊地点与低视角地点的摄像机位，给观众提供即使在现场也难以获得的多视角观看体验，某种意义上甚至给观众超越现场的感觉和认知。

在新媒体时代，互动不是新媒体的专利，传统媒体可以通过各种手段在不同程度上实现互动，同样，把体验作为内容产品的重要组成部分或当成一项重要的服务产品提供，仍然可以是包括传统媒体在内的媒体着力争取的目标。毕竟，这是媒体融合时代。今天，提供内容还需提供适意的体验，这是不争的规律。探讨传播效果还需权衡受众的满足感与在传播过程中的体验。

今天，一个有追求的传媒人必须研究的是：不同受众群分别需要什么样的体验？什么体验是不同于一般的，会真正打动人的？什么体验是可能影响传播效果，甚至打断传播进程的？这样的问题如果没有明确的答案，变革的努力就可能处于盲目状态。

（四）互动服务成为用户体验的核心指标

影响传播质量的因素包括能否以更低成本、更高效率、更大便利、更好体验实施传播。今天，好体验的构成因素发生了变化，其中之一是互动服务，这是核心指标。2013 年 6 月 5 日，微信产品总监曾鸣在腾讯“把脉”沙龙上对外表示：做服务才是微信真正的价值，微信不是营销工具，微信公众号的三大功能是互动沟通、用户管理和服务定制。[①] 传统媒体用户管理和服务定制做得好的很少，人们习惯按照传统思维将其简单当成一种手段。曾经人们认为影像越清晰越好，后来认为越立体越好；过去认为视觉享受、环绕立体声是好的体验，但如今互动服务才是好体验的核心。正是因为互动服务是用户体验的核心指标，所以新媒体产品的变异速度在不断加快。以客户端产品为例，其正在从内容包加速向互动服务包演变，客户端大概可以区分为四种类型：入口引导、内容包、服务提供、内容包加服务提供。基于强弱关系不同，互动服务出现明显分异，弱关系是传播型服务，强关系是便利替代型服务。客户端是一种第三方应用，是一种传播方式，也是一种盈利模式。

三、实现与移动需求的高匹配度

在新的竞争格局中，媒体与其他传播竞争参与者应当在战略层面一步步调整，有效适应新的生存规则。在我看来，这至少包括以下几个方面。

（一）基于人的习性重新认识移动需求

在移动互联网时代，对传统媒体最大的冲击，并不仅仅在于增加了几个新的信息传播渠道，还在于改变了人们的信息消费行为和与信息相关的心理习惯。有了电视直播与互联网的即时提供，人们改变了对时效的期待与体验标准，因而，报纸失去了曾经拥有的快速信息源的地位。有了论坛、博客与微博，人们能够参与到传播中来，可以参与传播的受众无所不在，这真正动摇了专业新闻组织的地位，人们开始依赖没有确

① 范俊杰：《官方定调：微信不是营销工具》，http://www.tmtpost.com/41533.html，访问日期：2023 年 5 月 10 日。

切传播主体的网络社交平台，由此，传统媒体直接传播的地位被取代，分享、转发形成的人链具有新的影响地位，关系链传播成为最有影响的传播方式。微信的兴起，重新构建了人与人的关系，几乎每一个人都可以在微信平台上构建虚拟组织，都可以一对一或一对多地表达思想、传播信息，从而使每一个人都拥有了更便利、效率更高、更强大的社会活动能力。这迫使传统媒体进入新的社会活动体系，去发挥自己的影响。

人们的信息消费行为和与信息相关的心理与习惯的变化，是人的习性发生的最重要变化。它意味着农耕时代形成、工业化时代被改变的生活习性，在移动互联网时代发生了更为重要的变化。

从与信息相关的角度分析，1G 时代虽然是仅限语音通信的模拟蜂窝电话，但仍然在一定程度上解放了人们，实现了在移动状态下的沟通。2G 时代的全球移动通信系统（GSM），实现了任何时间在全球任何地点找到一个人，并使得短信不仅成为一种高效、便宜的通信方式，也成为一种新媒体形态，移动状态下更高效的阅读可能开始直接冲击传统媒体。3G 时代，不仅图像、音乐、视频传输速度更快，更重要的是人们潜移默化地习惯了全时在线、随时在网。这是人的习性出现的最重要变化，意味着人们随时都在消费信息服务。这为移动互联网时代的到来提供了行为基础与消费基础。4G 时代能够带来的，绝不仅是对视频的需求，而是在全时在线、随时在网、即时消费基础上形成的对多种服务产品的消费需求并为其提供可能。由此，5G 时代出现了更多沉浸式体验产品。而未来 6G 时代，基于人们的想象力和技术条件一定会出现更具创造性的产品和服务。

从淘宝理财发布的《2013 年淘宝基金互联网理财趋势报告》就可以看出互联网对人的习性变化的影响。相对于传统基金 5 万元的门槛，余额宝 1 元钱的门槛使无数年轻人有了理财习惯。这一习性给互联网金融带来了爆发性的增长机会。截止到 2013 年 12 月 31 日，余额宝的客户数已达 4 303 万人、金额已超过 1 853 亿元。更值得注意的是，网上理财行为不仅发生在传统的营业时间，更大量地发生在下班后传统意义上的休闲时间。这无疑使网上理财有了比传统基金业长出一倍以上的营业时间和更具亲和力的市场渗透方式。《2013 年淘宝基金互联网理财趋势报告》显示：消费者用淘宝基金理财的时间，集中在 9：00—17：00 和 20：00—1：00。与传统的投资理财时间段集中在 9：30—15：00 相比，网上投资的“黄金时段”除了新增零点前后的跨天现象外，在白天的 12：00—14：00 也未见明显人气回落，此外，7：00—9：00 之间，投资理财的人群也有不同幅度增长。

显然，习性的变化，既改变了传统格局，也创造了新的需求空间，这在互联网金融业已经得到证明，在传媒领域，同样已经得到了证明。

所以，产品和服务与人的习性相匹配，是发展的必然前提。

（二）产品设计与人的本能需求相匹配

人们习性的改变，最重要的原因是人们对原有产品和服务的要求发生变化，是新的产品与服务带来的体验可以更迅速地激起人们的消费欲望，是与人们的习性有更高匹配度的产品和服务可以聚集远远超过发明者与使用者想象的用户规模。眼前最明显的例子，就是微信。

微信为何能如此吸引人？一是用趣味吸引人，用功能满足人；二是给人提供的东西最简单；三是人性化打动人性的直觉；四是根据人性的本能设计产品。如今的产品设计不再只是简单地设计外形、结构，还包括了理念、服务、功能优化等，注重与人本能需求相契合，直击人的本能是其中最核心的规则。

微信何以能如此吸引人？阅读下微信主要创始人张小龙关于如何当产品经理的感悟，也许你就能得出自己的结论。

2012 年 7 月，张小龙在演讲“微信背后的产品观”中，这样谈及移动互联网的方法论：“移动互联网产品经理的主要任务是服务人群，主要工作是研究人类群落的行为模式。用产品为人群提供服务，并且要预判人群卷入之后行为模式的变化。”研究行为模式，预判人群卷入后行为模式的变化，这也许就是微信不同于其他产品的原因，是发明人在方法论层面做出了自己的选择。在他看来，产品经理在方法论上存在着三种选择：一是提供某种基于熟人群落的旧式服务，以增进熟人群落的情感为产品目的；二是提供某种基于大多数人群的新式基础服务，以便于人们彼此认识，协调工作；三是提供某种中间类型的产品，帮助人们平滑度过两种人群模式，减少由于变化而产生的阵痛。微信属于哪种呢？也许，纵向梳理微信版本的变化，就可以看出它是如何“平滑”过渡的。

而对于“移动互联网产品设计的原则”，张小龙在2021年的著作《微信背后的产品观》中归纳了15条，其中有几条可以说直指人性。一是以有趣吸引人，以功能满足人。比如，第2条关于“产品优先级”，他归纳为“有趣高于功能”“功能高于交互，明确的功能满足明确的需求”“交互高于UI（User Interface，交互界面）”。二是给人提供看起来最简单的东西。比如，第4条是“永远一维化：让用户在一个维度里解决具体的问题”。第6条是“不要让用户选择”，他认为，“同一个页面之内，有多个入口；同一个功能，有多个实现方式；同一个界面，有多个展示方式。这对于用户来说是一种痛苦而非享受，因为他们只会因此而感觉到困惑和恐惧”。第15条是“千万不要让用户在产品里‘管理’什么”。三是简单的人性化打动人性的直觉。比如，第7条是“隐藏技术，永远展现简单的、人性化的、符合人类直觉的界面”，第8条是“一个好的产品，其功能应该满足全球用户需求，无须为地区做特别定制化”。四是利用人性的本能设计产品。比如，第9条是“产品一定程度上是为了满足人性中的贪嗔痴，这是用户的痛点。把握住之后，产品经理应该超越其上，用产品帮助人们得以解脱”。

人们的习性，人们的信息消费行为，是人类面对新环境的本能反应。直击人的本能设计产品，也许就是这一系列产品设计规则背后最核心的规则。

（三）与移动内容产品核心特征相匹配

移动内容产品的核心特征可以概括为以下六点。它要求移动内容产品设计、服务与之相匹配。

一是满足人性需求方式的多形态表达，或者说努力与人性需求方式对位。这就需要从静态产品走向动态产品，从非实时产品走向实时产品，从个性产品走向互动产品，从共享产品走向体验产品，等等。

二是持续优化传播效率。优化传播效率，就要持续努力降低人们获取信息的时间成本、精力成本。这是互联网传播本身的规律性要求。网络社交最早不是从社交网站开始，而是从邮件开始的。邮件为人们提供了一对一、一对多的联系方法，拥有便利性、低时间、低精力成本等优势。之后，网络论坛（Bulletin Board System，BBS）、博客等社交软件才一步步发展而来。移动社交平台、小视频平台等顺应了人们的使用习惯，以提供更多便利性来获取市场空间，其实质就是在优化传播效率上做文章。

三是适应生活方式变化和便利性驱动。移动内容产品的驱动力量之一就是便利性驱动。便利性的核心体现就是满足人在移动状态下的需求，除了渠道便利、方式便利外，还要有更多突破。

四是产品设计的体验优先取向。互动体验成为体验的核心。

五是把界面人性化、操作简便化作为技术实现原则。

六是强化从感官延伸、愿望实现到能力拓展的产品设计思维。

（四）与移动内容产品设计原则相匹配

移动内容产品设计原则可以概括为十句话。

一是影响逻辑必须清晰。先不要考虑商业模式，做好服务之前别谈定价。

二是顺应用户习惯。

三是用户价值必须足够而清晰。当然，是足够，但不要过剩。

四是构建相适应的用户关系模式。不同产品之间要形成协同效应，产品不能孤立存在。

五是作为体系竞争单元的产品竞争策略。任何一款新产品都应该是整个大战略中的一部分。

六是生产与发布相统一的复合式运营方式。

七是内容加服务的产品形态。

八是满足移动需求的传播策略。内容传播和观点传播同样重要，媒体要既能做直接传播，又善于做驱动传播。

九是适应移动环境的数量质量控制。

十是挖掘数据，以优化对消费需求的满足。

（五）基于与需求行为高匹配度重新定位

所谓虚实结合，在今天更多地体现为用互联网思维与运作方式再造传统产业，去激活传统产业中蕴藏的能量与价值。

这种再造，首先是以新的眼光重新定位。在虚实结合的战略格局中，传统媒体处在信息提供者这种相对“虚”的位置，主要从事传播这种相对“虚”的工作。如果以新的眼光重新定位，传媒业的某些竞争主体，至少可以充当大产业链条的连接者，按照一种理念做相关要素的整合者，按照新的模式做相关企业的运作者。这种连接，远远超出传统电视购物这样的简单延伸。这种整合，可以发挥传媒业的特定优势去激活某些要素。这种运作，可以促使传媒业比单纯从事会展等业务走得更远。

移动互联网创业主流指向的“便利性替代”，就是一种激活和再造，传统产业的某种服务转移到移动互联网上，成为某种服务性产品。而这种“便利性替代”之所以屡试不爽，恰恰是因为其体现出和人的习性与需求的高度匹配。

提供优质产品早已不是传统企业的生存依据，海尔当年的成功恰恰归功于其优质的售后服务。虽然，不同行业对应当提供的服务内容有不同定义，但在移动互联网时代，竞争逻辑就是用尽可能简单的外在形态为人们提供尽可能丰富的服务，是一体化（All in One）式的整合，是尽可能在后台完成所有人们需要的服务。

从一定程度上说，传统媒体基于与需求行为高匹配度而重新定位，是其在数字变革中必须走的一步。

四、把移动优先作为战略选择而不是战术选择

今天，应当把移动优先作为一种战略选择，而不能只是战术选择；要把移动优先作为一种战略方向，而不仅仅是一种应对策略；要把移动作为媒体融合基本战略，而不仅仅是工具式应用。如果说媒体融合是一场自我革命，移动优先战略的实施，则有助于以外力和内力的结合，推进这场自我革命。

把移动优先作为一种战略选择，就要考虑依此战略来重塑内容生产和用户服务流程，优化、调整现有工作方式。这既包括将整个生产流程重塑为适应移动传播优先的融媒体内容生产流程，也包括使这个生产流程具有更强的包容性和适应性，可以汇聚各方面素材、内容、资源来丰富、创造内容产品，还包括形成内容服务流程，可以给用户提供所需要的内容服务和其他服务，更包括具有比以往更高的传播效率、运行效率、资源利用效率。

把移动优先作为一种战略选择，内容生产方式就需要进行大调整。移动优先战略的实施促使媒体越来越多地采用直播式多元内容生产方式，以此带动了整个内容生产服务链的运行。以 2018 年首届中国国际进口博览会（以下简称“进博会”）为例，我们就以直播式多元内容生产方式为主线，牵动这场主场外交活动的音视频报道。在我看来，这是世界上第一个以进口为主题的博览会，如此多的国家和地区的企业来到展馆，所带来的展品、所进行的活动，都是人们关心甚至密切关注的。以直播式多元内容生产方式工作，一方面，希望直播的内容通过移动端的小屏幕和网络、电视端的中大屏幕播出；另一方面，整个报道体系都可利用直播的内容再加工出短视频、小视频、音频、文字报道等多种内

容产品。针对这样的大型展览，如何用好直播式多元内容生产方式？在我看来，报道思路可以非常简单，即可以对每一个展位的内容、活动都随机进行直播，可以直接用手机拍摄，也可以用专业摄像设备拍摄。因为每个展位都有精彩的装饰、货品，还有很多展示、表演，充分体现各自国家和地区的文化。进博会有很多超出人们预料的东西，比如，需要提前几年订货的世界上最主要的光刻机厂商阿斯麦（ASML）也来参展，显然着眼的是与中国的长期合作，而不是短期卖出一些产品。这很有报道价值，也很契合中国老百姓的需要和关注。这样，直播式多元内容生产方式就可以充分挖掘内容的价值。

把移动传播优先作为一种战略选择，就意味着人们在理念上必须发生重要变化。一些短视频平台在两三年内累积两三亿用户，年轻人越来越多地在这样的短视频平台上花费时间，这促使人们对短视频、小视频的认识发生变化。在这样的传播格局下制作短视频、小视频，既需要传达信息，也需要传达感触；既需要传达发现，也需要激起共鸣。而这些视频，可能只有 10~15 秒的容量。这与传统的短视频制作理念和习惯有巨大差异。

把移动传播优先作为一种战略选择，人们需要以新眼光、新思维认识内容产品与传播。4G 的广泛应用，使得全民深度依赖移动互联网。今天 5G 大规模商用，受众需求、传播方式、产品形态还将发生更深刻变化，可分享、可互动、可体验、可感受的内容产品会成为主流。比如说，鼋头渚的樱花夜景很美，但还是有很多人没看过。如果有媒体做一款“和你一起赏樱花”的可分享、可互动、可体验、可感受产品，一定会大受欢迎。今天，媒体不能仅仅提供有形的新闻作品，也要提供大量可分享、可互动、可体验、可感受的、具有足够新媒体特性的产品，这些产品同样可以实现引导人、影响人、说服人的目的。

一个地域一定有无尽的可以彰显的文化要素，人们久居其中，不一定能看到它的价值。但是对于关心这个地方、来过这个地方，或者曾经在这个地方生活过的人来说，这些要素都意义不凡。换一种思维看待我们所居住的城市和周围的文化环境，以期开发出更能体现文化价值的产品。如果能把思路打开，就能发现更多和网民互动的切入点、共鸣点。

把移动传播优先作为一种战略选择，就要求人们更加注重移动传播的两个特性。一个是弱化地域阻隔，任何传统媒体转向移动优先，都意味着其影响空间在扩大。移动优先战略意味着我们的关注视野和思维空间要超出行政管辖区域范围，必须分出精力去影响“本地”以外但对“本地”感兴趣的、经过这里或者从这里走出去的人们。另一个是强化本地联系，要通过内容和服务更加强化媒体与本地的联系，更加紧密介入本地生活圈。

把移动传播优先作为一种战略选择，就要更注重跟踪研究受众个体与群体，更真切研究用户习惯和行为。2018 年，路透新闻研究院发布《2018 年数字新闻报告》，这一报告以对 37 个国家超 7.4 万数字新闻受众的调查，以及对近 50 位新闻机构负责人和专家的访谈为基础。从这个报告可以概括出四个重要规律性特点。

一是新闻推送服务受欢迎程度在持续上升。通过移动客户端、新闻简讯和移动新闻提醒接受新闻推送服务的用户需求出现持续增长。其中，土耳其、马来西亚和中国香港地区是需求增长最快的 3 个国家或地区。这提醒人们，即使是主流媒体的内容，也要有更多的新闻推送服务，才能帮助实现有效传播。二是付费订阅者持续增加，其中北欧国家十分明显。这意味着越来越多的人愿意接受付费服务。三是在线视频新闻受欢迎程度持续上升。视频越来越成为传播的主要形式，这已经不是人们的预测，而是人们看到的现实。这不仅是一种技术推动，更符合信息传播规律。视频是一种全息式传播，一个主播的神态、体态、步态、姿态所传递出的信息，会远远多于主播口中语言传递的信息，这也就是人们从视频中获得的信息远远多于从文字中获得的信息的原因。如果我们没有看到影像和照片，一定很难通过阅读文字进行想象。因此，视频如此受欢迎，有人性深处的原因。四是视频类广告收益远高于文本类广告。有研究对人们的广告耐受度做过对比分析。两集电视剧中间放广告时还在看的人，大约只占看这些电视剧观众的 25%，而人们在电脑上看视频时，观看视频前广告的人所占的比例大约上升到了 50%，即广告耐受度提高了近一倍。而通过手机看视频的人们，观看视频前广告的人大约占到了 75%。显然，移动端的用户广告耐受度更高。移动端视频前的广告长度，这些年来也在缩短，一些视频广告增加了观看 3 秒就可以关闭的提示，观察发现，大多数人选择去点屏幕上的关闭提示。这个动作，实际上强化了人们对这个广告诉求点的注意，因为关闭前人们在紧盯着屏幕。这提示人们，今后，有价值的广告时长可能就在前 3 秒。而 3 秒钟，也足以让受众注意到广告诉求的核心信息。

将移动传播优先作为一种战略选择，人们就要对受众行为、受众心理有更多的观察和理解。如果不引入社会学、心理学等的分析工具和方法，人们对用户的认识就不会那么深刻。

第二节　强化媒体深度融合

加快推进媒体深度融合不仅是中国传媒业发展主轴，更是以党中央的权威和集中统一领导推动的、以国家力量支持与保障的、具有历史意义的战略行动。还没有其他任何国家的主要领导人如此重视、部署、推动媒体融合，也没有其他任何国家把推动媒体融合置于国家战略地位。加快推进媒体深度融合回答了如何适应互联网时代传播格局变化、确保党和国家长治久安的时代课题。

强化媒体深度融合，既要准确把握加快推进媒体融合发展的政治逻辑、基本框架和战略地位，还要准确把握媒体深度融合进程中的四个战略性选择。

一、加快推进媒体融合发展决策的政治逻辑、基本框架与战略地位

加快推进媒体融合向纵深发展，是以习近平同志为核心的党中央的

战略抉择和政治决策，是以党中央的权威和集中统一领导推动的、以国家力量支持与保障的、回应时代挑战且具有历史意义的战略行动，是深化改革总体布局中的重要组成部分，是做好党的新闻舆论工作、巩固全党全国人民团结奋斗的共同思想基础的战略举措，在党和国家工作全局中具有重要价值。

加快推进媒体融合向纵深发展决策的基本框架和主要内容，包括10个方面，即把互联网这个最大变量作为事业发展的最大增量、推动传统媒体与新兴媒体融合发展、推进信息生产领域进行供给侧结构性改革、加快构建全媒体传播格局、扎实抓好县级融媒体中心建设、坚持一体化发展方向、坚持移动优先策略、探索运用人工智能、促使全媒体传播在法治轨道上运行、确保媒体融合发展沿着正确方向推进。这10个要点是相互联系的整体。

准确把握以习近平同志为核心的党中央加快推进媒体融合向纵深发展决策的政治逻辑、基本框架与战略地位，对加强党的长期执政能力建设，做好宣传思想工作，确保党和国家长治久安，是十分重要的。

（一）时代课题：加快推进媒体融合向纵深发展决策的政治逻辑

传媒发展演变既是因应于人类传播需求，更是基于一些传播基础技术的发明和应用，因而，传媒发展变革进程与科技发展史紧密相关。现代印刷术在400多年前为现代报纸的诞生与发展提供了基本条件；无线电通信技术的出现，为1906年第一次正式无线电广播的出现奠定了基础；1925年电视摄像机和电视机的发明，催生了电视传媒[①]。在广播、电视发展进程中，报纸、广播、电视三种传媒形态互相影响，出现了一些渠道互用、产品借用、传播方式借鉴等交叉、协同的现象与案例，可以视为媒体融合的早期探索。

① 1926年1月27日，苏格兰青年发明家约翰·洛吉·贝尔德在英国皇家学会向约40名在场人士展示了他的发明，荧光屏上出现一个人在抽烟和说话的画面。这次展示后来被认为是第一次公开播放电视。

媒体融合的概念与实践的出现，是在互联网的诞生与发展改变了传播格局之后。随着 1969 年阿帕网（Arpanet）出现[①]，1992 年后互联网向学术界、政府和军队以外的用户开放[②]，互联网成为人类信息传播的技术基础，承载、催生了多种形态的网站、社交网络、移动社交平台，并演变、衍生出博客、播客、社会性网络服务（SNS）、维基（Wiki）等代表互联网新浪潮的新传播工具，逐步削弱着报纸、广播、电视等传统媒体的传播力和在传播格局中的地位，促使一些媒体在自身随之变化的同时，开始探索融合新闻与融合媒介，学者们在 21 世纪初开始把融合新闻与融合媒介视为前沿性课题。在个体层面，融合新闻表现为具有多种媒介技能的“超级记者”；在运作层面，融合新闻理念改变了生产流程的岗位设置与管理方式；在组织层面的融合，则表现为所有权融合、策略性融合、结构性融合等形态[③]；在产品层面，“融合报道”不仅仅是媒介与技术的融合，还是报道方式与叙事风格的融合[④]。

但互联网所代表的新传播形态对传统媒体的更大冲击，则是在 2007

---

① 基于美国国防高级研究计划局（ARPA）推动的研究，1969 年 10 月 29 日阿帕网诞生。1969 年 10 月 29 日，加利福尼亚大学洛杉矶分校（UCLA）与斯坦福国际研究所（SRI）之间成功发出了第一个信号。在网络上发送的第一条消息应该是“Login”，但在发送字母“g”的时候，连接崩溃了。1969 年 11 月，第三台交换处理机（IMP）抵达阿帕网第三节点——加州大学圣巴巴拉分校（UCSB）；1969 年 12 月，最后一台 IMP 在犹他大学安装成功，具有四个节点的阿帕网被正式启用，人类社会从此跨进了网络时代。方兴东、钟祥铭、彭筱军：《全球互联网 50 年：发展阶段与演进逻辑》，《新闻记者》2019 年第 7 期。

② 1992 年，美国国会首次允许学术、政府或军事用户之外的人使用互联网。方兴东、钟祥铭、彭筱军：《全球互联网 50 年：发展阶段与演进逻辑》，《新闻记者》2019 年第 7 期。

③ 蔡雯：《从“超级记者”到“超级团队”——西方媒体“融合新闻”的实践和理论》，《中国记者》2007 年第 1 期。

④ 雷跃捷、何晓菡、古丽尼歌尔·伊力哈木：《“融合报道”的概念、内涵、特征及发展趋势——基于中国新闻奖与普利策新闻奖“融合报道”作品的比较分析》，《新闻战线》2019 年第 7 期上。

年智能手机大规模发售之后[①]。智能手机的出现、普及，不仅使全球网民从 2010 年的 20 亿增长到 2019 年的 45 亿[②]，到 2023 年全球社交网络用户约 48.8 亿，占世界总人口的 60.6%[③]，也使得移动社交、客户端、小视频等多种移动平台占据了越来越多的网民注意力，生活形态、社会形态、传播形态都随之发生深刻变化。个体与社会的关系更趋向个体化特征[④]，人人可参与传播的赋能与人们尝试后带来的深刻体验，使越来越多的网民不只是在网上冲浪浏览，而是参与互动、体验表达、介入传播，使大众传播主要由传媒这种专业组织进行的专业活动，变成一个“人人生产信息、传播无处不在”的群体传播活动[⑤]。网民的信息接收渠道和接收习惯发生剧烈变化，国内外传统媒体的发行收入、广告收入等折射受众数量、影响力和传播格局份额的指标不断下滑；从“人找信息”到“信息找人”的变化，凸显出传统媒体的传播渠道、传播方式、传播形态与之不相适应。移动传播的发展，凸显了传统媒体在传播、运作、反应等方面与新兴媒体存在效率差；移动传播所擅长的互动传播、便利传播、多次传播的扩散效应，凸显了传统媒体直接传播、线性传播、一次传播的相对弱势。“信息无处不在、无所不及、无人不用，导致舆论生态、媒体格局、传播方式发生深刻变化，新闻舆论工作面临新

---

① 2007 年 1 月 9 日，苹果公司首席执行官史蒂夫·乔布斯发布第一代苹果手机，2007 年 6 月 29 日该机正式发售，引发智能手机对功能手机的全面取代，标志着移动互联网时代到来。2008 年 7 月 11 日，苹果公司在发布苹果 3G 手机同时，推出应用商店苹果应用程序商店（App Store），带动了整个互联网开发和应用模式的重大变革。方兴东、钟祥铭、彭筱军：《全球互联网 50 年：发展阶段与演进逻辑》，《新闻记者》2019 年第 7 期。

② 方兴东、钟祥铭、彭筱军：《全球互联网 50 年：发展阶段与演进逻辑》，《新闻记者》2019 年第 7 期。

③ 《报告显示全球社交网络用户近 50 亿》，《光明日报》2023 年 7 月 24 日，第 12 版。

④ 冯莉：《当代中国社会的个体化趋势及其政治意义》，《社会科学》2014 年第 12 期。

⑤ 隋岩：《群体传播时代：信息生产方式的变革与影响》，《中国社会科学》2018 年第 11 期。

的挑战。”[①] 这使得报纸、广播、电视等传统媒体如何通过媒体融合保持传播力、增强竞争力，成为世界传媒行业关注和探索的课题。

更让人们警醒的是，互联网不仅成为新闻舆论的新兴领域、舆论生成及演化的主要平台，而且成为社会动员的重要工具、越来越不可忽视的影响政治认同的渠道，已经是新闻舆论工作的主阵地、舆论斗争的主战场，从而给人们带来更深刻的影响和更大的挑战。2011 年中东北非的动荡，凸显了互联网特别是移动社交媒体的社会动员力和对政治认同的影响。从战略层面看，美国政府不仅将“网络自由”纳入美国外交政策框架，而且于 2011 年 5 月 16 日发布了奥巴马称之为“美国第一次针对网络空间制订的全盘计划”——《网络空间国际战略》[②]。“网络信息技术日新月异，全面融入社会生产生活，深刻改变着全球经济格局、利益格局、安全格局。世界主要国家都把互联网作为经济发展、技术创新的重点，把互联网作为谋求竞争新优势的战略方向。”[③] 同时，互联网，特别是移动互联网的发展，对政治、经济、社会和人们的思维、行为等的影响是多方面、基础性的。如何适应以信息技术为核心的新一轮科技革命，如何确保党和国家长治久安，就成为一个必须回答好的时代命题。习近平总书记多次警示中国共产党人：“过不了互联网这一关，就过不了长期执政这一关”[④]，应“主动适应信息化要求、强化互联网思维，善于学习和运用互联网”[⑤]。

面对这样的时代命题，做出推进媒体融合向纵深发展的决策，体现着对历史规律的把握、对时代要求的回应。“从人类发展史观察，生产

① 习近平：《加快推动媒体融合发展 构建全媒体传播格局》，《求是》2019 年第 6 期。

② 《网络空间国际战略》报告于 2011 年 5 月 16 日由美国白宫、司法部、商务部、国土安全部等共同发布。

③ 《加快推进网络信息技术自主创新 朝着建设网络强国目标不懈努力》，《人民日报》2016 年 10 月 10 日，第 1 版。

④ 习近平：《加快推动媒体融合发展 构建全媒体传播格局》，《求是》2019 年第 6 期。

⑤ 同④。

工具的诞生和迭代进步，不仅帮助人类提高生产力、一步步摆脱原始状态，而且新的生产工具往往决定着经济形态，推动人类社会发生重大变化，从而进入新时代，催生新的发展逻辑和竞争逻辑。”① 人类学会用火，能够使用畜力、风力等所形成的生产方式、社会结构，被人类学会使用化石能源而产生的新生产方式和社会结构所强烈冲击，就是明显例证。新的信息传播和沟通工具的出现，在提供便利、提高效率的同时，也往往更为迅速而强烈地改变着人与人的交往方式和社会结构，改变着产业结构与科技、经济的发展逻辑，改变着人们的时空观、价值观和社会结构，也相应改变着人们的政治认知和政治运作方式。以铁路为代表的交通方式，以电报为代表的信息传递方式，以报纸、广播、电视等现代媒体为代表的信息传播方式等，都曾起到这样的作用。虽然互联网曾经被称为第四媒体，但人们已经感受到，互联网作为一种基础平台、基础力量对经济、社会与人所产生的深刻影响。而移动互联网时代的到来，更进一步加剧了这种影响。要想在移动互联网时代相应延伸、增强政治影响力、社会动员力和政治控制力，就必须有效掌控舆论力量。因而，通过推进媒体融合向纵深发展，增强主流传统媒体的竞争力，增强主流传播的传播力、引导力、影响力，就是一个必然的历史性选择。

媒体融合，绝不仅是一个传媒领域的专业问题，还是一个严肃的政治问题、重要的战略问题。推进媒体融合向纵深发展的决策和行动，是面对今天和未来挑战及变化的非常重要的政治课题，是处于历史重要节点时的正确抉择。“我们要立足形势发展，坚定不移推动媒体深度融合。”②

---

① 陆小华：《5G时代，网络内容建设的原则与突破点》，《中国广播》2019年第8期。

② 习近平：《加快推动媒体融合发展 构建全媒体传播格局》，《求是》2019年第6期。

（二）基本框架：加快推进媒体融合向纵深发展决策的10个要点

党的十八大以来，习近平同志多次就推进媒体融合做出深刻阐述和重要部署，这是其治国理政新理念、新思想、新战略的重要体现。推进媒体融合向纵深发展，2014年就被置于改革总体布局重要组成部分进行了部署。[①]总体上看，加快推进媒体融合向纵深发展决策的基本框架和主要内容包括10个方面。

1. 把互联网这个最大变量作为事业发展的最大增量

“科学认识网络传播规律，提高用网治网水平，使互联网这个最大变量变成事业发展的最大增量”[②]，是加快推进媒体融合向纵深发展决策的核心要求。“互联网是20世纪最伟大的发明之一。”[③]媒体融合的基本问题不仅是主流媒体与主流传播如何适应互联网时代的到来，更包括如何有效运用互联网，从确保党和国家长治久安层面看更是如此。习近平总书记多次讲过：“没有网络安全就没有国家安全；过不了互联网这一关，就过不了长期执政这一关。”[④]而强调把互联网这个最大变量作为事业发展的最大增量，既是对挑战和机遇的辩证认识，更是对有效利用互联网推进事业发展的新要求。

把互联网这个最大变量作为事业发展的最大增量，三个具体要求是紧密相连的。一是主动适应信息化要求，即基本策略要从被动适应转向主动适应、主动作为。我们不仅要看到互联网带来的巨大挑战，更要看

① 2014年8月18日，习近平同志主持召开中央全面深化改革领导小组第四次会议，会议审议通过了《关于推动传统媒体和新兴媒体融合发展的指导意见》。习近平总书记强调要“推动传统媒体和新兴媒体融合发展”。《人民日报》2014年8月19日，第1版。

② 习近平：《加快推动媒体融合发展 构建全媒体传播格局》，《求是》2019年第6期。

③ 2015年12月16日，习近平同志在浙江省乌镇视察“互联网之光”博览会时强调：“互联网是20世纪最伟大的发明之一，给人们的生产生活带来巨大变化，对很多领域的创新发展起到很强带动作用。”《人民日报》2015年12月17日，第1版。

④ 同②。

到互联网带来的战略机遇。二是强化互联网思维，即在工作方法上适应、体现、强化互联网思维，以互联网思维实现把互联网这个最大变量作为事业发展的最大增量。三是善于学习和运用互联网，即以强化运用互联网能力作为实现手段。在互联网时代，对于舆论宣传工作而言，“正能量是总要求，管得住是硬道理”“用得好是真本事”[①]。

2. 推动传统媒体与新兴媒体融合发展

推动传统媒体和新兴媒体融合发展，是加快推进媒体融合向纵深发展决策的基本任务。2014 年 8 月 18 日，习近平主持召开中央全面深化改革领导小组第四次会议，会议通过《关于推动传统媒体和新兴媒体融合发展的指导意见》，“推动传统媒体和新兴媒体融合发展”正式成为国家决策和改革总体布局的重要组成部分，并成为新闻舆论工作一以贯之的工作主线。

推动传统媒体和新兴媒体融合发展包括五个相互联系、递进提升的具体要求。一是坚持传统媒体和新兴媒体优势互补、一体发展，强调推动媒体融合，要深刻认识、充分发挥传统媒体和新兴媒体各自的优势。因而，习近平总书记特别强调：“传统媒体和新兴媒体不是取代关系，而是迭代关系；不是谁主谁次，而是此长彼长；不是谁强谁弱，而是优势互补。”[②] 二是坚持内容为王，以内容优势赢得发展优势，把内容建设置于做好新闻舆论工作的基础和核心地位，内容永远是根本，同时应强调，“坚持先进技术为支撑、内容建设为根本”[③]，在媒体融合中顺应技术与内容相融合的趋势。三是强调媒体融合是深刻而全面的。要“在体制机制、政策措施、流程管理、人才技术等方面加快融合步

① 习近平：《加快推动媒体融合发展 构建全媒体传播格局》，《求是》2019 年第 6 期。

② 同①。

③ 《习近平主持中共中央全面深化改革领导小组第四次会议强调 共同为改革想招一起为改革发力 群策群力把各项改革工作抓到位》，《人民日报》2014 年 8 月 19 日，第 1 版。

伐”[①]，要“推动传统媒体和新兴媒体在内容、渠道、平台、经营、管理等方面的深度融合”[②]“推动各种媒介资源、生产要素有效整合，推动信息内容、技术应用、平台终端、人才队伍共享融通”[③]。四是强调推进媒体融合向纵深发展的成果，首先体现在“建立融合传播矩阵，打造融合产品”[④]。五是“加快从相加阶段迈向相融阶段”[⑤]，既看到媒体融合进程是以“相加”开局、推动进展，更强调要更快实现优势互补、融合发展的“相融”目标。六是“催化融合质变”[⑥]，即媒体融合要从相“加”阶段的“你是你、我是我”，到相“融”阶段的“你中有我、我中有你”，再推进到“融合质变”阶段的“你就是我、我就是你”[⑦]。在进入“相融阶段”的基础上，传统媒体与新兴媒体融合发展要进入实现“融合质变”的更高境界。

3. 推进信息生产领域进行供给侧结构性改革

推进信息生产领域“进行供给侧结构性改革”[⑧]，既是提升正面宣传质量和水平的工作着力点，也是推进媒体融合向纵深发展改革的重点，是落实正面宣传为主方针的重要举措。

推进信息生产领域进行供给侧结构性改革包括几个着力点。一是增

---

① 习近平：《加快推动媒体融合发展 构建全媒体传播格局》，《求是》2019年第6期。

② 《习近平主持中共中央全面深化改革领导小组第四次会议强调 共同为改革想招一起为改革发力 群策群力把各项改革工作抓到位》，《人民日报》2014年8月19日，第1版。

③ 《习近平在视察解放军报社时强调 坚持军报姓党坚持强军为本坚持创新为要为实现中国梦强军梦提供思想舆论支持》，《人民日报》2015年12月27日，第1版。

④ 同①。

⑤ 同①。

⑥ 同①。

⑦ 要“尽快从相‘加’阶段迈向相‘融’阶段，从‘你是你、我是我’变成‘你中有我、我中有你’，进而变成‘你就是我、我就是你’，着力打造一批新型主流媒体和传播载体。”《〈习近平总书记系列重要讲话读本（2016年版）〉十一、用社会主义核心价值观凝心聚力——关于建设社会主义文化强国》，《人民日报》2016年5月5日，第9版。

⑧ 同①。

大正面报道的供给量，提升正面报道在总量上的占比。二是提升主流媒体报道的质量。这包括“主流媒体要准确及时发布新闻消息”①，也包括主流媒体的报道要提升思想性和说服力，“及时提供更多真实客观、观点鲜明的信息内容”②。三是主流媒体牢牢掌握舆论场主动权和主导权，“守土有责，更要守土尽责”“敢于引导、善于疏导，原则问题要旗帜鲜明、立场坚定，一点都不能含糊”③。四是改革主流媒体内容的传播机制，“主流媒体要准确及时发布新闻消息，为其他合规的媒体提供新闻信息来源”④，扩大主流媒体内容覆盖面，从而有效优化传播格局。五是“对传统媒体和新兴媒体实行一个标准、一体管理”“依法加强新兴媒体管理，使我们的网络空间更加清朗”⑤。

从更高层面看，推进信息生产领域进行供给侧结构性改革，更为重要的是“打造新型传播平台，建成新型主流媒体，扩大主流价值影响力版图”⑥。打造具有强大主流价值影响力和竞争力的传播主体，这是影响更为深远的供给侧结构性改革的关键。它包括“着力打造一批形态多样、手段先进、具有竞争力的新型主流媒体，建成几家拥有强大实力和传播力、公信力、影响力的新型媒体集团”⑦。

4. 加快构建全媒体传播格局

“加快构建融为一体、合而为一的全媒体传播格局”⑧，既是加快推进媒体融合向纵深发展决策的政策目标和工作要求，也是忠实履行党

---

① 习近平：《加快推动媒体融合发展 构建全媒体传播格局》，《求是》2019年第6期。

② 同①。

③ 同①。

④ 同①。

⑤ 同①。

⑥ 同①。

⑦ 《习近平主持召开中共中央全面深化改革领导小组第四次会议强调 共同为改革想招一起为改革发力 群策群力把各项改革工作抓到位》，《人民日报》2014年8月19日，第1版。

⑧ 同①。

的新闻舆论工作职责使命的体现。

加快构建融为一体、合而为一的全媒体传播格局的政策要求，体现在以下几个方面。一是充分认识推动媒体融合发展、构建全媒体格局的急迫性。这是因为，“全媒体不断发展，出现了全程媒体、全息媒体、全员媒体、全效媒体，信息无处不在、无所不及、无人不用，导致舆论生态、媒体格局、传播方式发生深刻变化，新闻舆论工作面临新的挑战”①。而“新闻客户端和各类社交媒体成为很多干部群众特别是年轻人的第一信息源，而且每个人都可能成为信息源”，如今已经从“人找信息”转为“信息找人”②。必须加快构建全媒体传播格局以回应时代挑战。二是不断以更高标准构建全媒体格局。虽然，党的十八大以来我们在加快媒体融合步伐、建立融合传播矩阵、打造融合产品等方面取得了积极成效，但仍需立足形势发展，坚定不移地推动媒体深度融合，加快构建全媒体传播格局，而且这个全媒体传播格局的特征和标准是“融为一体、合而为一”。三是以建设现代传播体系来加快实现建设全媒体格局。从2014年提出的“形成立体多样、融合发展的现代传播体系”③，到2019年提出的“要形成资源集约、结构合理、差异发展、协同高效的全媒体传播体系”④，标准更高，目标更清晰。四是还要从更高标准、更高要求出发，“抓紧做好顶层设计，打造新型传播平台，建成新型主流媒体”⑤。其中，体现战略远见和满足实践要求的顶层设计，把握发展趋势和适应未来竞争的新型传播平台，都是在构建全媒体传播格局进程中必须不断与时俱进、不断发展提升的。

① 习近平：《加快推动媒体融合发展 构建全媒体传播格局》，《求是》2019年第6期。

② 同①。

③ 《习近平主持召开中共中央全面深化改革领导小组第四次会议强调 共同为改革想招一起为改革发力 群策群力把各项改革工作抓到位》，《人民日报》2014年8月19日，第1版。

④ 同①。

⑤ 同①。

5. 扎实抓好县级融媒体中心建设

习近平总书记在2018年全国宣传思想工作会议上特别强调扎实抓好县级融媒体中心建设。扎实抓好县级融媒体中心建设，是加快推进媒体融合向纵深发展决策的战略性安排，是在新的历史形势下夯实党的执政基础的重要举措，是“不断增强党的政治领导力、思想引领力、群众组织力、社会号召力”的有力工具。

把握扎实抓好县级融媒体中心建设的决策，要切实做到以下几点。一要看到在融合移动传播成为主要传播形态之一的环境下，建设县级融媒体中心对于有效引导群众的政治效益和重要作用。在传统媒体为主的传播环境下，我国虽然坚持“四级办报”“四级办广播”“四级办电视”，但县一级媒体实力相对薄弱、影响力与需求不相匹配。中国共产党“支部建在连上”奠定了中国革命胜利的政治基础，“党小组建在村民小组”增强了长治久安的群众基础。在今天群体传播、人人传播的环境下，必须通过直达基层、影响基层来进一步巩固共同思想基础。在这方面，县级融媒体中心可以发挥特殊作用。二是要深刻领悟“引导群众”与“服务群众”的特殊关系。习近平同志要求：“要扎实抓好县级融媒体中心建设，更好引导群众、服务群众。”[①] 县级融媒体中心的任务是既要引导群众，又要服务群众，还要善于通过服务群众来更有效地引导群众。服务群众做得好，人民群众与包括县级融媒体中心在内的主流媒体、传播平台的接触频率才可能更高，才可能更有效实现引导群众。三是县级融媒体中心建设要符合“扎实”的要求，必须坚持实事求是、务求实效原则。“要统筹处理好传统媒体和新兴媒体、中央媒体和地方媒体、主流媒体和商业平台、大众化媒体和专业性媒体的关系，不能搞‘一刀切’、‘一个样’。”[②] 四是县级融媒体中心是从中央到省

① 《习近平在全国宣传思想工作会议上强调 举旗帜聚民心育新人兴文化展形象 更好完成新形势下宣传思想工作使命任务》，《人民日报》2018年8月23日，第1版。

② 习近平：《加快推动媒体融合发展 构建全媒体传播格局》，《求是》2019年第6期。

市县的全媒体传播矩阵的组成部分，因此，县级融媒体中心不能停留于“单打独斗”，而必须与其他主流媒体等形成有效协同合作，提升传播效果。“资源集约、结构合理、差异发展、协同高效”本来就是习近平同志对构建全媒体传播体系所提出的明确要求。[①]

6. 坚持一体化发展方向

坚持一体化发展方向，是加快推进媒体融合向纵深发展决策的目标取向，是媒体融合发展整体优势的实现路径。

坚持一体化发展方向的要求内涵丰富，它包括多个层面。一是坚持传统媒体和新兴媒体优势互补、一体发展。这要求传统媒体在发挥优势的同时，加快融合步伐，要主动借助新媒体传播优势，运用好新兴媒体。二是在把握规律的基础上实现一体化发展方向。“要研究把握现代新闻传播规律和新兴媒体发展规律，强化互联网思维和一体化发展理念。”[②]三是在媒体融合的过程中要坚持一体化发展方向，加快从相加阶段迈向相融阶段。四是在坚持一体化发展方向的基础上，坚持先进技术为支撑、内容建设为根本。五是明确指出了在媒体层面坚持一体化发展方向的两大关键工程，即“流程优化”“平台再造”。六是明确指出了媒体层面坚持一体化发展方向要实现的具体目标，即“通过流程优化、平台再造，实现各种媒介资源、生产要素有效整合，实现信息内容、技术应用、平台终端、管理手段共融互通”[③]。七是明确指出了评价坚持一体化发展方向效果的两组衡量标准，即催化融合质变，放大一体效能。八是明确指出了坚持一体化发展方向、放大一体效能必须实现的三个层面的成果，即打造一批具有强大影响力、竞争力的新型主流媒体，形成立体多样、融合发展的现代传播体系，构建融为一体、合而为

① 习近平：《加快推动媒体融合发展 构建全媒体传播格局》，《求是》2019年第6期。

② 《习近平在视察解放军报社时强调 坚持军报姓党坚持强军为本坚持创新为要 为实现中国梦强军梦提供思想舆论支持》，《人民日报》2015年12月27日，第1版。

③ 同①。

一的全媒体传播格局。

换一个角度看，关于如何坚持一体化发展方向、实现放大一体效能的一组关系、两大关键工程、两组具体目标、两组衡量标准、三个层面成果等，是非常专业的战略设计和路线图，具有很强的方法论价值。

7. 坚持移动优先策略

坚持移动优先策略，是加快推进媒体融合向纵深发展决策的战略设计，也是顺应变化、把握规律、应对挑战的关键选择。移动互联网的发展和 5G、人工智能等新技术的发展与应用，更加印证了坚持移动优先策略的必要性和重要性。

坚持移动优先策略，一是体现了对传播方式与媒体发展趋势的判断。“移动互联网已经成为信息传播主渠道。随着 5G、大数据、云计算、物联网、人工智能等技术不断发展，移动媒体将进入加速发展新阶段。”“要把握国际传播领域移动化、社交化、可视化的趋势。”[①]这就明确指出了坚持移动优先策略，既适用于国内，又适用于国际传播领域。二是明确指出了媒体融合与主流传播的战略性抉择，那就是移动优先，而不是传统媒体形态与传统传播方式优先。三是强调了坚持移动优先策略的两大政策取向，即“建设好自己的移动传播平台，管好用好商业化、社会化的互联网平台”[②]。四是明确指出了坚持移动优先策略的目的，即“让主流媒体借助移动传播，牢牢占据舆论引导、思想引领、文化传承、服务人民的传播制高点”[③]。

8. 探索运用人工智能

探索运用人工智能，是加快推进媒体融合向纵深发展决策的战略选择，是体现时代性、预见性、战略性的重要政策。历史地看，在正式文件和领导人讲话中，《关于推动传统媒体和新兴媒体融合发展的指导意

---

① 习近平：《加快推动媒体融合发展 构建全媒体传播格局》，《求是》2019 年第 6 期。

② 同①。

③ 同①。

见》第一次明确要求在新闻传播领域探索运用人工智能。

探索运用人工智能的战略选择与政策要求，一是体现了对世界科技发展趋势与媒体发展趋势的把握，从全球范围看，媒体智能化进入快速发展阶段。二是要求主流媒体等增强紧迫感和使命感，回应时代挑战。三是要求加快研发，推动关键核心技术自主创新不断实现突破。四是明确要求，要探索将人工智能运用在新闻采集、生产、分发、接收、反馈中，这实际是要求在新闻生产传播全流程中，全面探索运用人工智能，以提升整体效率和传播力、影响力，全面提高舆论引导能力。五是强调在探索运用人工智能中要保证控制力，坚持用主流价值导向驾驭“算法”。

9. 使全媒体传播在法治轨道上运行

使全媒体传播在法治轨道上运行，是加快推进媒体融合向纵深发展决策所坚持的基本标准和底线要求。

全媒体传播在法治轨道上运行，一是明确了三条安全底线和一个维护要求，即“要从维护国家政治安全、文化安全、意识形态安全的高度，加强网络内容建设”[①]，这就要求媒体必须有更高的政治站位，更强的政治安全、文化安全、意识形态意识，以及更有力的维护行动。二是明确指出“没有规矩不成方圆”，要求加强相关法律、法规、规章等的建设。三是强调全媒体传播在法治轨道上运行必须全覆盖、全面实施，“无论什么形式的媒体，无论网上还是网下，无论大屏还是小屏，都没有法外之地、舆论飞地”[②]。四是明确指出必须对传统媒体和新兴媒体实行一个标准、一体管理。五是明确了主体责任，主管部门要履行好监管责任，依法加强新兴媒体管理。“网络是一把双刃剑，一张图、一段视频经由全媒体几个小时就能形成爆发式传播，对舆论场造成很大影响。这种影响力，用好了造福国家和人民，用不好就可能带来难以预

① 《习近平在中共中央政治局第十二次集体学习时强调 推动媒体融合向纵深发展，巩固全党全国人民共同思想基础》，《人民日报》2019 年 1 月 26 日，第 1 版。

② 习近平：《加快推动媒体融合发展 构建全媒体传播格局》，《求是》2019 年第 6 期。

见的危害。”[①] 正是因为如此，“正能量是总要求，管得住是硬道理”[②]。六是强调了必须实现的目标，使我们的网络空间更加清朗。七是提出要加强能力建设，全面提升技术治网能力和水平，规范数据资源利用，防范大数据等新技术带来的风险。

10. 确保媒体融合发展沿着正确方向推进

确保媒体融合发展沿着正确方向推进，是加快推进媒体融合向纵深发展决策所强调的核心原则与检验标准。

确保媒体融合发展沿着正确方向推进的政策要求，一是明确指出我们推动媒体融合发展的根本目的，“是要做大做强主流舆论，巩固全党全国人民团结奋斗的共同思想基础，为实现‘两个一百年’奋斗目标、实现中华民族伟大复兴的中国梦提供强大精神力量和舆论支持”[③]；二是强调指出导向要求与其他要求之间的关系，明确指出“坚持导向为魂、移动为先、内容为王、创新为要”[④]，以坚持正确舆论导向为基础和灵魂；三是强调指出加快推动媒体融合发展的基本目标，是“使主流媒体具有强大传播力、引导力、影响力、公信力”，“牢牢占据舆论引导、思想引领、文化传承、服务人民的传播制高点”[⑤]；四是明确要求通过推进媒体融合，“让主流媒体借助移动传播，牢牢占据舆论引导、思想引领、文化传承、服务人民的传播制高点”，“扩大主流价值影响力版图，让党的声音传得更开、传得更广、传得更深入”[⑥]；五是明确指出，确保媒体融合发展沿着正确方向推进的标志，就是让网络空间“成为我们党凝聚共识的新空间”，“形成网上网下同心圆，使全体人民在理想信念、价值理念、道德观念上紧紧团结在一起，让正能量更强

① 习近平：《加快推动媒体融合发展 构建全媒体传播格局》，《求是》2019年第6期。

② 同①。

③ 同①。

④ 同①。

⑤ 同①。

⑥ 同①。

劲、主旋律更高昂”[①]。

（三）战略地位：加快推进媒体融合向纵深发展的政治意义

加快推进媒体融合向纵深发展，是以习近平同志为核心的党中央在应对当今世界“百年未有之大变局”时做出的战略抉择和政治决策。习近平同志高瞻远瞩、总体布局、多次强调、亲自部署、亲自推动。纵览当今世界，还没有任何国家的主要领导人如此重视部署、推动媒体融合，也没有任何国家把推动媒体融合置于国家战略的地位。加快推进媒体融合向纵深发展的政治意义和战略地位，体现为以下三点。

1. 加快推进媒体融合发展是着眼长治久安的政治决策

加快推进媒体融合发展的政治意义，首要体现在它不是业务决策，而是政治决策；它不只关乎媒体行业本身的发展，而且关系到能否牢牢掌握舆论场的主导权和引导权，确保党和国家长治久安。

2019 年 1 月 25 日，中共中央政治局第十二次集体学习引人关注。一是集体学习地点超乎常规，在人民日报新媒体大厦开展学习，“把‘课堂’设在了媒体融合发展的第一线，采取调研、讲解、讨论相结合的形式进行”[②]。二是学习内容和学习形式不同寻常，学习内容是全媒体时代和媒体融合发展，参观了人民日报数字传播公司、“中央厨房”、新媒体中心等。三是对媒体融合的定位非同一般，媒体融合发展不仅仅是新闻单位的事，不单纯是媒体行业的事。“媒体融合发展是一篇大文章。面对全球一张网，需要全国一盘棋。”[③]把加快推进媒体融合发展与各级领导干部要增强同媒体打交道的能力，不断提高治国理政能力和水平联系在一起。四是从政治高度和战略层面确定，推动媒体融合发展的目标，是巩固全党全国人民团结奋斗的共同思想基础。因此，

① 习近平：《加快推动媒体融合发展 构建全媒体传播格局》，《求是》2019 年第 6 期。

② 《习近平在中共中央政治局第十二次集体学习时强调 推动媒体融合向纵深发展 巩固全党全国人民共同思想基础》，《人民日报》2019 年 1 月 26 日，第 1 版。

③ 同①。

加快推进媒体融合发展决策，在党和国家工作全局中具有重要价值。

2. 加快推进媒体融合发展是增强综合国力的战略选择

在当今国际条件下，主流媒体必须牢牢掌握舆论场主动权和主导权；必须坚持正确舆论导向，高度重视传播手段建设和创新，提高新闻舆论传播力、引导力、影响力、公信力。中国作为一个正在走向民族伟大复兴的大国必须不断提高文化软实力，讲好中国故事，展现真实、立体、全面的中国。“强起来”必然包括具有足够强的国际传播能力，对中国发展形成战略支撑。应当说，所掌控媒体的影响力和运用媒体的能力，就是一种战略能力。“不断增强党的政治领导力、思想引领力、群众组织力、社会号召力，确保我们党永葆旺盛生命力和强大战斗力”[①]的要求，在相当程度上要借助主流舆论的传播来实现；更好构筑中国精神、中国价值、中国力量，建设具有强大凝聚力和引领力的社会主义意识形态，进一步提高国际影响力、感召力、塑造力，同样在相当程度上需要强大的传播力、影响力来实现。因此，习近平同志强调：“我们要把握国际传播领域移动化、社交化、可视化的趋势，在构建对外传播话语体系上下功夫，在乐于接受和易于理解上下功夫，让更多国外受众听得懂、听得进、听得明白，不断提升对外传播效果。”[②]

可以说，强大的媒体实力与综合传播力、影响力，是一体化的国家战略体系和能力的重要组成部分。而只有在互联网条件下加快推进媒体融合发展，才能形成并不断增强媒体实力和综合传播力、影响力。

3. 加快推进媒体融合发展是体现国家意志的战略行动

加快推进媒体融合发展是以党中央的权威和集中统一领导推动、以国家力量支持与保障的，回应时代挑战、具有历史意义的战略行动。它体现在习近平同志亲自部署、亲自推动、深刻阐述、多次强调；还体现在被纳

① 习近平：《决胜全面建成小康社会 夺取新时代中国特色社会主义伟大胜利——在中国共产党第十九次全国代表大会上的报告》，人民出版社，2017，16页。

② 习近平：《加快推动媒体融合发展 构建全媒体传播格局》，《求是》2019年第6期。

入深化改革总体布局并作为重要组成部分。早在2014年8月18日，《关于推动传统媒体和新兴媒体融合发展的指导意见》，就在习近平主持召开的中央全面深化改革领导小组第四次会议上通过。对于这一以国家力量支持与保障的国家行动，习近平同志强调指出："要把我们掌握的社会思想文化公共资源、社会治理大数据、政策制定权的制度优势转化为巩固壮大主流思想舆论的综合优势。"[①]"各级党委和政府要从政策、资金、人才等方面加大对媒体融合发展的支持力度。各级宣传管理部门要改革创新管理机制，配套落实政策措施，推动媒体融合朝着正确方向发展。"[②]

加快推进媒体融合向纵深发展行动，正在按照党中央的决策持续推进，在实践创造中进行文化创造，在历史进步中实现文化进步，正在体现"中国智慧""中国创造"。准确把握以习近平同志为核心的党中央加快推进媒体融合向纵深发展决策的政治意义与战略价值，有助于我们深化对习近平新时代中国特色社会主义思想和治国理政新理念、新思想、新战略的认识和理解，更好地推动实践，取得成效。

二、媒体深度融合进程中的五个战略性选择

加快推进媒体深度融合不仅是中国传媒业发展的主轴，更是具有历史意义的战略行动。媒体融合是世界性课题。但在中国，加快推进媒体深度融合的一系列重要决策，是党中央的战略抉择和政治决策，是深化改革总体布局中的重要组成部分，是做好党的新闻舆论工作、巩固全党全国人民团结奋斗的共同思想基础的决定性举措。

只有进一步有效落实推进媒体深度融合的决策，才能进一步提升主流媒体的传播力、引导力、影响力、公信力，这已经成为人们的共识。对于媒体领导者和从业者而言，在媒体深度融合过程中要解决的问题很

① 习近平：《加快推动媒体融合发展 构建全媒体传播格局》，《求是》2019年第6期。

② 同①。

多，问题单子也许很长且优先次序很难排。使命任务决定了媒体会把最好的资源、最有创造力的力量投入重大报道、主题宣传之中；传播竞争压力会使人们本能地优先考虑如何制作新媒体产品、获得更好一点的传播数据；经营压力会使领导者们把开辟新的经营领域、利润来源视为当前重点。这是可以理解的。

但从战略层面看，进一步推进媒体深度融合有五个关键选择，一是从整合走向融合，基于数字媒体观推进媒体再造，从而在更深层面激活媒体活力和资源；二是从内容走向数字内容，基于驱动再传播重构内容生产，从而以数字内容传播力增强传播竞争力；三是从发布走向智能分发，基于个性化推荐重塑传播平台，从而以智能传播有效提升传播效率和精准传播能力；四是从传播走向交互传播，基于深层影响力创新传播模式，从而有效提升舆论引导能力；五是从融媒体走向智媒体，基于新质生产力适应智能变革。

（一）从整合走向深度融合：基于数字媒体观推进媒体再造

从全国范围看，媒体整合在加速，越来越多的地方在探索把报纸、广播、电视、网络等多种形态的传统媒体与新媒体主体整合为一个新传媒机构。这类整合在中央、省、地市、县四个层级都已出现，并分别获得了宝贵经验和一定成果。不同层级媒体整合而成的新传媒机构，其整合深度也不尽相同，既有在集团层面统一领导指挥，而各传媒实体还相对独立运行的；也有内容生产主体已经一部分或大部分分类整合，仅保留传播终端以相对独立的形态或呼号出现的，如中央广播电视总台。深度整合的传媒机构，相应进行了大规模的人员重组、组织再造，从而实现了一定深度或较深程度的融合，内容生产主体不再按照原有隶属关系提供内容，而是按照分工和内容形态向不同终端供稿。

媒体深度融合绝不仅仅是同类媒体简单相加，或是将传统媒体和新媒体做简单嫁接，而是必须“尽快从相‘加’阶段迈向相‘融’阶段，从‘你是你、我是我’变成‘你中有我、我中有你’，进而变成‘你就是我、我就是你'，着力打造一批新型主流媒体和传播载体"[1]。客观地看，在不同程度整合的基础上实现融合，既是这些已整合的新传媒机构的选择，也是媒体深度融合进程中中国传媒业的选择。因而，目前依然以单体形态存在、运行状态尚好的传统媒体，未来也必须回答好如何实现深度融合的问题。

从整合走向融合，需要先从几个层面廓清对整合的认识。

其一，整合不等于融合。整合是将原先分散存在、各自运行的组织和相关资源，置入新的组织框架，以实现资源共享和协同工作，形成一个更有价值、效率的整体。但整合总体上是一种"相加"，是虽然"你""我"在一起，但"你是你、我是我"。而融合是合而为一，融为一体，是呈现新形态、新内涵，以新的理念认知、生存逻辑、竞争逻辑运行。融合，是"你中有我、我中有你"。因此，如果仅仅将原先各自运行的媒体纳入一个新组织框架中，这样的整合方式和整合深度往往无法深刻触及原有的发展理念、运行机制，更难以改变原有生存逻辑和竞争态势，整合后的传媒机构未必能实现愿景和构想，未必能适应更大范围的竞争，未必能体现推进媒体深度融合决策的目标要求。

其二，整合不等于化合。把同类媒体与不同类媒体、传统媒体与新媒体整合进新传媒机构或传媒集团，即使进行了资源重组、人员重组、组织变革，也并不意味着就一定实现了"你就是我、我就是你"的"化合"目标，并不等于就完成了媒体深度融合的目标。"化合"过程和"化合"目标的实现，一定意味着观念机制、运作逻辑发生了质的变化，从而能够更有效地适应新传播格局的竞争要求。梳理以往出现的多种报业集团、广电集团的整合方式就会发现，仅仅在组织层面、资产层面、资源层面整合，没有深刻改变生存逻辑、竞争逻辑，竞争力就很难出现质的提升，也不等于会催生出新型主流媒体。

① 《〈习近平总书记系列重要讲话读本（2016年版）〉十一、用社会主义核心价值观凝心聚力——关于建设社会主义文化强国》，《人民日报》2016年5月5日，第9版。

其三，整合不等于再造。媒体深度融合的核心任务之一，是把传统主流媒体再造成新型媒体、打造出新型主流媒体。对照这个使命任务要求，传媒再造的核心课题，不仅是将传媒的技术基础转换为全面使用数字科技，不仅是重新规划、调整原来基于印刷科技、无线电广播或电视广播科技形成的内容生产流程，使之适应数字科技和融合移动传播格局的要求。更为重要的是使媒体的生存逻辑，从面向大众的"广播"转变为能够通过个性化精准传播构建影响力基础；能够从习惯于一次传播转变为适应新媒体要求，通过多次传播、再传播增强传播力、引导力、影响力、公信力；能够从主要靠资源、力量投入获取更大传播影响，转变为适应新竞争态势、新传播格局，通过善于驱动再传播赢得传播优势，增强综合影响，从而在舆论竞争和斗争中获得胜利。

什么是新型主流媒体？"新型"意味着一定首先是数字媒体，而不是原有媒体形态的简单相加聚合。在我看来，媒体深度融合的目标取向是打造新型主流媒体，推进途径就是一步步打造数字媒体。

什么是数字媒体？作为媒体实体，数字媒体的技术内核一定是数字科技，即以基于数据库的、可支撑受众需求的获知、采集、传输、制作、传播、反馈全链条的融合技术平台作为数字媒体的基础平台，并基于融合技术平台构建内容生产体系和融合运作体系；以基于数据分析的个性化信息推送服务技术，即应用算法推荐技术等支撑个性化精准传播、驱动再传播[①]；以紧密跟踪数字科技新发明、发展而不断深化多种

① 不同法律法规、部门规章中关于推荐算法所使用的名称有所不同。2020 年 8 月 28 日，商务部、科技部调整发布《中国禁止出口限制出口技术目录》（商务部科技部公告 2020 年第 38 号），在限制出口部分的"计算机服务业"类"信息处理技术"项下，列入了"基于数据分析的个性化信息推送服务技术"。这显示中国在推荐算法研发应用方面具有一定优势。2021 年 11 月 1 日起正式施行的《中华人民共和国个人信息保护法》使用的术语是"自动化决策"，并在第七十三条"本法下列用语的含义"第二款中，第一次在法律文本中定义了"自动化决策"术语含义为"通过计算机程序自动分析、评估个人的行为习惯、兴趣爱好或者经济、健康、信用状况等，并进行决策的活动"。2021 年 12 月 31 日，国家网信办等四部委发布《互联网信息服务算法推荐管理规定》，使用的概念是"信息服务算法推荐"。

数字科技成果应用为持续发展的技术基础。数字媒体依然在有效运用印刷术、无线电广播技术、电视广播技术，但其技术基础、运作基础、组织基础、观念基础等都不能再简单地基于原有技术基础，不能再简单地依循以往运作惯性。正是因为新型主流媒体首先应当是数字媒体，所以在推进媒体深度融合、实现从整合到融合的进程中，应当基于数字媒体观推进媒体再造。

为何要基于数字媒体观？2004 年我在《数字媒体观与传媒运行模式变革》[①]中提出："新的时代，必须用一种新的眼光、新的思维方式来重新认识媒体，就应把发展战略与调整建立在数字媒体观基础上。这是思维方式必须有的变化。""数字技术不仅是技术基础，事实上它会改变新闻生产方式和生产流程，也会改变人们对于传媒是什么、会怎么发展的认识。""科技革命正在改变媒体及其支撑环境，数字技术正在成为支撑所有传媒的存在基础、技术标准与发展取向，正在改变不同形态传媒的边界，造就新意义上的数字媒体。因此，为真正把握传媒业发展方向与产业发展规律，把握不同传媒形态聚集规律与资源共享规律，必须超越传统的传媒认识方式，建立数字媒体观。"

什么是数字媒体观？"所谓数字媒体观，就是把一切基于电子技术的传媒形态都视为具有共同技术内核、运作规则、分享基础的统一体；不同形态的传媒，如广播、电视、互联网、短信、数据库，都是基于数字技术内核及其运作规则、分享基础的不同传播方式、不同传播手段。数字技术为不同传媒提供了资源整合的平台和基础，也就为不同传媒形态或业态的聚集，如广播、电视、互联网、短信、数据库、报纸、刊物等，提供了新的基础，提供了分享资源和影响力空间的内在机制与条件。""依据数字媒体观，就可以打通媒体间不适应数字媒体发展要求的边界，实现新的水平上的资源整合、资源共享、跨平台利用，改善资源利用效率。""用数字媒体观来分析现有的传媒格局、分工格局、生

① 陆小华：《数字媒体观与传媒运行模式变革》，《新闻记者》2004 年第 1 期。

产流程、产品结构、市场格局，我们将会有全新的发现，从而可以把资源整合推进到一个新的高度。”“基于数字媒体观，就会发现所追求的人性化运作模式就会出现，从而最终改变受众与传媒间的关系，改变信息消费方式。基于数字媒体的运作方式，就可以期望做到所谓‘一对一’贴身服务，就可以期望成为受众‘信息顾问’。”①

（二）从内容走向数字内容：基于驱动再传播重构内容生产

数字科技时代仍是“内容为王”。数字科技赋能使人人可发声传播，将内容推荐算法等深度运用于内容分发促使传媒走向智能化精准传播，但内容仍然是媒体的立身之本，仍然是价值观、传播意图的基本承载体。“内容为王”仍然是主流媒体的基本生存准则。但将数字科技全面应用于新闻生产和传播领域，不仅改变了传媒生态、传媒运作方式、传播格局，还深刻改变了内容形态、传播工具、传播规律等影响新闻传播运行的重要构成元素。传统的认识方法、分析方法、研究方法等已经不能满足将数字科技全面应用于新闻领域的现实需要。在推进媒体深度融合的进程中，需要对数字科技时代生产什么样的内容、如何生产内容、如何传播进行再认识、再分析、再建构。

探讨生产什么样的内容首先要探讨数字科技时代的内容。数字科技深刻改变着影响新闻传播运行的一些重要构成元素，在这样的时代背景下，“内容”这个概念已经发生深刻变化。数字科技的广泛运用扩大了内容外延。传统认知里，往往是事件结果才构成新闻，才有报道的必要。而以数字媒体观相应的数字内容观和传播眼光来看，事件进行过程皆可被纳入传播，内容外延已经明显扩大。数字科技的广泛运用不仅改变了内容形态，还改变了内容的表达逻辑与传播逻辑。内容的策划制作已经不仅需要考虑想表达的内容，还必须考虑如何让受众加入传播过程，这就要求内容的表达逻辑与传播逻辑必须把这些新内涵、新要求包

① 陆小华：《数字媒体观与传媒运行模式变革》，《新闻记者》2004 年第 1 期。

括在内。因而，数字内容并不是传统内容的简单数字化。不是可在数字科技平台上传播的内容就是数字内容。数字传播并不仅仅是用数字技术表达内容信息。数字科技广泛应用、互联网和社交平台等成为主要传播平台，促使融合移动传播成为主要传播形态。传统内容数字化、为数字传播载体制作的内容、以数据为主要体现形式的数字内容和主要用于交互传播的数字内容，已经成为主要内容形态并将成为最重要的内容形态。后两类新形态数字内容更是基于数字科技和传播形态演变才出现的。

实施数字内容生产，要清晰把握数字内容区别于传统内容的核心特征。相比于传统内容，数字内容经历了从格式转换到延展创造的过程，拓展了内容类别、形态与存在空间。“数字内容与传统内容的核心区别至少包括两点，一是数字内容不仅提供有意义的信息，还搭载传播者与受众的联系；二是数字内容实质上是内容与传播策略的组合体。”[①] 所谓数字内容搭载传播者与受众的联系，是强调数字内容本身已经蕴含与人的关系。这不同于传统内容生产中的受众需求判断，传统认知中的内容生产要满足受众需求，即更多立足于满足受众对信息内容、类型、提供方式等的需求。数字内容中搭载传播者与受众的联系，是立足于数字内容不仅供传播者（如媒体）在单向传播时使用，还供传播者在多向交互传播时使用。这就需要在制作数字内容时充分考虑所制作内容与受众的联系，考虑怎么便于受众参与到再传播、多次传播中来，甚至提供受众在再传播中二次创作、延伸创作、阐发讨论的切口与接口。这就需要改变内容生产一次完成的传统认知，要把主要内容发出后与受众的多轮交互视为数字内容生产的组成部分，甚至视为体现新媒体交互传播优势的重要部分。要把在交互传播中对受众反馈、转发、评论的呼应，把在交互传播中对原发内容的进一步补充、对观点的进一步阐发，都纳入数字内容并把其作为数字内容生产与交互传播的重要组成部分，甚至把在交互传播中受众反馈、评论等的引导、把控，把受众生产的内容也纳入

① 陆小华：《数字新闻学的产生基础、逻辑起点与演进路径》，《新闻记者》2021 年第 10 期。

数字内容中来。所谓数字内容，实质上是内容与传播策略的组合体，是强调在数字内容创意、制作中就要充分考虑并体现出传播策略设计。这既包括选择什么样的传播时点、传播时机，呼应、切近什么样的社会心理，如何借助特定传播工具、传播平台等；也包括如何促使受众加入对所制作数字内容的再传播、多次传播中来。在数字内容分发与其影响形成过程中，人人都可能参与传播，成为数字内容再传播的重要力量，受众地位与功能发生重要变化。数字内容实质上是内容与传播策略的组合体，既是影响力生成逻辑变化的反映，也在不断改变不同环节、不同要素在影响力生成中所占权重。

数字内容生产特别需要领导者与参与者有很强的“科技感”。数字内容与传统内容相比，存在“搭载传播者与受众的联系”“实质上是内容与传播策略的组合体”两点核心区别，其前提恰恰是数字内容具有一定科技属性，具有相当科技含量。科技含量是数字内容的必要前提，这决定了无论是从事互联网、移动社交平台传播的人们，还是正在推进媒体融合的人们，都必须跟踪数字科技的演变发展，必须理解、体悟数字科技可以提供的创意、表达、传播手段，从而拓展自己的创意、表达空间。对媒体从业者，特别是领导者而言，不仅要运用数字科技，还要体悟数字科技；不仅要有了解、有认知、有意愿、有行动，还要有感触、感觉、感知、感悟，甚至有感应，从而达到物我一体、随我所用、随心所欲的境界。这就是一种难得的“科技感”。拥有“科技感”，就能够把握数字科技走向，了解市场上或实验室中什么科技成果可以为我所用，就能够基于认知和创意表达需求来选择科技手段、实施团队，更重要的是能够创造性地将自己的创意与科技手段、实施团队的能力结合起来，达到出人意料又出神入化的效果。

为与数字内容相匹配，新媒体的传播模式也发生了根本性变化。再传播是新媒体传播的核心特征，也是新媒体传播与传统传播的最大区别。新媒体的传播过程，就是多主体参与的多次、多类、多向再传播过程。在移动新媒体时代，效果最好、效率最高的传播，不仅是通过自身的传播资源、借助有传播力的传播工具和传播形态进行传播，更可能是通过有效的传播策略设计实现的有引导的再传播，是通过某种机制、策略设计、实施手段实现的众人参与但又符合自己传播意图的再传播。高明的传播者，不仅善于自己直接从事传播，而且善于通过把握受众心理需求、有效设计传播策略，以自己创作的内容、仪式等驱动多轮再传播。对主流媒体而言，不仅要适应再传播的规律，还要努力以内容与传播策略设计驱动再传播。

因此，为适应数字内容生产规律，实现更好地引导舆论的目的，媒体需要基于驱动再传播重构内容生产。这首先要从生产内容走向生产数字内容，走向善于生产数字内容而不是只擅长生产传统内容。从生产内容走向生产数字内容，不仅不会削弱主流媒体传统内容优势，反而还会扩大这个优势。数字内容仍然可以很好地承载传递和传播价值观的任务。其次需要围绕生产数字内容重构内容生产流程。重构内容生产流程不仅要生产数字化的传统内容，而且要能够有效生产新形态的数字内容。重构内容生产流程并不是颠覆原有的内容生产规则，放弃原有的内容生产能力，而是在新媒体条件下更有效地发挥原有内容生产规则和生产能力的优势。更重要的是在内容生产中以更有效体现驱动再传播的基本策略为原则，实施数字内容的创意、制作与传播，从而以数字内容和传播策略撬动传播链条，实现引导舆论的目的。

（三）从发布走向智能分发：基于个性化推荐重塑传播平台

推荐算法介入移动传播使传播进入智能传播时代。算法是以一系列解决问题的清晰指令和程序表达的解决方案，算法能够在有限时间内就一定输入获得所设定的输出。更准确地说，算法是基于数据用系统方法描述、解决问题的策略机制。不同的算法可能用不同时间、空间或效率来完成同样的任务。因此，一个算法的优劣可以用空间复杂度与时间复杂度等指标来衡量。算法在经济生活、社会生活的诸多领域广泛应用，基于数据累积、不断迭代，成为影响信息分发、服务提供、机会分配、资源配置的基础性机制和力量。这种自动化决策在经济生活、社会生活中日益获得更大影响力和主导权。1994 年美国明尼苏达大学推出基于协同过滤技术的自动化推荐系统 GroupLens。此后，推荐系统运用于推荐音乐、电影、书籍等和电商领域。2009 年 12 月，谷歌上线用户个性化定制搜索结果。之后，脸书、推特等社交平台开始运用算法推荐新闻。推荐算法的运用和迭代发展，在提升信息服务与用户需求匹配度、增强分发能力等方面起到了有益作用。中国庞大的用户群与推荐算法多方面深度应用，为中国在基于数据分析的个性化信息推送服务技术领域有一定领先优势提供了重要基础。

将包括推荐算法在内的人工智能技术与方法应用于移动互联网场景下的信息分发，大大提升了匹配效率，也形成了新的传播机制，显然也使智能传播时代呈现出与印刷传播、电子传播、网络传播、社交传播、移动传播等时期迥然不同的特征与问题。总体来看，印刷传播、广播电视等电子传播更趋于借助纸介或电子媒介“发布”自己的内容产品。报纸印刷量、电子媒介覆盖面和信号强度决定了其发布内容初次传播可能产生多大影响。网络传播、社交传播、移动传播更趋于借助互联网或移动互联网网站、社交平台、移动应用等平台和信息分享机制分发内容产品，更趋于广泛分发，相对智能传播而言，它们对用户个体即时需求的响应、匹配程度比较低。而算法介入移动传播，可以使媒体实现对不同用户更为精准的推送和更具实时感的响应及对更多传播影响因素的权衡，因而形成了更体现智能处理特性的精准传播，即“智能分发”。这也使得智能传播用户具有更强的满足感、更强的沉浸性，从而形成更强的新用户卷入效应和更高的用户忠诚度。成立于 2012 年 3 月的字节跳动公司最初希望能“把社交网络里好的内容筛出来”，但最为人关注的是在移动应用中将基于数据分析的个性化信息推送服务技术用于信息分发，使今日头条、抖音等分发平台迅速聚集起数亿级日活用户，形成强劲影响力[①]。

推荐算法的运用提升了传播效率。互联网平台通过运用推荐算法提升信息分发与用户需求匹配度，改善用户体验，在新闻分发、信息服务领域获得越来越多用户、形成越来越大影响，也获得越来越大竞争优势。但算法应用也引起了人们的争议和担忧。2020 年 9 月，一篇名为《外卖骑手，困在系统里》的文章引起社会广泛关注，由此提出的尖锐问题“算法面前，人变成了工具？”引发强烈共鸣。推荐算法不断推送某类信息已令用户心生厌倦，算法推荐服务催生了各种“信息茧房”、伦理问题，学界对此不断呼吁警惕并表示担忧。

推荐算法是一种信息过滤技术的延续与发展。在尽可能满足用户偏好的同时，基于数据分析的个性化推荐服务实质上起到了信息选择、信息过滤效果，推荐算法使用者未必拥有信息过滤资质却实质上握有信息过滤权。过度使用算法有可能引发信息生态失衡。推荐算法的推荐逻辑是尽可能满足用户“偏好关注”的内容要求，而未必主要推荐用户“应当关注”的内容。这种推荐逻辑在商业领域可以提升销售额和顾客满意度，但“内容用户”不能等同于“内容顾客”。算法推荐服务不断推荐用户“偏好关注”的内容，自制力不强的、青少年、老年网民等群体就可能产生更强的“偏好依赖”“偏好强化”，形成“信息茧房”效应，并可能影响其社会认知和政治认同。推荐算法在一些互联网平台被普遍使用，并不明示或并不提供用户取消算法推荐服务的选项，从而使用户难以拒绝、被迫接受算法推荐内容，在某种程度上呈现出受众选择权失衡。推荐算法的使用和强化，客观上使原由“把关人”掌握的信息选择权越来越多地转移到推荐算法使用者手中。推荐算法所依据的数据、推荐逻辑和不同因素所占权重，客观上在深刻影响新闻和其他内容的传

① 2021 年 1 月 5 日，抖音发布《2020 抖音数据报告》，报告显示截至 2020 年 8 月，抖音日活跃用户突破 6 亿。截至 2020 年 12 月，抖音日均视频搜索次数突破 4 亿。根据中国互联网络信息中心公布的第 47 次《中国互联网络发展状况统计报告》，截至 2020 年 12 月中国网民总数仅为 9.89 亿。

播，深刻影响意识形态安全。从公众利益和国家安全层面看，都必须对推荐算法实施综合治理，有关算法综合治理的法规、规则也正在渐次出台。

值得重视的是，推荐算法基于不断累积的庞大用户数据而不断迭代优化，使拥有推荐算法的互联网平台在传播格局中越来越强势且传播力、影响力越来越强，以至于以其形成了对舆论的“引导”。而没有用上推荐算法的主流媒体影响力则相应变弱，从而可能导致传播格局的结构性失衡。智能传播的高效、精准、个性化等，已经得到证明；在内容传播环节应用推荐算法会形成更强劲的影响力，也已经得到证明。因而，对于主流媒体而言，在媒体融合进程中利用基于数据分析的个性化信息推送服务技术重塑传播平台，在传播环节应用一类或多类推荐算法[①]，从发布走向智能分发，更有效发挥内容影响力和主流媒体的公信力、权威性，就成为决定媒体深度融合成效的战略性选择。

“用主流价值导向驾驭‘算法’”是习近平总书记明确提出的要求。当前算法运用最突出的重大问题之一，是党领导下的主流媒体、中央和国家机关尚没有使用推荐算法，因而其传播力、精准传播效果难以与使用了推荐算法的商业互联网平台抗衡，主流媒体客户端的日活用户数与商业互联网平台也不在同一数量级，这在一定程度上影响了主流媒体舆论引导能力和引导效果，影响了中央和国家机关的传播能力和传播效果，也在一定程度上影响了对外讲好中国故事、传播中国声音的能力和效果。党政机关、主流媒体是最重要的权威信息源，通过自己的客户端或新媒体账号所发布的信息、政策解读等主流声音基本依靠自然传播，缺乏推荐算法等的支持。党政机关、主流媒体特别缺乏能体现价值观的推荐算法。这更凸显“用主流价值导向驾驭‘算法’”的重要性和急迫性。

① 《互联网信息服务算法推荐管理规定》界定了这部规定所指信息服务算法技术包括“生成合成类、个性化推送类、排序精选类、检索过滤类、调度决策类”五类。

只有通过顶层设计、专项部署和专项开发等，才能使主流媒体、中央国家机关实现在短期内能使用上与其使命、职能、任务相匹配的推荐算法，能运用基于数据分析的个性化信息推送服务技术等推进自有传播平台智能升级，从而更有效提升精准传播、随动传播能力。同时，还要明确规则、形成机制，明确要求商业互联网平台更好履行社会责任，要求商业互联网平台优化算法推荐逻辑和对新闻宣传、网络主管部门指导要求的响应机制，明确要求在其所推送内容中应包含更多党政机关、主流媒体的内容，落实习近平总书记提出的“在信息生产领域，也要进行供给侧结构性改革，通过理念、内容、形式、方法、手段等创新，使正面宣传质量和水平有一个明显提高”[①]的要求，进一步优化内容生态和传播格局。

（四）从传播走向交互传播：基于深层影响力创新传播模式

交互传播是互联网时代所产生的诸多传播现象的最重要特征，也是数字科技赋予传播的最重要能力。交互是互联网本质特性，因而，交互传播思维是传播领域互联网思维的重要组成部分。纸质媒体、广播电视等电子媒体总体是传播者向受众进行的单向“广播”，既不是个性化推送的精准传播，也不是可以交流互动的交互传播。尽管在纸质媒体、电子媒体时代也有相应版面设计、听觉设计、视觉设计，既考虑受众体验又可传递一定信息，受众在拥有较好体验的同时，又从版面语言、视觉语言中感受到特殊信息，但总体上仍然是单向传播，受众的反应并不能同步改变传播本身。互联网成为信息载体后，包括网站、移动应用、社交平台在内的各种互联网应用都提供了交互功能，不仅可以使用户获得相关资讯、信息或服务，还能实现用户与互联网应用间、用户之间的多种交互。

交互成为互联网之后多种传播形态的共同特征，交互传播规律左右

① 习近平：《加快推动媒体融合发展 构建全媒体传播格局》，《求是》2019年第6期。

着新媒体运行。在新媒体传播中，既有人机交互、传播者与受众交互，又有内容交互、用户间人际交互。强烈的交互使互联网信息传播成为基于网络载体的多重人际交互过程，从而极大拓展了普通人的社交范围和信息运用能力；移动平台上的信息交互成为人们社交生活和精神生活的重要组成部分，也深刻改变了社会生活和人本身。而数字科技的进一步发展使新媒体传播的交互性更加强烈，传播向着更能满足人本能需求的体验传播形态发展。在交互传播中，参与传播的所有人既可能产生直接交互，也可能产生传播地位互换，从而使传播指向与传播影响力呈现多维演变特征。在新媒体传播中，一个完整的传播过程往往由传播者一个主帖或一件新闻作品发起，由无数的跟帖、转发、评论参与才得以完成，甚至传播还可能长久进行。人工智能介入传播后，虚拟主播、写稿机器人、算法推送等参与到新闻生产与传播中，所产生的交互更为复杂。

交互传播规律实际上已经在左右数字内容的内容形态、叙述方式、表达逻辑。基于数字科技工具和载体、以数字形式形成并存在的数字内容至少包括四大类。第一类是文字、图像、影像、声音、图表等传统内容经数字化处理后形成的数字内容，其叙述方式、表达逻辑与传统内容类似。第二类是基于数字科技产生的新内容载体、传播载体所需而制作的数字内容，这些内容的内容形态、叙述方式、表达逻辑与传统内容已明显不同，如弹窗等是传统媒体所没有的特殊内容形态，竖屏视频与同样在新媒体平台传播的横屏视频相比，其叙述方式、表达逻辑也有很大不同。第三类是以数据为主要体现形式和载体的数字内容。这类基于数字科技实现积存、汇聚、处理、制作、表现而形成的数据内容产品，既包括数据挖掘、数据可视化等主要在价值发现与表现形式方面体现特色的数字内容，也包括各类数据库内容产品、数据流内容产品等传统手段难以表现、储存、处理、传播的数字内容。第四类是基于数字科技手段实现、主要用于交互传播的数字内容，包括用户界面设计所形成的内容。这类主要用于交互传播的数字内容，则与传统内容更相距甚远，甚至人们最初可能都不太视其为内容。设计交互界面需要整体考虑人机交互、操作逻辑、界面美观等因素。交互界面并不仅仅是人和计算机进行信息交换的通道，界面本身就在传递着信息，就在与使用者进行交互传播。而交互界面所承载、形成的内容，也具有实质性意义，如同报纸版面就是在表达编者想传递的信息与观点一样，只是报纸版面、电视节目编排不能实现交互而已。起源于网站设计和图形设计的交互设计在20世纪80年代后成为重要专业领域。交互设计负责规划、定义所有用户可能在屏幕上会触摸、点按或输入的东西，至少要从“可用性”和“用户体验”两个维度规划、实现产品在使用中可能接触的交互界面、所发生的所有交互行为。

传播中的交互程度很大程度上决定了影响力。一个传播平台“交互程度越大，则影响力越大，受众聚集的可能性越高”①。在交互传播中，受众偏好表现出一些新规律、新特征。如“在交互传播条件下，受众观看不同时效性和收视自主性的节目时表现出明显的偏好，即时效重直播，自主重时移”②。在交互传播中，“能让每个观者都参与进来，与其交互，甚至加入原作者都没想过的观看方式”③，“作品与观众之间关系的单一被动惯性定律，变成相互可传达循环共同体”④。

将人工智能科技用于传播推进了交互传播的发展，促使人们以发展

① 邹吉宏：《“融”媒体的核心是交互传播——以青岛日报、青报网一体化交互传播为例》，《青年记者》2016年第27期。

② 李思屈、王珂：《交互传播模式下的受众偏好——关于交互电视收视方式与节目类型的实证研究》，《现代传播》2008年第1期。

③ 张欢：《新媒体交互促生品牌传播新力量——以可口可乐为例》，《新媒体研究》2019年第17期。

④ 李紫薇：《挣脱桎梏——新媒体艺术传播的社会性交互特征研究》，《黄河之声》2018年第3期。

的眼光看传播科技的发展趋向。虚拟现实（VR）、增强现实（AR）[①]等多种沉浸式体验产品的出现，元宇宙等构想和研究更是引起各方面的跟进，这意味着传感科技正大规模进入传播科技领域，并将出现传感、传播科技融合演进的新传播科技。新产品样态、新传播渠道的产生，不再像过去 30 年那样主要依赖互联网技术、移动互联网科技成果催生，不再仅仅以互联网、移动智能终端为主要物质载体，而将更有效发挥基于传感科技的感知传播能力。据彭博新闻社 2022 年 5 月报道，苹果公司向其董事会演示了 MR（混合现实）/VR 头显，并正在加快 AR/VR 头显专用操作系统 rOS（reality Operating System）的开发步伐。包括苹果公司在内的著名企业、机构所进行的技术和产品研发，都体现了对传感科技的重视。

传感科技与传播科技的融合演进本身就是人工智能科技的进一步发展，传感科技的发展与传感器的广泛运用，会进一步提升人工智能在传播领域的运用。智能手机之所以智能，不仅在于其强大的信息处理能力，更在于其强大的感知能力。感知外部光线调整屏幕亮度、感知人类走路的振动与海拔高度从而可以计算步数与是否爬楼等，不过是人们经常可以体验到的传感科技的微小部分。传感器能帮助人类将以往无能力感知、难获取、难处理的信息变成可获取甚至易获取并更精准的数据。传感器还能隐秘地感知人类活动与心理，其所获取的各种数据的处理结果甚至可能比人类自身还了解自己。因而，传感器也延展了人类的感知能力。

① 虚拟现实（Virtual Reality）技术是利用现实生活中的数据，通过三维模型表现，利用计算机与各种输出设备使其转化为能够让人们感受到的现象。这些现象可以是现实物体与景象，也可以是现实中肉眼看不到的通过计算机技术模拟出来的现实世界的某个部分，故称为虚拟现实。增强现实（Augmented Reality）技术是一种将虚拟信息与真实世界巧妙融合的技术，广泛运用了多媒体、三维建模、实时跟踪及注册、智能交互、传感等多种技术手段，将计算机生成的文字、图像、三维模型、音乐、视频等虚拟信息模拟仿真后，应用到真实世界中，两种信息互为补充，从而实现对真实世界的“增强”。

交互传播是最体现传感科技与传播科技结合、融合、协同优势的传播形态，是最体现数字科技创意、表达能力的传播形态。北京冬奥会开幕式为交互传播科技的运用提供了成功样本；为交互传播形态拓展，特别是在新闻传播领域的运用，提供了可借鉴方法；为数字新闻学研究，提供了一个值得重点开拓的领域。北京冬奥会开幕式总体上是在基于实现更有魅力的交互传播框架内创意制作数字内容，并创新运用了传感科技与传播科技。其所形成的数字内容，既有超大尺度、超高科技含量的交互界面内容，也有更为实质的交互传播内容。和平鸽展示环节，每名小朋友奔跑时雪花如影随形，自由、浪漫、可爱、温暖，共同呈现了一个“大音希声、大象无形”的节目。现场实时捕捉、实时渲染、实时播放、实时整合的效果，就把交互界面与实质数字内容结合了起来，把虚拟场景与现实游戏场景结合了起来，体现了交互传播的魅力。

历史地看，传播正走向强交互性。传播规律和方法都在发生重要变化。在移动社交传播中，无交互不传播正在成为一种规则。交互传播既是新媒体传播的现实景象，也正在不断发展和强化。交互传播是一种有助于提升受众体验的方法，更是一种左右传播成效的基本规律。在媒体深度融合中，不可回避的战略性抉择是从传播走向交互传播。在媒体深度融合中，最有效的创新方式之一就是强化交互传播意识。而更为深层的变革，是增强交互传播意识和交互传播规律运用能力，基于深层影响力创新传播模式。

当前，国家政策取向也鲜明体现出要在文化领域进一步增强交互传播意识和交互传播规律运用能力，以实现中华文化全景呈现，中华文化数字化成果全民共享。2022 年 5 月 22 日，中共中央办公厅、国务院办公厅印发的《关于推进实施国家文化数字化战略的意见》中提出的 8 项重点任务之一，就是“发展数字化文化消费新场景”“集成全息呈现、数字孪生、多语言交互、高逼真、跨时空等新型体验技术，大力发展线上线下一体化、在线在场相结合的数字化文化新体验”。实施国家文化数字化战略其中必有之义，就包括媒体也能够向人民群众提供线上线下一体化、在线在场相结合的数字化文化新体验，就包括媒体应当构建并增强能够适应交互传播、体验传播形态并满足其需要的深层影响力。显然，这应当成为媒体深度融合中的战略性选择之一。

（五）从融媒体走向智媒体：基于智能竞争力适应智能变革

ChatGPT 上线所标志的生成式人工智能爆发性发展及其多模态大模型的迅速演进和多种应用方式的出现，使人工智能所生成的内容直接进入传播领域并直接影响人们的知识萃取、认知形成与观点表达，促使我们进入与人工智能共生的时代。更值得注意的是，实际上，更深刻影响新闻传播领域的人工智能重大成果可能已经训练完成，只是在择时推出。

比如，2023 年 9 月 25 日，OpenAI 悄悄放出多模态大模型 GPT-4V，并提供 19 页报告来解释这个模型，这释放了大量信息。GPT-4V 的训练实际上完成于 2022 年，2023 年 3 月开始提供早期访问，只是不为公众所注意。GPT-4V 可视为视觉版的 GPT-4，能够分析用户输入的图像。将文字以外的模态（如图像）融入大型语言模型（LLMs）被视为人工智能研究和开发的关键前沿，多模态大模型能够完成用户以图像等方式输入的指令或生成图像，为用户提供新的体验。根据 OpenAI 的报告等信息，2023 年 3 月开始，Be My Eyes（做我的眼睛吧）平台和 OpenAI 合作开发了 Be My AI，其成为为盲人或视力低下的人描述视觉世界的新工具。2023 年 3 月到 9 月，越来越多的盲人和视力低下的测试者一起试用 Be My AI，以提高平台的安全性和用户体验[①]。通过这种合作，我们可以看出基于大模型的行业性应用和专业性应用的发展路径，以及如何提升大模型的“涌现”能力。

生成式人工智能、多模态大模型的最新进展，更凸显智能变革的紧

① Web3 天空之城：《OpenAI 重磅：GPT-4V（视觉）模型 · 官方系统说明》，2023 年 9 月 26 日，http://new.qq.com/rain/a/20230926A0081N00，访问日期：2023 年 5 月 10 日。

迫性和深刻性，更凸显智能变革对现有传播格局、生产方式、运行方式等的颠覆性影响，也进一步强化了我们已经做出的判断："前瞻而现实地看，已经进入这样的历史关口，即从深度融合走向智能融合，从融媒体向智媒体加速演变。在这样的历史关口，重塑融合，就成为数字变革、智能变革的题中应有之义，更是智能融合与智媒体构建的必经之路。"①

什么是智媒体，如何界定、如何认识、如何推进、如何运作，自然是在探索中不断丰富。但今天至少可以确定两点。

一是越积极实践智能融合，越努力向智媒体深化，越可能得到转型收益、得到变革效应的助力。智能融合将给在传播诸环节探索运用 AI 的媒体、传播主体的发展以更强大推动力量，以可能超越想象的赋能，回报那些专业而创造性运用生成式人工智能的媒体和传播主体。

二是基于智能竞争力适应智能变革。应对智能变革，需要新思维，需要智能科技赋能，需要前瞻而深刻地看待、思考问题，更需要构建适应智能变革竞争逻辑、生存逻辑的智能竞争力。什么是智能竞争力？至少包括专业而充满想象力地试用、使用、运用包括生成式人工智能、多模态大模型在内的新科技、新应用。只有充分探索、运用这种专业又充满想象力的人工智能，才能够产生智能竞争力、智能竞争力。

第三节　成为新型主流媒体

打造新型主流媒体是媒体深度融合的重要任务和应有成果。新型主流媒体建设的必经路径是通过重构内容生产发展为具有强大适应性和竞争力的数字媒体；关键抉择在于创新内容形态、重构内容生产、再造媒体内核。新型主流媒体建设要加速向生产新媒体内容、数据内容、交互内容等新形态内容拓展；要走向新形态内容生产，不仅要生产多元性内

① 陆小华：《重塑融合：在智能变革中推动变革》，《青年记者》2023 年第 10 期上。

容，还要生产多能性、即传性、平台性、公众性、交互性内容；要基于数字媒体观将媒体内核从传统的印刷媒体、广电媒体再造为数字媒体。这些也是新型主流媒体之“新型”的基本属性和标志所在。

与原有媒体相比，新型主流媒体不仅使用了数字科技进行内容生产，而且以数字内容生产为核心实施流程优化、平台再造，实现了各种媒介资源、生产要素有效整合；基于科技赋能和新的影响逻辑重构内容生产，使其更适应移动融合社交传播，由此发展为具有强大适应性和竞争力的数字媒体。将传统媒体重塑为数字媒体，这是新型主流媒体之“新型”的基本要求、基本属性所在，也是建设新型主流媒体的必经途径。

数字内容生产与传统内容生产的区别，不仅仅在于是否使用数字科技工具、载体和技术。数字科技工具、载体和技术的使用不仅改变了内容形态，还改变了内容的表达逻辑与传播逻辑，使内容本身发生不可忽视的变化。相比于传统内容，数字内容经历了从格式转换到延展创造的过程，内容的类别、形态与存在空间被大大拓展。数字内容生产虽然依然是内容生产，但与传统内容生产相比呈现出重要的不同特征。仅仅进行技术手段、技术平台等的数字化升级，不能深刻准确领悟数字内容与数字内容生产的核心特征，以及其与传统内容和传统内容生产的区别，很难实现媒体深度融合转型的目标。因此，应当深刻把握数字内容生产的演进特征与影响逻辑，从而加速推进媒体深度融合，建设新型主流媒体。

一、创新内容形态：加速向生产新形态内容拓展

在数字科技推动下，内容形态加速演变，产生了一系列新媒体内容、数据内容、交互内容等新内容形态。新型主流媒体之“新型”，重要体现就是生产新形态内容，以新内容赢得更为强大的传播力、引导力、影响力、公信力；媒体深度融合转型的关键，在于加速向生产新形态内容拓展。

（一）数据内容、交互内容等新形态内容的特殊价值

数字科技被全面应用于包括新闻传播在内的经济、科技、社会各个领域，深刻改变了经济、社会和人本身[①]。数字科技被应用于人类新闻活动，产生了数字新闻、数字媒体、媒体融合等一系列新现象、新变化、新规律、新问题，从而提升了研究数字新闻学等的必要性。数字科技运用不仅实现了内容载体的数字化，更重要的是产生了基于数字科技的新内容形态（数字内容）。数字内容至少包括四大类。

其一，传统载体上的文字、图片、视频、音频、图表等内容经数字化处理后形成的内容。传统内容经数字化就能实现方便、高效检索，大大提升了传统内容的价值和使用便利，改变了传统内容的传播逻辑。20世纪80年代美国国会图书馆尝试使用数字光盘技术编目，是运用数字技术检索内容的较早尝试。数字化后的内容可以简单编目后以光盘等载体存储，或按一定分类体系构建成某类内容数据库，从而催生了以数据库作为主要生产、储存、传播手段的内容巨头。在学术传播领域，里德-爱思唯尔出版集团等世界著名学术出版商占据了较大市场份额，具有特殊影响地位[②]。在金融信息服务领域，彭博新闻社、汤森路透集团等在竞争中通过创新与兼并重组等手段保持了优势地位。随着数字处理技术的发展，人们可以从传统内容中发掘更大价值，如把胶片视频转成数字化视频，甚至用4K技术等修复处理；甚至以图像识别处理等人工

---

① 数字技术（Digital Technology）是指借助一定设备将图、文、声、像等信息以计算机能识别的二进制数字“0”和“1”编码后进行记录、存储、加工、传送、传播、获取、还原的技术。由于在处理流程中要对信息编码、压缩、解码，因此该技术也被称为计算机数字技术或数码技术。其后的一系列科学成果与发明使用了计算机数字技术，所产生的数字通信、网络科学、云计算、大数据、人工智能和计算机科学本身，形成了具有更大内涵和外延的数字科技（Digital Science and Technology）概念。

② 拥有较多学术内容资源和学术数据库平台的世界著名学术出版商包括里德-爱思唯尔出版集团、威利-布莱克威尔公司、施普林格·自然集团、泰勒-弗朗西斯出版集团、世哲出版公司等。

智能手段把重要典籍数字化，这对于文明传承的意义是显而易见的[①]。

其二，互联网、移动互联网等基于数字科技的新媒体制作的内容。这类内容主要是为基于互联网和移动互联网的各种新媒体制作的不同规格与表达逻辑的文字、图片、视频、音频等内容，如用于网站、微博、微信公众号的内容。这些内容与传统内容的区别不仅在于篇幅长短，还在于具有不同叙述方式、表达逻辑。这类数字内容还包括一些数字媒体才具有的内容形态，比如，弹窗内容、H5（HTML5）内容。

其三，以数据为主要表现形态的内容。这类内容既包括数据挖掘、数据可视化等形成的内容，也包括各类数据库内容产品、数据流内容产品。数据内容有效发挥了数字科技在数据积存、汇聚、处理、制作等方面的优势。这类内容需要主流媒体高度重视、积极介入、发力生产、有效传播的原因，一是对数据的收集、控制、发布、解读等，能够产生重要影响，是当今世界更为隐蔽又更具有战略意义的影响方式，可以对国际政治、经济、社会运行产生实质性影响，在传播格局中往往具有特殊影响力，已成为国际传播中具有战略意义的竞争要素和竞争领域。而在国际传播领域，甚至在国际经济、地缘政治领域中，数据话语权都已经成为一种战略性竞争焦点。谁握有某个领域及方面的数据话语权，就相应握有了这个领域和相关更多领域及方面的竞争优势、影响力和干预能力[②]。二是随着数字科技进一步发展，数据产生的速度、类型会更加超出今天的想象，会出现更多数据获取工具，会在更多领域出现新形态数据，出现更多以往曾经讨论过的传感器数据新闻。未来多种新形态数据无处不在。利用各种传感器系统和其他数据收集处理系统，人类可以以超出人的感觉器官的敏锐度、速度、效率、数据量，感知外部世界和人

① 如“汉典重光”海外古籍数字化回归项目。据中新社 2021 年 5 月 19 日报道，“汉典重光”项目首批 20 万页古籍已完成数字化，并沉淀为覆盖 3 万多字的古籍字典，公众可通过该平台翻阅、检索古籍。http: //www.xinhuanet.com/book/2021-05/19/c_139 955 418.htm。

② 陆小华：《数据话语权：国际传播的战略性竞争焦点》，《现代传播》2020 年第 10 期。

本身的变化。这些数据值得从传播角度和传播需求挖掘[①]。

其四，主要用于交互传播的内容。这类内容发展迅速、形态多样，包括交互界面设计所形成的内容。这类交互传播内容还包括能够让用户产生沉浸体验的内容。人们在体验虚拟现实、增强现实等传播产品时，在人机交互作用下，使用者在相当大程度上投入情境当中，过滤掉相当一部分不相关的知觉而进入沉浸状态，仅对具体目标和明确回馈有反应，并且对环境产生控制感。运用 VR 技术等产生的沉浸式体验营造出一种氛围，利用人的感官体验和认知体验让参与者享受某种状态，使用户有一种置身于虚拟世界的感觉。这同样也是一种交互传播，也在通过数字内容对人产生影响。

概括而言，四类数字内容的发展贯穿、印证了从传统内容走向数字内容所经历的从格式转换到延展创新的过程：从第一类内容只是以格式转换对传统内容进行数字化处理，到一步步延展创造出只有借数字科技赋能才出现的新型数字内容。客观地看，第二类为互联网等新内容载体、传播载体所制作的数字内容，还可以看作传统内容在数字平台上的延展，主要是内容形态、表达方式、文体形式的变化。第三类以数据为主要表现形态的数字内容，则已经是基于数字科技赋能的内容形态创造，是传统媒体平台难以承载的。以数据为主要表现形态的数字内容是数据集、数据流等纯数据形态，通过数据库平台或其他数字科技工具传播，其内容生成机理、传播规律已经有了明显不同。第四类主要用于交互传播的数字内容，则更是在形态上与传统内容相距甚远。

（二）新形态内容重要特征：信息与受众联系、传播策略组合体

什么是内容？即使传统内容，也并不纯粹是指信息，还同时包含着表达方式，甚至包含着传播形式、传播载体。内容在哲学范畴中，指构成事物的各种要素的总和，与形式相对应。在新闻传播中，内容是一切

① 陆小华：《5G 时代，网络内容建设的原则与突破点》，《中国广播》2019 年第 8 期。

有意义的信息和表达方式，其表现形态通常是文字、图片、视频、音频等，与传播主体、接收主体、传播媒介并列为四大要素。内容与载体的关系是可以逐层分解的。如报纸是上百篇新闻报道的载体，这上百篇新闻报道是内容；再解剖，新闻报道所使用的语言是载体，以这种语言承载的信息和表达方式是内容。或者换一个维度，这篇新闻报道所使用的文体比如消息或者通讯是载体，而这种文体所承载的有意义的信息和表达方式是内容。

与传统内容相比，数字内容的重要特征至少包括两点，这也是构成新形态内容之"新"的重要因素。

一是数字内容不仅提供有意义的信息，还搭载传播者与受众的联系。这种联系可能是价值层面的，比如帮助人们解决不知道、不确定的问题；也可能是情感层面、价值观层面的，从而可以在传播中感动受众。受众不仅接受信息，还接受了这种联系，从而变成了传播的参与者。从这个意义上说，数字内容所承载的不仅包括有意义的信息、表达方式，还包括传播者与被传播者的联系。因而，今天值得生产与传播的内容，不仅要能够解决"不知道"（传统意义上的新闻信息）、解决"不确定"（分析情况、解读变化、提供建议、对策、预测，对未来做出预见，这是今天最有价值的内容）、解决"不清楚"（知识性内容）、解决"不能够"（应对方法，提供解决问题的方法，有助于提升能力），还要实现五个功能，即实现共知、共处、共鸣、共振、共享。新媒体时代的数字内容与传统内容的不同，就在于数字内容不仅满足"知道需求"，还具有社会学、心理学、行为科学意义上的作用，具有拓展社会关系的作用。社交媒体时代，数字内容已经拓展、体现在内容与人的关系上。社交中的人们都知道发生了什么事，即共知，内容就成了一种社交媒介。共知能够帮助人们共同应对外部环境变化，就实现了共处。共鸣，是人与人沟通的更具感情意义的基础。好的数字内容不仅要有价值点、切入点，还要有共鸣点，能引发人们借此产生同感。能引发共鸣的内容，不仅更有影响，还更容易引发分享、驱动再传播，从而把受众变成传播的参与者。能够实现在价值观层面共振，内容的影响效应就进入了更深层次。能产生共振，就会既推动认同，又激发更强烈的分享欲望。能够实现共知、共处、共鸣、共振，传播者与被传播者的关系就得到了更有力的强化，人们就会有更大的动力去共享。共享不仅是一种传播关系，还是人与人关系的进一步深化。在这个意义上，内容就成为实现心灵相通的入口和手段。

二是数字内容实质上是内容与传播策略的组合体。数字科技的运用，使得数字内容在创意、设计、制作之初即应当充分考虑与传播平台、受众特性、传播工具、传播机理等的适配性，应当充分考虑新媒体条件下的传播逻辑和传播策略。传播者既要考虑整体传播策略、阶段传播策略，又要考虑具体数字内容产品的传播策略，什么时机、以什么优先次序、向什么受众传播等。这就必然要求数字内容制作者尽可能考虑传播对象、传播手段、传播渠道、传播方式，梳理传播逻辑，由此确定传播策略。单纯制作内容、在内容形成后再考虑上述因素，其传播效果往往并不理想。

二、重构内容生产：走向新形态数字内容生产

重构内容生产是媒体深度融合的必经之路和重要任务。新型主流媒体之“新型”，应当包括以内容生产融入更多功能、实现更多创新、发生更大变化。新型主流媒体在建设进程中，必然包括走向新形态内容生产，从而以更高效率、更强表达力赢得更强竞争力。与传统内容生产相比，数字内容生产不仅是多元内容生产，还是多能性内容生产、即传性内容生产、平台性内容生产、公众性内容生产、交互性内容生产。新型主流媒体的内容生产，必然走向由这一系列特征构成的新形态内容生产。

（一）新型主流媒体应走向生产多元性内容

新型主流媒体的内容生产可以也必须在所生产内容中融入更多元

素。内容生产本来就是多元性的，既要考虑所传递的实质信息，又要考虑表达形式、情感融入、个性体现等，还要符合传播渠道的规则要求。但数字内容生产的多元性更为强烈。在数字内容生产中要融入远比传统内容更丰富的信息元素、表现形态与传播手法，而且这些都是数字内容不可或缺的部分，甚至是最体现数字内容特色的部分。没有这些特色，人们甚至可能认为其缺少“网感”。

数字内容中融入的这些元素，可以是显性表达，即希望人们在传播时注意到、接收到这些信息从而实现影响，比如，文本中加入的表情符号、画面中的文字气泡、视频中仿弹幕类的文字嵌入等；也可以是隐性表达，即希望人们在不知不觉中被影响从而达到传播目的，如通过交互、按钮位置等暗示实现影响。

生产多元性内容还包括在内容中加入一些特殊元素，以达到特殊目的。比如嵌入特殊代码从而形成人们看不见的“数字水印”，以获知用户偏好、使用情况等。通过特殊代码形成的使用情况、用户偏好数据等的沉淀、反馈，可以帮助传播者获知谁转发、使用了相应内容，以及传播效果如何，有利于传播者改善对用户需求与行为偏好的认知，优化基于数据的个性化推荐服务算法，提升精准传播能力，实现精准度更高的传播。不断发展的数字科技在不断赋能数据获取和利用能力，包括使用情况、用户偏好数据在内的多种数据可以拼出一个人的生活图景甚至思维方式。政府必然会运用法律与行政手段规制，加以以实现某种程度的平衡，但新型主流媒体需要进一步增强数据获取和利用能力，从而增强竞争能力。利用特殊代码进行内容标注，可以优化内容存储的颗粒度，提升精准搜索效率和再利用率。传统影像内容即使进行了数字化存储，也往往只能依靠文字说明进行检索查找，影像资料的再利用率比较低。以人工智能对影像内容进行详细标注后，搜索引擎就可以精细地响应搜索请求，有效提升“搜索式获取、相近性提供”的精准度。给数字内容添加“数字水印”还可以帮助发现非授权使用行为，从而达到更好地保护内容产品知识产权的目的。

（二）新型主流媒体应走向多能性内容生产

数字内容生产是多能性生产活动。新型主流媒体的多能性内容生产，首先是指内容生产流程需要多种能力协同，需要生产者运用多种能力，使用多种传统和数字技术手段，需要多个特定功能岗位的协同合作。即使个人性数字内容生产，也需要多个岗位的协同配合才能实现传播，新型主流媒体团队则更需借助多领域知识与技能完成内容生产。其次，多能性内容生产还意味着新型主流媒体在内容生产中可以获得多种成果，除了直接使用导材，还可以通过对素材进行复用、添加、简化、叠加、组合等生产新内容。就好像多能干细胞可以分化出多种组织器官，数字内容生产可以使素材衍生出更多内容。新型主流媒体走向多能性内容生产，内容素材的利用效率就会远远高于传统内容生产。

（三）新型主流媒体应走向即传性内容生产

数字内容生产是即传性内容生产活动。即传性，是数字内容生产活动最体现效率和时效竞争力的特征，是与传统内容生产活动相比最易被感受到的特征。即拍即传、即制即传、即写即传等都依赖于数字科技才能实现。即传性的实现首先依赖于信息存储与表达的数字化，其次是借助数字科技制作手段、通信和网络传播，再次是借助数字媒体平台和应用，最后是借助基于数字科技的移动接收工具，如今人们首先会想到手机，以后可能还有新形态移动接收工具。

内容生产活动的即传性至少体现在四个层面。

一是无须转换、径直传播。因为内容采集、制作、存储、传输都基于数字科技，所以数字内容一经制作完成就可以直接传播。不像纸媒，还需借助印刷技术才能实现内容可见、借助发行系统才能实现内容产品触达受众。

二是即时处理、即时传播。在重大活动中最早采用的即时处理、即时传播数字内容生产流程，是把数码相机存储卡迅速传递给编辑，实现有编辑审核环节的“即拍即传”。之后，数码相机通过内置 Wi-Fi（无线网络通信技术）功能，可便利实现多种形式的即拍即传。

三是无须停顿、直接传播。直播报道是内容生产模式的重大变化。最早的广播直播报道在二战中产生了巨大影响。电视直播最初是专业化很强的报道活动，需要拍摄、传输、信号控制、演播室、播出等多个环节的有效配合。而网络直播更深刻体现数字内容生产的特征和优势，更深刻体现“所见即所得”“生产即表达”。借助便宜、易用的拍摄工具，在传播者和接受者两端既容易实现网络直播，也容易实现多种形式互动，因而直播带货才得以迅速发展。

四是不再停顿、一直传播。数字内容生产不再是一件件地生产内容，也不是一场场直播，而是可以一直直播。慢直播等报道样态的出现，就体现了一直在直播的优势。不同于延续 24 小时、72 小时之类的传统大型电视直播需要以繁杂的组织工作为基础，慢直播用几台摄像机甚至摄像头通过移动通信网络就可以实现。2020 年 1 月 27 日晚，中央广播电视总台的视频客户端“央视频”开通了火神山医院和雷神山医院建造过程“慢直播”，虽然只有几个全景、近景机位拍摄的画面，但几天内观看人次就上升到近亿。由此还出现网络流行词“云监工”①。

（四）新型主流媒体应走向平台性内容生产

数字内容生产是平台性内容生产活动。在媒体深度融合进程中，主流媒体已充分认识到平台的重要性，一方面纷纷构建能够支撑采集、传输、制作、分发、传播、反馈等环节的技术平台②；另一方面努力把已经上线的客户端等平台化，允许公众和其他社会组织在主流媒体的平台上开设账号，努力使自己成为重要传播平台。

所谓平台性，指数字内容生产往往以数字技术平台为制作平台，以

① “云监工”一词入选国家语言资源监测与研究中心 2020 年 12 月 4 日发布的“2020 年度十大网络用语”。

② 能够贯穿、支撑采集、传输、内容制作、内容分发、用户服务全流程的新华社全球视频智媒体平台项目获 2019 年“王选新闻科学技术奖”一等奖。

互联网平台为传播依托。在媒体发展过程中，数字科技的运用逐渐由工具层面进入平台层面。基于数字科技的编辑制作平台，不管是文字图片编辑系统还是用于影像制作的非编制作系统，都成为媒体生产平台的主体，并一步步与采集、传输、播出等环节连接，成为支撑数字内容生产传播全流程的技术平台。虽然，数字内容制作可以借助电脑、软件等工具由个人或少数人完成，但实质上公众生产的数字内容，不管是文字、短视频还是直播，最终都需要通过某个互联网社交平台、电商平台、游戏平台等才能实现传播，才能触达受众。数字内容生产的平台性，决定了内容生产技术平台的基础性地位，决定了互联网平台在数字内容生产与传播中的关键地位。因而，人们已经把互联网社交平台视为平台媒体；在监管中，则把具有媒体属性与社会动员能力的互联网信息服务单独区分出来，加强监管[①]。

（五）新型主流媒体应走向公众性内容生产

新型主流媒体之“新型”应当包括在内容生产与传播领域重塑与受众的关系模式，努力让公众参与到新型主流媒体内容生产中来，让公众成为传播链的组成部分。数字内容生产是公众性内容生产活动。所谓公众性是指有许多个人或团队参与数字内容生产与创造，而传统内容生产主要是专业组织开展的专业内容生产，媒体就是专职从事内容采集、制作、传播的专业组织，虽然也存在为媒体服务、给媒体投稿的个人性内容生产（如文章写作、照片拍摄）。

人们过去经常以用户生产内容（User-generated Content，UGC）来描述或概括互联网时代用户或者受众参与内容生产，如博客、论坛。平台成为内容聚合平台，以某种方式激励用户生产内容来支撑一个社交平台或社区的活跃度，用户在平台上发布内容供人分享。当某个社交平台成为人们的基本社交媒介后，人们会把制作、分享数字内容作为社交行

① 如国家互联网信息办公室和公安部 2018 年 11 月 15 日发布《具有舆论属性或社会动员能力的互联网信息服务安全评估规定》。

为，作为维系和拓展社会关系的选择，社交本身就是激励。这与 UGC 又有了重要区别。专业生产内容（Professional-generated Content，PGC）模式和职业生产内容（Occupationally-generated Content，OGC）模式，是 UGC 模式的变形，总体上依然可以归结为公众性内容生产活动。多频道网络（Multi-channel Network，MCN）网红运营模式是把不同类型和内容的 PGC 生产者组合起来，以实现内容持续输出和稳定变现。这更近于以专业手段放大、运营公众中个人生产的部分内容的价值。

数字内容生产活动的公众性的基础是个人性，是个人基于兴趣、意愿、机会、能力或激励进行内容生产。随着数字内容生产门槛越来越低、传播中获得的正反馈越来越强，一方面会有越来越多的人参与内容生产，从而使数字内容生产呈现出越来越强的公众性，另一方面，参与内容生产的个人也会以各种方式协作、合作。严格来说，众人合作或协作从事内容生产在传统内容生产中就已存在。但在数字内容生产模式影响下，这种协作和合作也出现了新形态，比如，将图书写作任务分配给众多身份各异的潜在作者来完成的众包模式。

公众参与内容生产的专业性水平提升、协同水平提升，在深刻改变受众偏好和习惯、深刻改变传播格局的同时，给专业内容生产组织，如媒体、出版机构等带来更大的竞争压力，迫使专业内容生产的组织理念、生产方式、生产流程相应改变。仅凭自有力量、不汇聚公众内容生产成果的媒体，其竞争力、吸引力会相应下降。新型主流媒体走向公众性内容生产，会进一步强化与受众的连接和自身引导力。

（六）新型主流媒体应走向交互性内容生产

新型主流媒体之“新型”还包括更有力地走向交互性内容生产、发力交互传播。数字内容生产本身就是交互性内容生产活动。所谓交互性，是指数字内容生产的相当部分是内容生产者与用户在互动中不断进行的，如一个帖子的跟帖可以连续数日、数月进行。交互性内容生产必然要求数字内容生产者在理念和潜意识中深深嵌入互动感、交流感，在多个层面表达出与用户的交流、互动，从而有力体现交互传播特性和优势。这与传统内容生产专注于某个主体向众多被传播者“传播”的思维框架，就有了重要不同。

交互性内容生产在媒体深度融合转型中占有重要地位。一些传统媒体虽然花很大力气进行技术手段、技术平台等的数字化升级，引进很多青年人才，但如果仅仅停留于“传播”思维，不能领悟“交互传播”，就会依然停留在传统内容生产，很难实现媒体深度融合和数字内容生产。

三、再造媒体内核：打造新型主流数字媒体

新型主流媒体之“新型”，关键在于要将其内核从传统的印刷媒体、广电媒体再造为数字媒体。之所以称为“再造”，在于仅仅通过运用数字科技并不能完成这个过程，而需要在理念认知、生存逻辑、运转方式、组织功能、关系模式等方面推进重要变革才能够完成。从全国范围看，不仅媒体整合在加速，而且越来越多的地方在探索把报纸、广播、电视、网络等多种形态的传统媒体与新媒体整合为一，成立新的传媒机构，并相应进行了大规模人员重组、组织再造，从而实现一定深度或较深程度的融合。在此基础上，实现推进媒体深度融合目标，完成构建新型主流媒体任务，还需要进一步推进向合而为一、融为一体方向发展。这就意味着深度融合后打造的新型主流媒体将呈现新形态、新内涵，将以新的理念认知、生存逻辑、竞争逻辑运行，势必推进媒体内核的再造，势必基于数字媒体观打造新型主流数字媒体。

在媒体深度融合的框架下，我在 2004 年《数字媒体观与传媒运行模式变革》中所做出的判断在当下依然是有价值的。在这个时代，谁能够率先完成由分隔、分散、分立式发展的模拟媒体形态，向统筹、共享、共通式的数字媒体形态的转变，谁能够率先完成由传统媒体观向数字媒体观的转变，谁就能够具有更强大的核心竞争力，拉大与竞争对手在竞争实力等方面的差距，谁就能将“技术差”固化为“时代差”，就

有能力引领这个产业的发展[1]。而今天，谁能够以数字媒体观推进媒体深度融合，谁就能够更快完成媒体内核再造、打造新型主流媒体的任务。

第四节　谋求体系枢纽地位

数字变革不断深化，推动平台经济迅速发展、形态多样、关联广泛，社会生产体系、社会运行方式和社会治理方式发生重大变化。技术进步带来分工深化、协作加强和商业模式创新，“数字技术促进效率提升和经济增长的‘三部曲’：提高服务业分工与协作效率，提高各类产业特别是平台的协同效率，创造新的数实孪生叠加效率。三者相继发力并长期并行，提升全社会经济活动效率，提供新的增长源泉”[2]。在数字变革推动下，处在社会生产体系枢纽位置的平台、企业等主体因其便于获得支配力和影响力，而变得更加重要。谁处在社会生产体系的枢纽位置，谁就可能拥有更重要的价值和更强的竞争力。因而，传媒转型战略选择之一，是成为枢纽型传媒以获取发展势能；其实现途径可以是从内容传播平台走向社会互动中心。而其他传播主体和竞争主体，同样可以努力谋求体系枢纽地位。

一、枢纽型竞争主体可获更大发展势能

（一）抓住社会生产体系关键环节

新媒体正在引发什么样的历史性变化，带来什么样的历史机遇？在我看来，新媒体正引发社会生产体系变革。

① 陆小华：《数字媒体观与传媒运行模式变革》，《新闻记者》2004 年第 1 期。

② 江小涓、靳景：《数字技术提升经济效率：服务分工、产业协同和数实孪生》，《管理世界》2022 年第 12 期。

新媒体的发展，正催生当今社会五个方面的变化。一是要求个人再定位，每个人都必须重新进行自我认知与定位。二是要求社会再结构，今天的社会正在演变成虚实结合的新结构。三是要求规则再重构，所有的社会成员都必须适应新关系、新边界。当前已经出现了很多新型财产，比如过去人们认为信息不是财产，现行的著作权法保护的只是数据库的外壳，但现在信息作为财产正在逐渐被重新认知，已有相关判例表明人们在对信息财产进行积极保护。四是要求行为再调整，社会管理者与被管理者的关系重构在持续进行，甚至可以把目前发生的诸多社会热点、社会事件视为这种行为再调整的体现。五是要求生存再适应，今天的社会主体都必须调整存在方式，接受新的存在方式。

新媒体发展对传播格局的影响，已经为人们所深刻体验。但今天，人们应当意识到，新媒体发展影响的不只是传媒行业，而是给所有人以及整个社会带来了巨大的历史机遇。

人们已经看到，实现了非现场交易的第六次零售方式革命——电商革命，不仅影响货物零售，还强烈影响内容分发。互联网彻底改变了唱片工业的生存逻辑。网络视频发展正在影响电视业的生存逻辑。上海文化广播影视集团（Shanghai Media Group，SMG）“在播、在线、在场、在商”的产业布局，所依据的显然是新的生存逻辑。

更为重要的是，人类社会任何活动本质上都是信息活动。信息流的传递介质、传递方式的不同将决定人们接收信息的形式。所有有关信息传播媒介的变革本身就是底层变革。新媒体的发展不仅影响着人与人的传播、人对物的传播、物与物的传感，还在全方位影响社会变革。其结果，一定是引发结构性、历史性变化。新媒体是传播格局变化的决定性力量，也是整个社会变革的决定性力量。

因此，新媒体发展所影响的绝对不只是传媒行业，不只是社会关系中的信息传播与接收，还是整个社会生产体系。

很多人注意到了 3D 打印，但以 3D 打印为代表的制造业革命，只是社会生产体系革命中的一个分支。以电商发展为代表的零售业革命的重要意义，在于它消灭了很多工业革命以来所形成的货物流通体系的中间环节，使得生产者和需求者之间更容易对接。为什么阿里集团如此受关注？不仅是因为阿里集团掌握了零售体系中的信息中介、资金中介，更在于零售方式革命正在推动社会生产体系重组，催生一系列变化。

眼下与未来，中国的发展不仅是科技推动、发展推动、新型城镇化推动，还必定包括新媒体发展推动，而且这种推动可能更为深层。因为，今天每个人都能掌握更多信息，能够更有效沟通，更有力、更有效率地对外部世界施加影响，从而使得社会变化更快。举个例子，从诸多征象可以清晰地看出，互联网对金融生态必将产生巨大影响，除了在运营模式、产品设计理念、竞争逻辑、组织形态等方面产生影响外，银行等金融机构还会重新权衡终端网点的成本和收益，重新定义终端网点的功能。

因此，未来 10 年，发展的机会在于抓住社会生产体系中的关键环节，比如信息平台，抓住关键需求，比如一种服务，从而找到可能作为某种中枢的位置。微信，最早只是一种普通的沟通工具，但它找到了中枢位置，现在已经有了 12.6 亿用户[①]，使用微信变成 10 多亿人的习惯。这样的机会一定还有。

新媒体发展，对于每一个人而言，有许多机缘，你可以不做，但不可能不用，更不可能不受影响。更有智慧的做法，就是看到变化，抓住机会。今天对我们每个人而言，都是我们一生中最年轻的一天。抓住机会才是我们唯一的选择。

（二）努力成为枢纽型竞争主体

2013 年 5 月 10 日，淘宝成立十周年，当天晚上在黄龙体育场举行了庆典活动。在活动前一天，一位要参加晚会的朋友说，十年前我们的

① 数据源于微信官网：截至 2023 年 5 月 11 日，微信用户 12.6 亿。微信是腾讯公司于 2011 年 1 月 21 日推出的一个为智能终端提供即时通信服务的免费应用程序。

网站就是重点新闻网站，那时候，谁关注淘宝啊！就凭帮助人们付钱给一个没有听见过名字的人，“买一个你从来没有见过的东西，经过上千上百公里，通过一个你不认识的人到了你手上”这样的服务，淘宝成为一个每天成交 2 400 万笔、牵动面极广的生态系统。

面对急剧变化的世界，重新看淘宝。淘宝是什么？

“百度知道”的答案是“淘宝网是亚太最大的网络零售商圈”。2011 年，淘宝交易额为 6 100.8 亿元，占中国网购市场 80% 的份额，比 2010 年增长 66%。2012 年 11 月 11 日，淘宝单日交易额 191 亿元。而根据中国电子商务研究中心发布的《2012 年度中国网络零售市场数据监测报告》，至 2012 年 12 月中国网络零售市场交易规模达 13 205 亿元，同比增长 64.7%；其中，淘宝天猫交易额首度突破万亿大关，达到 11 600 亿元，京东商城交易额突破 600 亿元；苏宁易购全年销售额达 183.36 亿元[①]。

淘宝仅仅是“网络零售商圈”？从支付宝与小额信贷的视角来看，淘宝已经可以说是非银行金融机构。从淘宝网页的点击量，从淘宝网对消费文化的影响，从淘宝广告收入占淘宝平台总收入高达五分之四等方面来看，淘宝又可以说是一个媒体。而从对物流生态系统的影响来看，淘宝又是一个不做物流的超级物流企业。换个视角，也可以说淘宝是信息企业，是 IT 企业。

是什么让淘宝迅速地强大到如此地步？

我的答案，是阿里集团自觉或不自觉地摸到了枢纽型企业的位置。十年以前，看到无数个伟大的公司，阿里或许曾经也迷茫过，但幸运的是，它摸到了一张代表未来的牌，就是枢纽，阿里集团演变成了枢纽型企业。

在我看来，阿里集团在前 10 年的发展中，拥有了三个枢纽位置。一是交易平台，在正在进行的电商革命中，在经济最活跃的亚太地区，

① 据《2022 年度中国网络零售市场数据报告》，2022 年国内网络零售市场交易规模达 137 853 亿元，同比增长 4.89%。

其创造了亚太最大的非现场交易量。平台的集聚效应，使得更多种类型、数量更难以想象的交易聚集到这里。二是支付平台，支付宝最初是淘宝网为满足网络交易安全所需的“第三方担保交易模式”而创造的第三方，买家将货款打到支付宝账户，支付宝通知卖家发货，买家收到商品确认收货后指令支付宝将货款放给卖家，至此完成一笔网络交易。支付宝因为这个枢纽位置而发展成最大的第三方支付者。截止到 2012 年 6 月，支付宝注册用户突破 7 亿[①]，日交易额超过 45 亿元人民币，日交易笔数达到 3 369 万笔。2012 年 11 月 11 日的“购物狂欢节”，支付宝日交易量高达 1.058 亿笔。三是沟通平台。淘宝网交易双方如果要在网上实时沟通，就只能使用阿里旺旺这种网上商务沟通软件，通过该软件寻找客户、提出需求信息、洽谈生意、对接服务要求、管理客户关系。买卖双方所有的对话都通过这个工具完成，也都在这个平台上留下了行为特征、需求偏好数据。

淘宝的成长以及在电子商务、物流、金融、数据挖掘及未来电商生态系统中产生影响，无不是因为拥有了这样的枢纽性位置。因而，阿里集团实际上是一个枢纽型企业。

枢纽型企业当然重要。在工业时代，典型的枢纽型企业是银行。谁是社会生产体系的中介与枢纽，谁就占有获取超额利润的位置。在金融危机中，人们说一些企业“大而不能倒”，实际上，是因其处在枢纽性位置，因重要而不能倒。

观察工业经济时代的枢纽型企业，往往是资源占有少的企业反而容易发展成枢纽型企业。比如，世界上的港口主要有两种类型，一类是河口型港口，河流给港口带来了广阔的腹地与货流；另一类是海湾型港口，比如香港与神户，没有这样的河流流域作为腹地，但一步步发展成枢纽港。在物流交通体系中，枢纽型港口占有特别重要的位置。主要集装箱班轮在枢纽港口间开航，在枢纽港口重新编组后抵达其他港口。

① 2019 年 1 月 9 日，支付宝对外宣布其全球用户数已超过 10 亿。

显然，在信息时代，占有信息枢纽位置，就能够获取稳定或超额利润。阿里占据了交易平台，对接供求信息（而不是货物，因为发货、收货地点可能在任何地方）；占据了支付平台，对接支付信息，接受、暂存资金；占据了沟通平台，对接需求偏好与交易行为。而菜鸟网络，实际上在构建所有物流企业之间的物流枢纽。拥有枢纽的菜鸟网络，当然不做物流，而是要使物流围绕菜鸟网络形成新的生态系统。

（三）成为社会互动中心协同关节

每当一桩并购事件发生，人们都会问，凭什么值这么多钱？这样的问题，2013 年初浙报传媒控股集团并购边锋、浩方两家公司时，人们问过。这多少是因为当时人们对传媒集团去并购游戏公司有些不太适应。如果是在 2013 年 A 股公司沾上手游概念就疯狂上涨的时候发生这些并购，人们可能就不会这样问了。

聚力视频（PPTV）这样的视频网站值多少钱呢？显然，不同时候，投资者依不同目的与估值模式，会给出不同答案。2011 年 2 月 15 日，PPTV 在北京宣布，获得软银 2.5 亿美元融资，软银持股 35%。这意味着 PPTV 的估值到了 7 亿美元。

即便公司估值不如当年，人们依然要问，一个视频播放平台，为什么值这么多钱？显然，电子商务的发展，必须运用视频这种最具表达力的传播方式，必须利用视频终端在客厅中的特殊位置和影响，也必须走向多屏协同。而苏宁云商要实现所谓“线上线下融合、软件硬件融合”的战略设想，在分析师看来，借力 PPTV 的移动及客厅多屏业务，公司或将实现对用户入口的长远布局。

实际上，视频播放平台何以值钱，已经有另一种答案，那就是所积累起来的用户行为数据资源。在美国有 2 700 万订阅用户的视频网站奈飞网（Netflix），借助用户在 Netflix 上产生的观看行为数据，分析其可能喜欢什么演员和什么类型的剧，从而决定如何投资。据说，Netflix 所投资的《纸牌屋》，打破美国剧集上线常规做法，全剧集一次性上线而大获成功，就得益于Netflix对海量用户数据积累和分析。但也有分析者认为，《纸牌屋》的成功，更应当说是大数据概念做的成功剧集营销。

但不管核心因素是什么，显然，视频播放平台所积累的用户行为数据，已经间接或直接成为为其创造财富的资产。

面对数据资源财产化、新型枢纽型企业发展这样的结构性、历史性变化，传统媒体如何增强在传播格局与市场格局中的竞争力？至少有以下几点是值得考虑的。

1. 把报道形成的关注性影响转化为权威性影响

传统媒体所形成的影响，大致可以分四层。一是关注性影响，即报道行为本身，引起了受众的关注；二是事实性影响，即对事件、现象、趋势的报道内容，影响了受众；三是说服性影响，即报道中隐含的或直接表达的观点、倾向影响了受众；四是权威性影响，即传媒的报道，特别是分析、判断、观点、见识不断得到现实发展的验证，使人们认可了这个传媒的判断能力，形成事实上的权威。实际上，传媒间的竞争，不是报道权的竞争，而是解释能力、解释水平的竞争，是解释权竞争。在新媒体时代，内容的价值不仅在于提供信息，更在于提供见识。

2. 从内容制作播出中心转变为社会互动中心

新媒体的核心特征是互动、社交、移动、超细分、超便利，这使媒体运营逻辑发生重要变化。新旧媒体的区别，不仅仅在于使用什么终端与载体，更在于运营思维与运营模式。以传统媒体思维运营新媒体，呈现出来的也是传统媒体，如一些传统媒体办的网站。而以新媒体思维运营传统媒体，呈现的也可能是新媒体。就此而言，传统媒体不能仅仅是内容制作播出中心，必须走向社会互动中心。所谓社会互动中心，是指媒体与社会的互动并不仅仅局限于所提供的内容，而要努力成为枢纽型的竞争主体，成为社会信息中心，成为社会关系中心，成为全球生产体系与服务体系的某种枢纽。

3. 从提供内容转向提供以内容为中心的服务

传统媒体是信息型传媒。而手机电视诞生之后出现的各种新媒体形态，都有社交元素。有社交元素的新媒体与传统媒体的重要区别，就是新媒体不仅提供内容，还运营关系，是关系运营型传媒。为适应社交媒体时代，传统媒体必须从仅注重“提供内容”转向“提供以内容为中心的服务”，包括政务服务、知识服务、生活服务，在努力把传播关系链拓展成服务关系链的同时，走向服务链运营、关系型运营。

二、战略再定位：走向枢纽型竞争主体

（一）历史呼唤枢纽型媒体

对于中国传媒业的诸多竞争主体而言，最大的机会是什么？在我看来，就是成为枢纽型媒体。

历史变革赋予信息中介、协同平台更有影响力与更有价值的位置。未来的媒体，不仅是信息零售终端、信息的提供者，更应该是信息的枢纽。

什么是枢纽型媒体？我认为，是以不同于以往的思维方式使用现有与未来的信息工具、沟通工具、娱乐工具、服务工具；是信息服务与社会服务的信息中枢之一；是社会生产体系的一个中枢环节，而不只是一个分支领域。

谁是社会生产体系的中介与枢纽，谁就能占有获取超额利润的位置。在信息时代，显然，占有信息枢纽位置，就能够获取稳定或超额利润。人类所有的活动都是信息活动，产品的生产、交换、分配、消费都以信息为基础。媒体与新媒体的发展取向应当是什么？从战略层面上说，媒体不仅要占据信息枢纽位置，还要谋求人们其他生产活动、生活方式所不可或缺的枢纽位置，通过提供服务，提升自己在新社会生产体系中的重要性；而不是只沿着媒体提供信息、提供内容的路子走。这是一个战略选择。

在这种变化中，传统角色所带来的发展势能不会永远持续。新的角色、新的规则进来，就会改变一切。这时候需要寻找新的位置，把原来

不起眼的东西，发展成在新格局中赖以安身立命、借势发展的东西。这种再定位，就要求媒体从信息型媒体走向服务型媒体，从单纯提供信息走向提供以信息为核心的服务；可以是更经济型的综合服务，如同彭博公司，如同淘宝；也可以是更传媒型的特色服务。

对于中国传媒业的诸多竞争主体而言，最大的机会就是成为枢纽型媒体。历史性变革赋予信息中介、服务中介更有影响力与更有价值的位置。

要成为这样的枢纽型媒体，要获得这样的枢纽位置，所需要的，也许只是在认知上重新定义什么是传媒，传媒还可以做什么；也许只是打通传统的内容生产与活跃用户平台之间的联系渠道，架起一座桥，有了这座桥，媒体就更有希望从内容零售型媒体走向枢纽型媒体。

未来，人们将不断努力打通各种信息工具、沟通工具、娱乐工具、服务工具之间的隔阂。谁探索出了共享与利用模式，谁就有更有价值的未来。

历史呼唤枢纽型媒体。

（二）新格局中电视业是否会被重新定义

移动互联网时代的新格局中，电视业是否会被重新定义？

这是移动互联网浪潮中电视人必须思考、难以回避的严肃问题。

移动互联网的发展，曾被屡次作为电视业的报道题材；适应移动互联网与移动终端的各种应用，已经是电视人乐于使用并用于拓展影响的有力工具。但身处依然强大的电视业，人们在关心如何做好电视节目，如何赢得更多的收视份额和广告份额之余，是否意识到这种种现象背后蕴藏着的重大趋向？是否意识到这些现象在深刻改变着相关传统行业的存在基础与生存逻辑？是否意识到强大的传统行业可能会更快地被重新定义？

也许，更该问的是，电视人是否真在思考移动互联网能带来什么，在改变着什么？

1. 电视机被重新定义的多重意义

电视人会关心谁新加入制造电视机吗?

2013年8月27日，从业近20年的家用电器市场研究公司“中怡康”发布的监测报告显示，2013年7月，超级电视X60销售15 075台，在60寸电视市场中占有率为35.23%，成为16个彩电主流品牌的销量冠军。同时，39寸的S40也以12 192台的销量、10.74%的市场占有率成为同尺寸月度最畅销机型。

换一种眼光观察，智能电视机的出现除了重新定义了电视机，还在试图重新定义视频网站的运行模式和商业模式，也必然会在大格局中深刻影响电视台的运行模式。

首先，视频平台从内容分发走向智能电视机制造，是在谋求构建自己的体系，是在做价值链布局。据说，智能电视与同规格电视相比是“两倍性能、一半价格”，为什么如此便宜?显然，硬件本身所产生的利润并不是他们最想要的，他们所要的是从服务中收费。在其“硬件+内容+广告+应用分成”的四重盈利模式中，他们通过提供硬件使自己拥有价值链中的话语权。

其次，以互联网思维介入客厅最重要的注意力焦点和入口之争。客厅里的电视机是传统电视台的宝地，凭借对电视机的控制，电视台才有了广告市场的半壁江山。而智能电视机获得了对客厅中注意力焦点与入口的影响力。理论上，销售出多少台这样的电视机，就获得了多少个客厅的注意力焦点。这与移动互联网产品方与手机制造商签订排他性协议，把自己的应用植入手机，异曲同工。

再次，借助传统商业模式试水平台经济。相对于同尺寸电视机，智能电视机无疑是便宜的，其口碑营销与只通过网上直销的模式，渗透着互联网基因，与小米公司的异军突起如出一辙。但这其实是传统报业与电视业二次售卖的典型商业模式，即先以低价把电视机销售给用户，再去经营这些用户。在传统报业领域，这种经营就是把对读者群的影响销售给广告商。

最后，重新定义了视频网站的商业模式。除了付费收视与广告，花费可观版权费用的视频网站还可以怎么挣钱？至少可以通过将内容以多种方式多次出售（如视频轮播频道）或通过提供其他服务获取收益。

2. 重新定义：电视业定义的五个战略性转变

移动互联网对电视业究竟有什么影响？

应当说，最深刻的影响并不仅仅在于增加了新的视频提供平台和渠道，并不仅仅在于提供了非线性视频播放方式，还在于深刻改变了电视与使用者的关系，迫使电视台从以观众为中心转变到以用户为中心，迫使电视台重新定义自己。

今天，电视台已经不是唯一的视频提供者。显然，越来越多人开始从视频网站观看视频，高价值的长视频与碎片化的内容，同样是人们从视频网站获取服务的理由，传统终端与移动终端同样是人们热衷于使用的工具与界面。

即使在线性播放模式下，电视台也已不是唯一的内容提供者。智能电视和视频网站的“视频轮播”，或按时间轴播放不同节目，事实上是线性播放形式的替代者或竞争者。

这些，都迫使电视业被重新定义。

在移动互联网时代，电视业需要在战略上重新定位，需要重新定义，需要从制作主体向内容经营者转变，需要从播出平台向服务提供者转变，需要从一般竞争主体向价值链运营者转变，需要从载体经营者向品牌与影响力经营者转变，需要从传统业态向枢纽型平台转变。

作为内容经营者，电视机构不能仅通过播出内容获取影响，不能仅以获取广告收入兑现影响价值，不能仅靠版权收入实现盈利。作为内容经营者，电视机构还必须能够以多种形态、多种模式、多终端、多轮次、多价值兑现方式出售内容，能够公平经营自己制作与第三方制作的内容，能够以新的模式从内容经营价值链中获取多重收益。

作为服务提供者，电视机构必须不仅致力于制作、播出节目，还应借助播出平台、所控制的其他平台提供有需求、有特色的细分服务。作为服务提供者，电视机构必须从为观众服务转向为用户服务，必须把观众，至少一部分观众转化为受众，必须增加服务收入在总收入构成中的比重，从而实现调整盈利模式。

作为价值链运营者，电视机构必须以跨界思维梳理价值链，不以硬件与内容、节目与服务的传统分界为藩篱，尝试以新定义、新模式重新认识、发现可以介入的机会与方式；必须重新定义自己与潜在合作方的优势资源与能力边界，以新的思维联合或整合；必须以运营价值链、关系链作为商业模式；必须以新的理念、新的思维确定战略。

作为品牌与影响力经营者，而不只是载体经营者，电视机构要以新的眼光认识并实施载体与品牌、品牌所有者与经营者的两个分离，不仅拥有品牌、塑造品牌，更要通过授权、拓展增值服务等方式运营品牌；不仅拓展影响力，还要结合价值链运营来着力提升影响力。

电视机构不仅是内容制作者与播出平台，有条件的，更应当努力成为枢纽型平台，成为用户与社会所需要的提供内容服务与其他服务的中介，成为专业内容与用户制造内容的集散地，成为精神消费与信息消费的承载体。

电视业是一定会被重新定义的，对电视人而言，区别只是被动接受与主动选择而已。

（三）成为枢纽：广播在大格局中的再定位

未来广播将如何发展？

就此问题，广播人与学者已经从多方面做过分析与研究，从技术进步、移动需求增长、移动互联网催生的新传播方式对广播发展趋势的影响，到广播自身节目形态、运作重点发生变化等多个方面，都形成了引发启迪、引导实践的研究成果。但这些成果，主要还是中观与微观层面的成果。要想在更为宏观、更具有战略意义的层面，就广播的发展趋势与演变模式做出更有说服力的研究成果，以实现更有效地指导广播未来发展，就需要把广播还原到大格局中，对广播在其中可能扮演的角色、可能占据的位置，进行再定位。这样的再定位，所着眼的变化，至少应当有过去 20 年、今后 20 年这样的尺度，至少应当重新观察广播所依存的社会生产与社会关系大格局，而不仅是只着眼行业发展、媒体发展。

这样再定位的结果，才足以佐助人们在考虑广播发展战略时，有足以支撑的参照系与基础。

1. 角色与位置：交通广播的新观察视角

分析广播在社会生活体系中的位置，交通广播是个有一定说服力的样本。

虽然，广播电台类型化变革始自珠江台[①]，但几年后，才出现第一个交通频率。1991 年 9 月 30 日，上海人民广播电台交通信息台开始播出节目。复盘经济台与交通台首先出现的地点，就会发现，它们恰恰与所处地域的核心特征相适应，并在其中充当重要角色。显然，经济台的出现与广东经济率先发展有直接关联；而交通台的出现则是因为一个地区的城市化水平到了较高程度，所以人们产生了对即时交通路况信息的需求。

之后我国陆续有了百余个交通频率。从 2003 年北京交通广播广告营业额过亿元，到 2005 年 7 个交通频率广告营业额过亿，再到 2006 年 11 个交通频率广告营业额过亿；从交通频率全行业最初广告年收入几十万元，到“2010 年全国广播总收入 96.3 亿元中，交通广播已达到 28.9 亿元（指国家批准的正式播出机构），占到广播总收入的 30%”[②]；交通频率的发展速度与其在广播事业中所占的特殊位置，可谓引人注目。

但交通频率的发展说明了什么？是因为在交通频率工作的人们能力

---

① 1986 年 12 月 5 日，中国第一家经济广播电台珠江经济台开播，开启了中国广播“电台频率化、频率专业化”变革，电台从之前的大板块、综合型模式，一步步细分为新闻综合广播、经济广播、文艺广播、交通广播、音乐广播等五大主频率及一些专业化频率。

② 潘力、李茵：《中国交通广播 20 年发展再思考》，《中国广播电视学刊》2011 年第 12 期。

强、工作努力吗？当然是，但这绝不是全部原因。更核心的原因，是城市化水平的提高、小汽车使用量的提高、道路占用率的提高、人们时间价值的提升、人们对交通体验要求的提升等，促进了即时信息传递渠道与枢纽的搭建，而交通广播充分发挥了优势，充当了这种信息速递的角色。换句话说，交通广播的发展，更为重要的因素是它占据了这样的枢纽位置，担当起服务的角色。

这种角色与位置的价值，不是节目级的。交通广播兴旺后，交通拥堵时段，其他广播频率也开办了类似的交通信息服务节目，但仍难以撼动交通广播的市场号召力与占有率。这种角色与位置的价值，也不是渠道级的。单纯的路况信息，人们通过导航地图服务可以获取，但其依然不能取代交通频率的影响与服务价值，因为人们需要的不只是单纯的拥堵程度信息，还包括满足交通参与者信息需求、心理需求与行为需求偏好的综合信息服务。也因为这样的服务，交通频率率先把听众转变为用户，实现了以较低成本通过提供延伸服务获取新收益。

如果以新的眼光重估交通频率的发展，应当说，恰恰是其在变化的社会生产与生活体系中找到了一个特殊的枢纽位置，从而获取了特殊的重要性与回报。

2. 占据更重要枢纽位置：从信息型媒体走向服务型媒体

枢纽位置的重要性不言自明。在信息时代，占有信息枢纽位置，就能够获取稳定或超额利润。在标准化、大规模工业化生产时代，作为工业化产物的传统媒体就占据了这样的位置；而且依时间顺序，报纸、广播、电视在这一位置逐次代际更替。只是伴随移动需求一步步成长为第一需求，广播才在 21 世纪从弱势媒体重新崛起为特殊的强势媒体。

从战略层面上说，广播的发展取向是什么？在我看来，广播不仅要占据信息枢纽位置，还要谋求占据人们在其他生产活动中所不可或缺的枢纽位置，通过提供服务获取这样的位置，提升自己在新社会生产体系中的重要性，而不是只沿着媒体提供信息、提供内容的路子走。这是一个战略选择。

很多时候，这种服务都是从微不足道中发展起来的，只是需要以新的眼光重新定位。在发展之初，很多平台与今天的形态、角色几乎截然不同，支付宝就是一个最为明显的例子。

正因为历史性变革赋予信息中介、服务中介更有影响力与更有价值的位置，所以媒体不仅是信息的提供者，更应该是信息枢纽、服务平台。媒体应以不同于以往的思维方式使用现有与未来的信息工具、沟通工具、娱乐工具与服务工具，成为信息服务与社会服务的信息枢纽之一，成为社会生产体系的枢纽式环节。

要获得这样的枢纽位置，所需要的，也许只是重新定义什么是传媒、什么是广播，以及思考广播还可以做什么。

第二章　变革逻辑

数字化变革呈现的律动变化产生了一系列深刻影响。互联网平台竞争的底层逻辑出现了新变化，对经济社会协同运作的支撑能力成为决定互联网平台竞争优势的新核心因素。决定传媒特别是大的传媒集团未来十年竞争力的关键因素之一，就是其能在什么部位、什么层面支撑社会的协同运行。新闻传播行业的数字化融合变革集中表现为如何解决两个关键问题，即如何更有效提升效率与匹配度。在媒体深度融合进程中，与新媒体战略与竞争策略相关的七个重要问题应当引起特别关注，需要媒体做出抉择。

第一节　底层逻辑：数字化变革周期与竞争逻辑

数字化变革是否正在进入新阶段、新周期？媒体深度融合是否产生新命题？在新阶段、新周期，新媒体平台、媒体集团、数字媒体等的竞争逻辑应当有什么样的发展和变化？我们能否站在正在发生的周期变动、阶段转换的关键节点上，站在多个领域的交汇点上，感受、捕捉、参悟大小周期的律动，以新的眼光和思维优化战略与竞争策略，应对数字化变革新周期、新阶段的到来？

一、数字化变革周期与新媒体平台竞争的底层逻辑

（一）顺应律动周期：数字化变革新阶段的新问题

2022年底，国内外诸多知名互联网企业都在裁员。根据一个追踪裁员情况的机构 Layoffs.fyi 的公开数据，截至11月20日，2022年全球范围内已有836家科技公司宣布裁员，累计涉及13.4万人。其中，2022年共535家美国科技公司宣布裁员，累计裁员总人数超9.5万人，占全球科技行业裁员人数的70.81%。旧金山湾区共217家科技公司宣布裁员，裁员人数占美国裁员总人数的44.51%，占全球裁员人数的31.48%。Meta 是科技公司中裁员人数最多的，累计裁员1.1万人，占其公司员工总人数的13%；其次是亚马逊、思科和推特，累计裁员数分别占员工总数的3%、5%、50%。[①]

为何互联网公司裁员集中出现？德国《商报》一篇文章直接以《从亚马逊到元宇宙平台公司——技术巨头的最佳时代已经结束了》为题，分析了这些平台公司面临的一系列问题："网络效应正在减弱，广告收入受到前所未有的经济动荡的影响""大量收购和投资让技术巨头成为'综合企业'，变得越来越混乱""还出现了招聘狂潮""2020年以来，扎克伯格招聘了约3.9万名员工，员工人数几乎翻倍。他现在必须解雇1.1万人并赔偿"。这篇述评给出的答案是："技术巨头仍将保持强大，但高速增长期已经结束。"[②]

高速增长期结束，是人们不一定愿意看到的结论。但人类活动客观上存在周期性波动。经济活动会呈现扩张与紧缩的周期性变化，表现为多种经济周期的交织。经济学家按波动时间的长短将周期分为平均为50~60年的长周期（长波循环、康德拉耶夫周期），平均约为10年的中

① 俊翔、佳钰、文青：《互联网科技巨头大裁员，哪家排第一？》，https://www.thepaper.cn/newsDetail_forward_20875594，访问日期：2022年11月24日。

② 托马斯·扬：《从亚马逊到元宇宙平台公司——技术巨头的最佳时代已经结束了》，2022年11月14日，发布于德国《商报》网站，《参考消息》于2022年11月18日第6版进行转载。

周期（大循环、朱格拉周期），平均约 40 个月的短周期（小循环、基钦周期）。经济周期性波动的影响因素不仅是经济活动本身的律动，一定还包括新科技成果应用特别是颠覆性技术应用所产生的重大影响。因而，当技术周期波动与经济周期波动重合时，对现实的影响就会特别明显。包括互联网在内的科技发展同样会呈现出萌芽、发展、爆发增长、加速成长、成熟稳定、衰退的周期性变化。如果从应用视角、以渗透率为观察指标，就可以看出这样的周期性变化。毕竟，就某类需求而言，新用户的增长速度到一定阶段总会缓慢下来，用户总量“天花板”是很难触摸到的。不是每个细分类别都可以实现像移动手机用户这样用户量超过人口总量。因此，发现、激发、创造出新需求，提供新服务，实现新增长，既是后来者的机会，也是技术进步、经济发展的动力所在。

随着移动应用在现实生活中的便利度、可接受度越来越高，传统服务的可替代性越来越强，社会交往、社会生活有相当一部分线上化，数字活动成为政治、经济、文化活动的重要组成部分甚至是基础性部分。在新冠肺炎疫情影响下，更多经济、社会、文化活动被转移到线上，数字技术在社会生活中的渗透率越来越高，社会互联网化的特征正在呈现。在这样的背景下，元宇宙概念从科幻场景转换为互联网平台认定的未来方向，引发科研、教育等领域学者纷纷进入，引发企业、政府开启一系列投资决策并出台相关政策。这个现象的出现，深刻体现出互联网领域研究者、投资者、企业家和政府的决策者们在试探未来方向，在触摸可能正在到来的新周期的门槛，在预做准备和试错以避免错过新阶段。

如果承认周期性变化在多个领域存在，就应当提出、思考、回答一系列重要问题。诸如，什么是新需求、新服务？数字化变革是否正在进入新阶段、新周期？媒体深度融合是否出现新命题？数字变革是否呈现新要求、新走向、新规律？

（二）参悟底层逻辑：互联网平台竞争逻辑变化走向

在周期律动的不同阶段，竞争与发展的底层逻辑会有重要变化，这已为以往的历史轨迹所印证。数字化变革进入新阶段，移动互联网、大数据、人工智能对社会、经济生活的影响越来越深，渗透率越来越高，使竞争主体的生存规则、竞争的底层逻辑发生重要变化。决定一个互联网应用能否迅速获得用户、成长为平台并不断发展的核心支撑在于拓展。

历史地看，从互联网应用成长为某个领域主要平台的核心因素、决定互联网平台竞争优势的核心因素，至少有五个。

其一，是便利度。即把现实生活中的某种服务搬到互联网、特别是移动互联网上来。客观上，这是从对原有线下服务的线上补充，且会一步步走向线上替代。便利，使用户更愿意接受。虽然人们会列举许多凭借巨额资金投入以免费或价格战赢取用户、赢得竞争优势的案例，但究其深层，仍是线上替代所体现出的高便利度决定了用户的接受度、依赖度。

其二，是效率。即不仅解决某个或某类痛点问题，还在竞争中体现出更高效的用户聚集能力、服务提供能力、资源利用能力和产品提供能力。尽管人们通常认为是产品创新、商业模式创新、服务方式创新等创造了竞争优势，但实质上决定其拥有竞争优势的底层逻辑是效率。效率差就足以淘汰更具创新价值的产品和服务。以往在信息服务、电商、外卖、配送等领域成长为主要平台的互联网应用，正是以更高的效率获取了竞争优势和市场地位。

其三，是匹配度。在人工智能等数字科技的推动下，基于数据分析的个性化推荐服务，即算法推荐进入社会生活、经济生活的多个领域。总体而言，算法推荐实现了对人们在信息、商品、服务等方面需求的更高效率匹配，甚至实现了近乎实时的个性需求匹配。与传统信息分发、商品销售、服务提供方式相比，算法推荐凭借更高效率、更精准的匹配，获得了竞争优势。新闻活动已经从以信息采集、加工、传输、发布等环节的效率为核心的传统新闻活动，走向不仅注重信息采集、加工、传输、发布效率，还更注重以精准分发实时匹配人的个性需求和体验要求为核心的数字新闻活动。

其四，是依赖度。互联网对人们的物质生活、精神生活领域最为深远的影响，是社交平台成为人们社会交往的基本依托。线上社交赋予了人们更强的社会关系维护能力、更广泛的社会交往范围、更高频次的社会交往动作、更深层面的精神世界触动、更有价值的社会资本等，同时，也彻底改变了人们的社会交往模式及人们对社会关系的认知。这种改变直观地体现在现实中人们对于社交平台的依赖度。社交平台已经成为人们生活、工作的基本平台，哪怕是局部的社交平台登录困难，都会成为受关注的热点事件。电话仅是应急通信手段，电子邮箱仅是公开的联系界面，而是否同意成为微信好友，在微信上是否互动，才是真实关系的反映。正是基于人们的高依赖度，社交平台才可以提供包括支付服务在内的多种服务，从而成为人们物质生活、精神生活的基本平台和枢纽。社交平台所拥有的社会关系资源，成为最重要的竞争资源、发展资源，并借此发展出多种产品和服务；而其所拥有的被依赖度，正是其竞争优势所在。这早就促使提供其他产品和服务的互联网平台不惜代价地努力拓展自己的社交性，以各种方式获取用户与其他用户的关联。社会交往依赖度，成为衡量互联网平台生存质量、竞争优势的重要指标。

其五，是协同支撑度。现实地看，正是随着社会生活互联网化，互联网平台竞争的底层逻辑出现了新变化，对经济社会协同运作的支撑能力成为互联网平台竞争优势的新核心因素。我们可以简略地称其为协同支撑度。近几年爆发性增长的线上会议、线上工作、线上教学、线上签约等，因其特有的便利和效率，已经成为接受度越来越高的工作、生活方式。线上会议、线上工作等给政治运作、经济运行、社会生活带来了新的协同方式，因而人们会本能地推进这种新模式，以享受其高协同效率带来的益处。因此，能够有效支撑政治、经济、社会协同运行的互联网平台，就会相应获得竞争资源和竞争优势。互联网平台对经济、社会生活的协同支撑度越高，其竞争力就越强。以这个眼光看，对互联网平台而言，如果能够便利、高效提供线上会议、线上办公等服务，就拥有了具有重要战略价值的竞争资源。

（三）优化竞争策略：跃过传媒数字化变革中的难题

客观而言，数字化变革中媒体所面临的问题可以排出长长的清单，外部环境变化导致的经营压力等，也会大大消耗决策者和一线负责人的精力。人们的常规思维是一个个破解所面临的难题，在破解中前进。面临剧烈变化的外部环境，处在深度融合进程中的媒体，可否优化竞争策略，跃过一些难题推进发展呢？我想，至少有以下思路可供选择。

一是在新的层面审视与传媒发展相关的各种周期，顺应周期律动而动，顺势而为，借力打力。需要关注的周期至少可以包括：与传媒外部经济环境紧密相关的投资周期、数字技术发展演进换代的技术周期、媒体深度融合走向的政策周期，等等。

二是以新的思维权衡数字化变革相关的关键因素，参悟传媒在这个阶段发展与竞争的底层逻辑和关键所在，从而优化竞争策略。

在互联网发展过程中，便利度、效率、匹配度、依赖度等对平台发展所起到的关键性作用已经充分体现，协同支撑度在平台、媒体发展中所起到的关键作用正在体现，同样成为决定媒体集团发展与竞争的关键因素。历史地看，高水平协作乃至协同，所产生的影响一定会外溢到多方面，从而催生深刻变革。工业革命带来的工业化生产方式需要依赖比农业社会更高水平的协作，比如铁路的准时准点运行，而准时准点改变了农业社会中人们的时间观念。工业革命需要大量人力聚集以更好协作，从而带动城市化发展。现代报纸的产生不仅基于印刷机的产生和发展，更重要的是基于组织化运作、专业化分工、大规模生产的工业生产方式，从而形成包括内容采集、内容制作、制版印刷、出版发行在内的专业化分工运作体系。今天，比协作水平更高、更具弹性、更有效率、体验更好的协同运作，不仅基于互联网平台，也基于促使人们习惯线上生活、线上工作的互联网应用的高渗透率和特殊因素的推动。正是因为人们已经体会到线上协同带来的便利、高效，形成了新的匹配，所以协同支撑度也就变成互联网平台以外领域竞争优势的核心因素之一。

人们已经认同，在新的技术和社会条件下，媒体不仅要提供内容，还要提供政务、商务等服务。因此，在确定未来 10 年竞争战略、发展战略时，就不仅要考虑做好内容，还要考虑提供什么样的服务，怎样提供服务；就既要考虑把什么服务搬到自己平台上来，也要考虑创造出什么服务需求。

三是以新的眼光发掘主流媒体所拥有的资源和机会。“要把我们掌握的社会思想文化公共资源、社会治理大数据、政策制定权的制度优势转化为巩固壮大主流思想舆论的综合优势”①，就需要站在新的层面，以新的眼光重新认识、发现、发掘、运用。如果研究一下主流媒体以外的一些主体如何看待、运用体制资源，就会发现，主流媒体在运用社会思想文化公共资源、社会治理大数据、政策制定权的制度优势方面，还有不小的优化空间；把体制资源优势转化为巩固壮大主流思想舆论的综合优势，还有不少工作可做。

四是以更有力举措优化成本结构、化解高成本约束。客观地看，多种因素造成的媒体广告等收入下降，更凸显成本高企和成本压力。这既包括传统内容生产模式、分发模式的固有成本，比如报纸印刷出版成本，广播电视多频道、频率的成本；也包括不断增长的运行成本、人力成本。推进数字化变革、发展新媒体增加的投入，与所获得的收入相比，也让决策者们压力巨大。面对新阶段已经变化了的竞争逻辑，以更有力举措优化成本结构、化解高成本约束是当前决策的必选项，要全面、准确理解落实“在信息生产领域，也要进行供给侧结构性改革”②的要求。国家广播电视总局积极推进广播电视频率、频道精简精办，已

① 习近平：《加快推动媒体融合发展 构建全媒体传播格局》，《求是》2019 年第 6 期。

② 同①。

先后批准撤销多个电视频道和广播频率，同时批准调整优化了一大批专业频道、频率，这既是清晰的政策信号，也是实际工作举措。这可以帮助广电机构优化成本结构，减少支出，化解高成本约束。互联网平台的裁员，既是优化成本结构的一种尝试，也是在借机调整发展战略和竞争策略。沿此思路拓展，优化成本结构还有不小空间。

五是努力把内容传播形成的关系链拓展成服务链，创造新的增长点。互联网正在深刻改变人类社会和个体自身。以互联网思维认识人的多元需求，认识新经济的特点，可以有一个重要的观察视角和思维框架，那就是服务链。这几年直播带货火爆的原因，就是围绕产品功能、使用方法等知识性内容提供传播价值，以低价、优惠等策略提供购买理由，通过以直播信息流等迅速把人们的关注转化为购买冲动，再用便利的付款方式把用户的购买冲动转化为购买行为，从而完成一个销售闭环。而直播带货能够比电视购物更风行、创造更大市场空间的原因，就在于网络直播带货的用户关注、注册等，能够形成传播关系链。电视购物有观众但难以形成更具有韧性的传播关系链，而网络直播带货不过是把传播关系链转化成了服务链，并演化成了价值链。

主流媒体几乎都拥有互联网平台或移动客户端，其中一些更是拥有有竞争力的日活用户群，具有把所形成的传播关系链转化为服务链的巨大空间。媒体需要基于为人民群众既提供优质内容也提供优质服务的理念，重新认识传播关系链，更积极主动有效拓展、打造服务链，从而获得新的经营增长点。

二、移动互联网适应路径与新媒体式竞争逻辑

19 亿美元可以买什么？百度的答案是，买一张追赶移动互联网步伐的船票，为过去的认知买一份弯道超车的位置，为市场和自己买一份心安。2013 年 7 月 16 日上午，百度宣布，拟以 19 亿美元全资收购在香港上市的网龙网络公司旗下的 91 无线业务。

移动互联网的演变指向，显然与桌面互联网有重大不同。这笔交易，是桌面互联网的搜索巨头居然以 19 亿美元收购移动互联网分发渠道，并成为当时中国互联网历史上金额最大的一笔并购案。这笔交易也象征百度在为自己过去的认知买单。不知是因为太成功还是对趋势有自己的判断，百度在移动互联网领域始终动作缓慢。显然，百度没有在适当的节点向移动互联网投入应有的资源，以至于 2013 年要花更多的入门费。

“最怕的是落后一个时代。”王选先生 21 世纪初在《计算机世界》上发表过一篇文章，痛切谈到方正公司转向适应互联网晚了几年。这句话就是那篇文章的标题。10 多年过去，这句话多次应验。特别是在移动互联网进入爆发期，移动互联网产品与服务变异速度惊人，人们的信息消费需求与行为特征迅速转型，更显出以往的成功者们多有不适应。

移动互联网对媒体的发展会有什么样的影响呢？我们能否感知、把握住媒体发展规律和下一步指向？我们能否适时做出选择并投入相应资源？我们现在是否落后了一个时代？这也许是时代向所有媒体高管提出的严肃问题。

（一）移动互联网：接入思维还是应用思维

什么是移动互联网？

人们最初是从接入方式是有线还是无线来区分桌面互联网与移动互联网，比如中兴通信公司的《移动互联网技术发展白皮书》。之后，移动互联网的发展，让人们看到其包含的更多内涵。2011 年 5 月，工业和信息化部电信研究院发布《移动互联网白皮书（2011 年）》，认为移动互联网包括三个要素：移动终端、移动网络和应用服务。虽然，这里提到了应用服务是移动互联网的三大要素之一，但这样的认识方式更多是以技术思维、通信思维来看移动互联网，而不是以人为中心来认识。虽然，2012 年全球移动流量增长迅速，占到了互联网总流量的 13%；全球智能手机用户超过 10 亿，渗透率超过 15%，移动互联网进入规模爆发的临界点（20%）；但更值得注意的倾向，是人们以新的行为方式、借助新的产品形态和平台，应用移动互联网。2012 年 11 月，国际调研公司 ABI 调查公司（ABI Research）预测，至 2012 年底全球移动应用市场累计营收将突破 300 亿美元，而实际上仅苹果应用商店 2012 年就创造收益 49 亿美元，相较 2011 年增长了 70%。这个增长率远远超过流量的增长率。

观察移动互联网在中国的发展，也可以看出移动互联网体现出人们与互联网的新关系，手机应用软件（APP）成为移动互联网产品与服务的基本样态，人们正在以垂直超细分来重新切分市场与服务对接方式，以多元整合来重新确定市场规则。以搜索功能为例，百度擅长的是页面搜索，而典型的移动互联网产品，几乎都有垂直搜索，以小巧的身段分化了传统互联网巨头的优势。

21 世纪以来，移动互联网在中国的发展可以分为萌芽期、孕育期、生长期、发展期和爆发期五个时期。

2000—2003 年是中国移动互联网的萌芽期，主要特征是利用移动通信网络接入互联网，中国移动推出“移动梦网”标志着其开始走向移动互联网。这一时期，产业服务模式主要是提供传统移动增值产品的付费下载平台，但由于存在网络、终端等基础硬件设施不健全以及移动用户数量少等问题，产业发展缓慢。

2004—2006 年是中国移动互联网的孕育期，主要特征是终端和通信更加适应移动接入，产品开始发生变化，Freewap、UCWeb 浏览器等门户陆续推出，移动互联网进入门户时代。前期，电信运营商主导的移动增值业务迅速发展，但在移动互联网领域投入不足。到 2006 年，运营商重返移动互联网领域，逐渐构筑自有移动互联网服务品牌，同时以沟通、娱乐、工具为主的移动互联网应用不断出现。

2007—2009 年是中国移动互联网的生长期，主要特征是手机游戏等 APP 应用出现、移动产品增加、用户使用习惯开始形成、用户规模扩大，大量互联网服务提供商进入市场。同时苹果手机这一革命性移动终端的推出使得智能终端的产业价值提升，终端环节的竞争开启，应用下载平台行业被看好。同时，移动应用被不断细分和创新，特别是体现移动特性的 SNS、微博等应用在移动端的发展尤为迅速。

2010—2011 年是中国移动互联网的发展期，主要特征是 APP 大量出现、微博发展迅猛、行业竞争全面展开。这一时期，移动互联网产业的新进入者不断增加。

2012 年起，中国移动互联网进入爆发期，主要特征是智能手机保有量大幅增长、手机网民激增，更重要的标志是具有中国特色的、更适应移动互联网的产品出现。例如，91 无线就在这个时点卖出了好价钱。91 无线运营着著名的 91 助手和安卓市场，是一个适应中国消费者心理与行为特征的、当时最大的移动互联网应用分发渠道之一。

而微信于 2011 年 1 月 21 日推出 iOS 版本，3 天后推出安卓（Android）平台版本； 2012 年 3 月，微信用户数突破 1 亿；2012 年 9 月，微信用户数突破 2 亿；2013 年 1 月，微信用户数正式突破 3 亿大关。从零到亿，微信用了 433 天，第 2 亿和第 3 亿更是分别缩短至 170 天和 120 天。而达到第 4 个亿和第 5 个亿的用户数则分别只用了 105 天和 86 天。微信可以发送语音文件的功能，已经被国外一些应用借鉴。

腾讯公司因为有了微信产品，而被视为拿到了移动互联网的第一张船票。这种描述本身所包含的重要意味，是人们终于认识到，移动互联网的核心特征不仅是接入方式与传统互联网不同，更重要的是其产品必须适应移动需求、有新的满足逻辑、让使用者有新的体验。

（二）以 APP 为核心：入口之争还是满足逻辑之争

从这样的视角再来看百度创造纪录的 19 亿美元并购案，就更能理解百度急切的心情与媒体评论的“以金钱换时间”的决心。

与这笔并购有关的三个细节颇有意味。

一是 91 无线的母公司网龙持有 91 无线 57.41% 的股份，此次百度收购的只是这部分股份。而 91 无线的其他股东还持有 42.59% 的股份。

二是此前 91 无线正筹划在香港上市。在上市之前，91 无线引入了最后一轮战略投资者，李泽楷领衔的投资者向其投入了 1 780 万美元，当时 91 无线估值仅为 22 亿元人民币。本次百度的收购价显示 91 无线的估值相比最后一轮战略投资者投资时的估值已大幅上涨。

三是媒体报道称，据接近这笔交易的人士透露，百度此前对 91 的报价仅在 10 亿美元左右，现在突然提价到 19 亿美元，显示百度在移动互联网上有些着急了，这是用金钱换时间的追赶策略。

在不长的时间里，从 10 亿美元到 19 亿美元，这显示了百度追赶移动互联网的决心，更可以看出百度破解威胁的紧迫感。在传统互联网（PC 互联网）时代，百度是中国互联网最重要的网页流量入口，而到了以 APP 为主的移动互联网时代，各个垂直类 APP 都带有搜索框，移动互联网大大加速了搜索的垂直化进程，迅速分流了受众对搜索引擎的依赖，这对百度显然是致命威胁。

以 APP 为核心，这是 2013 年移动互联网的主流趋向。就最赚钱的游戏业务而言，桌面互联网时代以页面游戏为主流；移动互联网时代，APP 客户端游戏开始成为主流。传媒人最看重内容分发，桌面互联网时代网站是主导，而移动互联网时代 APP 客户端成为聚合平台。一个商业网站的新闻客户端可以聚合多家传统媒体的内容，虽然这些传统媒体也有自己的新闻客户端，却同时被整合在商业网站的新闻客户端上。

而以 APP 为核心所透出的新满足逻辑，既为起家于页面搜索的搜索引擎所不适应，也为习惯于内容提供的传媒所不适应。

移动互联网发展以来，许多高手、巨头在 Web 和 APP 路线的争论中纠结徘徊。

2013 年 5 月 6 日， HTML 5.1 公布新工作草案，第一次要修订万维网的核心语言：超文本标记语言（HTML）。这是 HTML 5.1 的重大发展。HTML 5 有两大特点：一是强化了 Web 网页的表现性能；二是追加了本地数据库等 Web 应用的功能。广义论及 HTML 5，实际指的是包括

HTML、CSS 和 JavaScript 在内的一套技术组合，这些技术旨在减少浏览器插件对网络应用服务的需求。确实，业内有许多人期望 HTML 5 未来可以取代 APP 占据上风。但这种期望更多是出于技术层面而未必充分考虑了移动需求驱使下的用户选择。正是这种选择，促使 APP 发展更快，出现更多产品形态并迅速发展，也使得 APP 分发渠道如 91 无线拥有了这样高的估值。虽然，和网址导航、浏览器、搜索引擎这些以网页为核心的流量分发渠道不同，应用商店的流量一旦被分发出去就不再是自己的了，但其之所以仍然被给予这样高的估值，是因为毕竟这是 APP 与使用者对接的第一入口。

（三）新满足逻辑：便利性匹配与超细分匹配

为什么是 APP 在竞争中胜出？为什么是以 APP 为核心？其核心因素是数字技术尽可以以自己的逻辑发展，而市场选择最终会真正以移动需求为核心，以优化人在移动状态下的体验感受为核心。或者说，移动互联网与桌面互联网的区别，绝不仅在于接入方式，更在于满足逻辑。而适应移动互联网的新满足逻辑，在我看来，至少包括一个关键，即匹配，两个核心要素，即便利性匹配与超细分匹配。

便利性，就意味着服务提供方式必须与人们在移动状态下的心理与行为方式相匹配，甚至数量与质量过剩，也会影响人们继续使用的耐心，这远远不同于传统意义上的所谓超值可能有的吸引力。超细分，就意味着只有更进一步明确人们的类型需求与方式需求，才可能实现有效匹配，而不是愿望或概念上的匹配。

便利性匹配与超细分匹配，是检验一切内容产品与服务产品的“试金石”。不管是传统媒体还是新媒体，不管使用什么载体与产品形态，都是如此。

（四）改变格局的微创新：从聊天群组到协同平台

在互联网与移动互联网领域，微创新往往源于对一个具体障碍的破除、具体需求的满足。但这样的微创新或微创新的积累，却往往在不经意间改变着格局。人们经常讲到一个故事：因为在公司聚会上拍的录像不便通过已有方式分享，所以三个年轻人创办了优兔（YouTube），也创造了 UGC 的内容生产模式。这不仅改变了视频网站格局，还深刻影响了传统媒体的竞争逻辑与工作模式。

很多时候，人们使用某种新产品的理由是简单直接的，比如，成年人使用微信的理由往往是可以发语音短信，免去输入的麻烦。微信的用户量之所以增长如此迅速，在于它不仅是专门为手机开发的聊天工具，与以往的聊天工具已经有关键性不同，而且有一系列看起来不经意却构成核心竞争力的微创新，比如，语音短信已经是别的聊天工具的学习对象，而与手机通讯录的关联，使成年群体与主流阶层迅速接受并进入使用。以往有媒体报道微信的摇一摇功能帮助陌生人相识，但产生了网络欺诈案件等，而公众似乎并不为此担忧，微信用户量仍然迅速增长。

那么，传统媒体如何适应新媒体？转型这样的大战略、大思路，通过什么样的手段实施？显然，除了大手笔动作，至少微创新是有助于传媒转型的。人们已经习惯把微信作为手机聊天工具使用，发送语音短信、视频、图片和文字，即便使用微信群，也主要进行个人化信息沟通。微信这样的移动社交平台，可以与电视应急报道运行结合起来吗？下面这个案例，也许对包括媒体在内的许多竞争主体有参考价值。

2013 年 4 月 20 日早晨 8 点 2 分芦山发生地震，几分钟后，新华社发出消息，并随即启动了应急报道。不到 9 点，在天津静海中国电视艺术家协会理事会会场上的我，也加入了专门建立的应急报道群。这个群里有新华社驻四川、此刻正向震区突进的记者，也有后方参与应急的编辑人员、协调人员和指挥人员。一时，各种信息、通报、指令汇聚，应急报道迅速展开。很快，向前突进的记者开始不断使用语音短信通报情况：他们行进到了哪里，所看到的灾区人员情况，道路情况，两边房屋情况、山体震后的情况。记者此刻的一条条语音短信是简练、清晰而信息丰富的。这样的语音短信，不就是来自现场的音频报道吗？受此想法触动，我建议后方的编辑人员把这样的语音短信从微信中抓取出来，经过编审流程，作为新华社音频新闻播发出去。音频通稿、视频通稿同样是新华通讯社业务的重要组成部分。值班的统筹编辑最初在应急微信群中还习惯地请前方记者拨到一个专用电话，以便用录音机录下来。而那时，前方记者已改乘摩托车，通信条件时好时差。因此，我在应急微信群里要求后方编辑想办法解决问题，就从微信中抓取，不要硬性要求前方记者按固定模式操作。很快，试验成功，音频新闻发出。随后，记者把用手机拍摄的视频发到了应急微信群里。在解决了一系列问题后，我们也将视频成功抓取出来放到非线性编辑系统中，编辑制作电视新闻供新华社中文、英文电视终端使用，并同时编发视频新闻通稿。那一刻，最重要的是尽快播出现场画面。对公众而言，最大的需求是满足信息饥渴，是获知现场画面与声音，是了解现场难以用语言尽述的情况，在这样的情况下，人们能够接受用手机拍摄的视频画面。

这种把应急微信群中的语音短信和手机视频抓取出来、进入内容生产流程的尝试，使得应急微信群在承担沟通任务的同时，成为稿件传递渠道。这激发了前后方人员的积极性与创造性，更多的音频与视频纷至沓来。随后，我们又开始尝试将这种应急做法流程化、岗位化，在音视频资料中心安装了相应软件，由资料中心值班人员负责抓取应急微信群中的视频并放入非线性编辑系统。由此，应急微信群被纳入协同运行机制，而运行方式则变为应急操作与专业流程的结合。

（五）社交平台应用：从制作产品到嵌入流程

在公众看来，《新闻联播》栏目的最大变化之一，是有一段时间每天提示人们关注央视的官方微博、客户端。显然，其迅速增长的下载量与粉丝数，一定与此有关。而在新媒体研究者看来，这是对社交平台的强力推广。不管电视台这样做的初衷是什么，客观事实已经形成。

为适应社交平台在移动互联网端的竞争，传统媒体在初期被冲击后，纷纷开始以自己的方式利用社交平台。面对迅速增长的使用人群与强劲的关系链传播，传统媒体担心如不利用社交平台，就会逐渐被公众边缘化；而对于在社交平台上开设官方微博，媒体又普遍很纠结，内容本不应是免费的，却又不得不从免费提供内容开始获取影响；长时间为其免费提供内容，做大了别人的平台，是否会落得如同当初为商业网站提供内容而不自觉间把网站“养大”的境地？

而传统媒体利用社交平台的方式，普遍是从以一个小团队做内容产品开始，新媒体产品部分很少触及原有内容生产流程。人们普遍从扩展传统媒体在关系链传播与粉丝型受众中的影响开始，进而动用传统媒体的现有影响力与资源，去邀请受众关注自己在社交平台上的内容产品；在广播中、电视中、报纸上、杂志上，能看到越来越多的推广信息。人们还普遍从尝试在社交平台上提供内容产品开始，进而与其他传统媒体比拼社交平台上的内容产品，比较粉丝数量与粉丝增长速度，比较同事件微博或同主题微博的转发量、评论量。至于这是否是自己的社交平台利用路径，是否以此促进自己转型，则慢慢地在人们心目中落到了次要位置。

传统媒体运用社交平台，可否从为之制作内容产品以谋求影响力，走向同时在传统内容生产流程中嵌入体现社交平台优势的运作方式，进而优化传统内容生产流程？上文提到的地震应急报道流程微创新案例，带给我们的重要启发就是要运用新媒体运作方式，去优化原有内容生产流程。

（六）竞争逻辑：从工业化到新媒体式

说到新媒体，人们常常直截了当地认为它就是某种新传播工具、新内容产品，但在我看来，它一定还包括新媒体式的运作思维与运作方式。一种新沟通工具出现，最基础的利用方式，是将其作为个人沟通工具；更进一步的利用方式，是将其作为群体沟通工具；而更有利于增强传媒竞争力的，显然是将其作为生产流程的重要环节，甚至是枢纽式环节。因而，从增强整体竞争力角度来看，我们不能只是简单地把这种沟通工具嵌入内容生产流程，而应对生产流程与工作模式一步步进行优化调整，甚至减去一些环节。

人们一旦将沟通工具嵌入生产流程，并相应优化调整生产流程与工作模式，其所带来的竞争力，可能是超出人们想象的。公众对于淘宝平台、天猫商城和支付宝都有过许多丰富或独到的分析，但很少有人讨论阿里旺旺，似乎这只是阿里自己的一个聊天工具。但换个眼光看，阿里旺旺实质上是以自己的信息渠道与沟通平台，控制了第三方聊天工具的进入，从而控制了关键的交易信息与用户数据。在人们纷纷讨论大数据开发的时代，这更显出其价值。因此，不如说，阿里旺旺就是一种竞争工具。

对媒体而言，重要的是以新媒体式运作方式，来优化原有生产流程与工作模式。传媒现有生产流程与工作模式，总体上带有工业化时代的标准化生产特点。与这种生产流程相配套的竞争逻辑，在某种意义上有古典色彩。而在新媒体时代，传统媒体生产流程越来越固化，并不一定就是优点。现有的生产流程与工作模式固然是在经验与教训基础上的提炼，但也会束缚人们创新。

新媒体运作模式的重要特点，是开放式的生产流程更能灵活地适应需求变化与外部条件变化，是多方互动实现高效协同。与之相适应的，就是组织结构可以轻易实现扁平化、轻组织化、活细胞式，就是首席执行官（CEO）可以称自己为产品经理并以此方式驱动。这一切，也体现了新媒体式的竞争逻辑。

同样，媒体如果拥有更开放的生产流程，就可以有更强的适应能力与竞争力。

第二节　体系协同：适应社会生产体系的战略选择

数字变革的最深刻体现之一，就是一个竞争主体对经济社会协同运作的支撑能力成为其竞争优势的新核心因素。因而，深刻反映变革逻辑的协同支撑度同样在决定一个竞争主体应当做出什么样的战略选择。

一、信息传播媒介变革与演变中的社会生产体系

人们几乎每时每刻都在使用新媒体、都在接受新媒体的影响，学者们也几乎每天都在谈论新媒体。更重要的是人们的行为方式、思维方式已经并仍然在发生深刻、复杂的变化。同样，社会关系、经济运行方式也已经并仍然在发生深刻而影响深远的变化。总体地看，这些变化的集中体现是什么？

那就是以标准化、大规模工业化生产为代表的社会生产体系正在发生变化，新的信息传播媒介与新的信息传播方式正在引发这样的历史性变化，并带来重大历史机遇。

（一）信息传播媒介变革就是底层变革

从最核心层面看，人类社会任何活动本质上都是信息活动。信息流的传递介质、传递方式的不同，决定了人们接受信息的数量、质量、方式的不同，也决定了人们的思维方式、行为方式及可能采取的决策的不同。历史地看，所有有关信息传播媒介的变革本身就是底层变革。其结果，一定是引发结构性、历史性变化。因此，广泛意义上的新媒体，不仅是使传播格局产生变化的决定性力量，也是使整个社会发生变革的决定性力量。

（二）电商革命与信息传播方式

新媒体发展对传播格局的影响，已经为人们所深刻体验。但今天，信息传播介质与传播方式的变化，正在促使新社会生产体系的构建与形成。以 3D 打印为代表的制造业革命，只是社会生产体系革命中的一个分支。以电商销售为代表的第六次零售方式革命的重要意义，在于它消灭了很多工业革命以来所形成的货物流通体系的中间环节，使得生产者

和需求者之间更容易对接，也加速推动了社会生产体系的重组。今天每个人都能掌握更多信息，能够更有效沟通，更有力、更有效率地对外部世界施加影响，从而使这种重组的速度更快。这样的重组，带来了巨大的历史机遇。

纵向梳理，人类历史上发生过六次零售方式革命，相应产生了六种零售业态。农耕经济形成的自然销售方式，是小品量、面对面交付。工业革命时代的大规模、标准化生产发展到一定阶段，必然需要与之相匹配的销售市场与销售方式。从自然销售走向集中销售，是第一次零售方式革命，诞生了百货公司这种零售业态。第二次零售方式革命是自助销售，诞生了超市业态。超市不仅采取集中采购、多中心配货模式，而且开始用计算机管理销售过程，开始通过零售数据挖掘需求、拓展销售。第三次零售方式革命是品牌销售，诞生了专卖店业态。专卖店从一开始就既是销售终端，又是品牌价值的承载体。第四次零售方式革命是便利销售，诞生了深入社区的 24 小时服务连锁便利店，满足购买少量商品或即刻拥有的购物需求，解决了超市大型化、郊区化带来的不便。第五次零售方式革命是体验销售，诞生了集吃、购、玩为一体的新零售业态超大规模购物中心（Shopping Mall），实现人们一体化的消费要求。

第六次零售方式革命就是电商销售，诞生了网络商店业态。它既表现为电商平台与小型网商的结合，更朝着综合型或垂直型或专业型电商商城方向发展。电商销售是非在场、远距离销售，不再如其他零售模式顾客与销售者在同一时空完成购买过程，是对面对面交付的其他传统零售方式的最大颠覆。电商销售是实体零售模式难以企及的超大规模销售，顾客可以随时、随地在千万种以上商品中搜寻、选择、比价。所谓长尾效应在电商销售模式中才能够充分体现。电商销售也是一种信用销售，为此需在新的层面重构信用的体现形式。会员制、淘宝推行的评价制度、作为支付工具的支付宝，都是从新层面重构信用的措施。电商销售更是一种智能销售，只有电商平台才可能集中如此多的销售服务提供者与顾客，才可能提供如此多的选择，才可能提供如此丰富便利的体验。

（三）消费权转移体现社会生产体系变化

是什么因素在驱动零售方式不断发生革命性变化，不断催生新的商业业态？表面上看起来，是商人逐利的动机，实质上，是社会生产体系的变化，是传统商业规律中的核心要求便利性在起基础作用，在不断驱动零售方式革命。

零售方式，首先是人的生活方式的一部分，是物质化的人际交流方式和社会交往方式，与人在一定状态下的生活习性与生活要求有密切关系。零售方式革命，或许比社会生活的其他方面更快地体现出社会生产方式和生活方式的变化，对应着信息传播媒介和人们沟通方式的重大变化。或者说，人怎么交往，商品就会怎么流通。

大工业时代的规模化生产，要求以高效率的商品流通做支撑，相应就需要有适应高效率流通的商业信息沟通方式。现代百货业的集中售货、明码实价、环境诱导、专业辅助都体现着这种要求。而进入商品种类丰富、市场竞争加剧的消费社会，价格竞争、品牌忠诚、消费体验、消费便利成为促进销售的核心因素，自助销售、品牌销售、体验销售成为主流。而当人们的信息沟通、社会交往一步步转移到网上时，电商的发展就成为一种必然，不以人的意志为转移。

聚客能力，无论对商业街还是对大卖场与商业综合体，都是生存基础与竞争核心。聚客能力的核心是什么？是便利性、尊贵感和利益。这三者是人性需求的核心因素。集中销售带来了可集中选择多种商品的便利；“顾客就是上帝”，也给消费者带来前所未有的作为顾客的尊贵感；明码标价、质量保证带来了实际利益。而其后的其他零售方式革命，大约是分别沿着这三个路径有重大革新和提升。电子商务的兴起，在解决了信用、支付、质量保证等难题后，其价格优势、超便利性与尊贵感优势便强烈地凸显出来。在千万品类的商品中搜索选择，可以节约体力与时间；价格排序形成的竞价效应自然压低价格。电商不仅可以提供丰富的体验，而且可以高度满足人们在任何状态下的购买欲望，让顾客在感受到便利、便宜的同时，形成强烈的主宰感。零售电商实际上在创造新的需求，在进一步放大已经存在的消费上的“懒人效应”，以至有人在社交平台上描述到：躺在床上用手机登录淘宝时最有下单冲动。

理性分析，六次零售方式革命是一个不断向消费者赋能与赋权的过程。从集中销售到电商销售，消费者的选择空间在不断扩大，对应的是选择能力在不断增强，是消费权更多地向消费者转移。

二、七问：媒体深化融合中的新媒体战略与竞争策略

从全局而言，加快推进媒体深度融合发展是以党中央权威和集中统一领导推动、以国家力量支持与保障的具有历史意义的战略行动；对媒体个体而言，媒体深度融合则是一场革命性变革。媒体融合体现在多个层面。在观念层面，媒体要不断适应变化、迎接挑战、更新观念；在工具层面，由于人们对新媒体工具依赖性迅速增强，人机关系发生重大变化；在产品层面，不仅出现多种新媒体产品，还出现交互内容、数据内容等新形态，出现更多可互动、可分享、可感受的内容产品；在渠道层面，纸质媒体、电视媒体和互联网媒体的渠道互用，已经发展为在新媒体渠道的直接竞争；在资源层面，不同资源在竞争力生成中的权重明显变化，因此要求媒体建立融合资源观；在传播层面，行为数据获取能力、个性需求匹配能力与驱动再传播能力成为传播能力的核心要素，对传统媒体提出更大挑战；在运作层面，如何通过统筹生存、变革与发展，统筹新媒体投入与变现的时空错位，赢得发展空间等，都是严峻挑战。对传统媒体而言，如何生存、如何发展、如何保持并不断增强影响力的底层逻辑都在发生深刻变化。随着竞争环境、经营环境发生明显变化，传统媒体在面临生存压力、发展压力相应增长的同时，更面临如何破解难题、如何配置资源、如何寻求发展的战略抉择。

在这个关口，与新媒体战略、竞争策略密切相关的七个问题值得思

考，并需要人们在实践中努力回答。

（一）广电机构新媒体战略的核心命题是什么

几乎每个媒体都感受到了新媒体的压力，并在媒体深度融合中努力探索、积极布局，成效明显。但在媒体深度融合进程中，操作者与研究者都会关切作为领军者的超大型广电机构的新媒体战略的核心是什么。是引流到屏，还是引流到端，还是以塑造影响力为目标？是想通过新媒体把人们拉回到大屏前，还是想做了多个账号以后把人们引到客户端来，还是不管通过什么渠道、平台，只要让人们看到自己的产品就可以？由此分析，各媒体不仅在关注该如何考虑最核心问题，而且在关注新媒体战略的核心命题、主要突破方向，在关注如何进一步明晰新媒体战略的核心命题。

一个媒体的新媒体探索和布局总要围绕一个核心命题和主要突破方向来进行。一般而言，至少有五类选择。一是平台战略，即尽全力打造自己的新媒体平台。二是影响力战略，即通过各种渠道塑造自己的影响力或者自己的品牌。三是产品战略，即致力于做自己的新媒体产品，并将其在各种渠道进行传播。四是引流战略，即通过新媒体把观众引回大屏或引到某个自有终端。五是数字媒体战略，即彻底转型为数字媒体。随着媒体融合逐渐深化，明晰新媒体战略的核心命题已刻不容缓。是平台战略，还是影响力战略，还是产品战略，还是引流战略，还是彻底转型，新媒体战略的核心命题是需要明晰的。如果核心不明晰，就谈不上资源配置，也无法使努力转型所产生的效应集中化。

最好的战略往往是最简单的战略，是所有团队成员能用一句话复述出来的、能得到最大认同的战略。

（二）广电机构影像内容的发展方向是什么，是否面临画质提升困境

就影像内容而言，人们相信画质是核心竞争要素之一，出色的画质才能更吸引观众。在北京冬奥会筹备进程中，随着中央广播电视总台

8K 频道开播，中国电视进入了 8K 时代。2012 年中国第一款 84 英寸 8K 电视机就已经出现，其拥有 7 680×4 320（8K）的物理分辨率，其显示设备的总像素数量达到 800 万以上（是全高清的 8 倍、高清的 16 倍）。10 年后，尽管拥有极具吸引力的画质，8K 电视机在中国家庭的普及率依然比较低。这固然是由多种原因所造成的，但其中值得探讨的问题是：影像内容是否面临画质提升困境?

从综合因素看，这个困境在一定意义上是存在的。

其一，人眼对画质的极限分辨率显然是最为重要的限制因素。人眼的极限识别分辨率大约就是 5.76 亿像素。2021 年三星电子汽车传感器高级副总裁在 SEMI 欧洲峰会演讲中提到，三星将在 2025 年发布 5.76 亿像素的图像传感器。其后有消息认为该图像传感器更有可能被应用在汽车领域。

其二，人眼实际极限分辨率又与个体视力、观看环境、观看介质、个体画质偏好等都有密切关系，在此情况下，追求 8K 以上画质的人群在观众、消费者中占多大比例?

其三，4K 之上的画质提升虽然给人带来新鲜感、满足感等，但边际效应递增显然不如从标清到高清、从高清到全高清、从全高清到超高清那么明显。而如果比较内容产品丰富度、性价比等因素，那么某种情况下对某些人群来说，边际效应可能会递减。因此，人们对于更换 8K 电视机的动力并不足。

其四，移动需求在不断迭代的智能手机等技术支撑下正在成为主要需求，画质需求显然受到了移动需求和诸多现实条件的制约。

正是因为广电机构等媒体实质上面临数字科技因素之外的画质提升困境，所以广电机构影像内容发展战略就不能简单地以画质提升、从 8K 走向 16K 为发展方向。

（三）广电机构媒体融合转型战略的实施策略是什么

客观而言，主流媒体不仅报道任务繁重，还在融合转型中面临一连串生存与发展问题：既要增强影响力，又要有标志性产品，还要构建融合平台，更要融合转型，甚至要维持原有收入规模以维持队伍，等等。正是因为任务繁重、问题众多，媒体在确定战略核心命题的同时，还需要从策略上设计好优先目标和实施步骤，甚至要像重视战略一样重视策略设计与实施。客观地看，即便把建设客户端、建设自有平台作为最高战略、优先战略，电视机构也不能排除引流到大屏、不能排除影响力塑造等现实目标。尽管未来很美好，但多元选择是现实约束。因而，媒体需要确定深度融合的现实目标和实施策略、策略选择与战略确定密切相关，即使是在平台战略、影响力战略、产品战略、引流战略或是数字媒体战略间做出选择，也依然需要对资源投放重点、优先目标做出选择。

（四）主流媒体的同一内容产品在其他平台点击量超高的原因是什么

一个常见的现象是，主流媒体的同一内容产品在其他网络平台上的点击量远大于自有新媒体终端上的点击量。主流媒体具有权威性，内容产品做得好，那为什么同样的产品放到第三方平台就有较高点击量，放到自己客户端上却没有这么高的点击量？如何分析产生这种差异的原因？对此认知的不同，是影响新媒体战略认同与执行的重要因素。

产生如此差异的原因，在产品之外、平台之外。首先，因为相对于第三方平台上充斥的娱乐内容，主流媒体的内容在第三方平台上属于稀缺品。其次，于第三方平台用娱乐、社交等功能聚合海量用户，从而形成第三方平台创造黏性、主流媒体获取影响的局面。因而，不要简单地判断主流媒体的客户端是否做得不好，而要分析产生差异的机理。娱乐与社交创造了黏性，主流媒体的内容产品摘取了影响力。这正是当前传播格局中存在的特殊现象。深刻认识这种现象，再回头讨论第一个问题就更有意义，更有益于厘清新媒体战略的核心问题。

看不清为什么成功，就一定看不清为什么失败。看不清为什么在别的平台上点击量超高，就看不清为什么在自有平台上做得不够好。这两个如果都看不清，就难以讨论新媒体战略的核心问题。

（五）主流媒体客户端吸引用户的核心要素是什么

主流媒体多数拥有自建新媒体终端，也希望吸引更多用户。那就要思考一个核心问题，即自有终端吸引用户的核心要素是什么。你希望用户经常到自有终端来，你给了他什么依据、什么理由？如何体现吸引力？如果说用户主动接受教育、引导的动力不够，那自有终端是如何创造黏性、体现吸引力的？只有硬核内容，没有用户黏性，会直接影响日活用户数。主流媒体做的新媒体终端面临的选择是，要么提供娱乐内容，要么提供服务。没有这两方面，就会影响用户聚集，就可能缺乏让用户经常使用的理由，就可能缺乏黏性。面对年轻用户群，哪怕仅仅提供教育答疑，提供免费知识服务，也会创造黏性。2019 年夏天“学习强国”提供了文史知识内容，因而有年轻的妈妈说这个暑假可以用“学习强国”来教育孩子，平台的签到次数就增加了。你的媒体客户端在提供什么服务呢？实现平台战略的核心是给老百姓一个来你客户端的理由，哪怕是帮助教育孩子，也体现了正能量。从这个意义上来看，主流媒体客户端的战略选择就是提供服务，至于提供什么服务，可以考量。

（六）主流媒体优化日活用户数和点击量的现实选择是什么

选择之一，是提供服务。对主流媒体而言，不仅要提供硬核内容，还要致力于提供服务。提供知识性、方法性内容的服务可以作为切入点之一。知识性服务的受益者包括年轻人和孩子，在主流媒体自有终端、平台提供教育内容，具有道德上的最高正当性，具有实现影响力的最大可能性，具有操作上的最大便利性，具有与传统优势的最大协同性。

选择之二，是研究并解决同一媒体不同新媒体终端间的协同问题，解决同一媒体的新媒体产品利用第三方平台广泛传播与发展自有新媒体平台的协同问题。最初，不同终端往往在统一部署下各自探索，取得一定成效后，媒体就需要明晰中期战略是什么，如何实现更高水平协同。

比如，中央广播电视总台可以把“央视新闻”“央视频”“云听”三个新媒体端核心平台放在一起从战略上分析。

选择之三，是为核心用户打造高匹配度的内容与服务。每一个新媒体终端都有其固有特性和特定核心用户，主流媒体要精心评估他们的显在和潜在需求，为之提供高匹配度的内容与服务。2019 年后，“今日头条”发生的最大变化之一是抓取、分发摘取于书籍、论文等的内容，知识分子等群体在朋友圈中分发相应内容越来越多，“今日头条”在这些群体中的被接受度也相应提升了。主流媒体的新媒体终端用户总体上首先是原有受众群的延伸和扩展，对重大事件关注度较高，因此，内容制作、话语方式、传播策略、界面设计、互动传播等就要针对这一批受众需求，提高匹配度；还要研究核心用户的行为特性，比如会不会为了工作需要每天打开新闻客户端，会不会因为工作需要把推送关掉。这样的数据可以帮助传播者分析用户的行为偏好，帮助传播者确定应该如何选择。

选择之四，是借助数据算法提升传播精准度与移动个性需求匹配度。主流媒体面临的最大问题是传播精准度不够高，与移动个性需求匹配度不够高。有些媒体还没有实现精准传播，没有来自数据支持的自有平台用户画像，没有体现价值观和自身战略追求的基于数据的个性化推荐服务算法。主流媒体不仅要在高质量、超高清晰影像、高数据量、高便利性传播上有很大成就，还需要在高精准度、高匹配度传播上有更大作为，从而在智能传播时代赢得更大传播力、影响力、引导力、公信力。目前，主流媒体没有内容推荐算法可用，政府正探索如何有效监管内容推荐算法。算法是基于数据用系统方法描述、解决问题的策略机制。推荐算法是人设计的。推荐优先策略、价值观就体现在算法的推荐逻辑中。对这个问题需要从战略上重视并加以解决。主流媒体的新媒体终端是可以积累一些数据的。提高传播精准度、匹配性，需要以新思维破解难题，需要从战略和策略层面去推进解决进程。战略不仅是基于全局和长远的选择，不仅是针对长远目标的坚持，战略还意味着今天做了正确的选择才有未来。

选择之五，是如何更有效利用主流媒体的品牌和影响力推进媒体深度融合。湖南卫视在其收视率高企时发展自有长视频平台芒果 TV。解读其发展进程，可以用两句话概括：利用稀缺性，换取新平台。即利用当时节目的吸引力、品牌影响力，以自有品牌内容只在自有新媒体平台“独播”来聚拢新媒体用户，稳定其使用习惯后再分发一定内容产品，而用户的使用习惯和品牌影响力令其还是到这个平台观看。就媒体深度融合进程看，策略意味着在一定时间、空间里做什么样的战略性选择。过去，湖南卫视把自有品牌内容授权给其他互联网平台；后来，它选择“独播”，不再进行转播授权。在那个时间点、在一定条件下选择“独播”是战略选择。当然，从竞争战略角度说，先分发后“独播”模式不是唯一战略选择。解读这样的战略选择要在一定时间、空间内去看其如何权衡众多因素，其他媒体把这个模式拿过来直接用不一定成功。回头来看，决定成功的都是最简单、最直接、最出于直觉，又最体现人性的选择，这样的选择冲破了常见问题的阻隔，把人们的注意力、资源、行动等都集中到最关键的核心问题上。

选择之六，是通过事件传播等手段有效增强主流媒体新媒体端的被关注度。独家资源与独家内容可以带来高峰值的被关注度，这对各个媒体、各个平台都是很有价值的。问题是：能不能每天有这样的独家内容？在激烈竞争中，需要不断以有效手段增强主流媒体新媒体端的被关注度，从而吸引更多日活用户。比如，做“事件”传播。可以公开喊出平台要增加新功能，选择一个没有重大事件的时间，把围绕优化做的每一件事情都做成一个“事件”，而且半个月里每天抛一个“事件”出来，这样就可能把流失的受众挽回来。有些消费电子产品公司，每一次发新机都会有网站剧透，就像是一个营销相关的“事件”。主流媒体可以把与优化服务相关的每一件事都变成一个事件，比如把新版功能提升用老百姓能听懂的语言翻译出来，做独特的跨界对比，就可以有效提升被关注度。不仅把推送升级这件事本身做成事件，还可以推送一个亲民问候从而形成另一个受关注事件。

（七）深度融合转型中主流媒体最需增强的能力是什么

传统媒体所制作内容的基本分发模式就是传播，而新媒体内容的分发既包括内容制作者主动传播，更包括受众参与点赞、转发、评论所形成的多轮、多向、多维、多次、多样再传播。从传播角度说，受众在社交平台上对新媒体终端的关注，是一种信息需求偏好与注意力焦点分配的表现；点赞是一种内心反应表达和传播力强化；转发既是一种观点表达、影响传递，也是对原有内容传播力的直接放大；评论则是受众或参与传播者的一种意思附加与观点强化，也是对原有内容传播力的进一步放大。因而，就传播而言，新媒体传播的底层逻辑是如何实现所制作内容的多轮、多向、多维、多次、多样再传播。

从媒体融合走向媒体深度融合，最需要研究的是在需求感知、信息获取、内容生产、分发传播等方面的底层逻辑发生了什么变化。数字内容并不是传统内容的简单数字化，不是可在数字科技平台上传播的内容就是数字内容，也不仅仅是以数字技术表达的内容信息，而应该包含与受众的联系和传播策略。数字科技赋能普通人使人人可发声传播，受众转发、评论等参与传播的行为客观上汇聚成了强劲的传播力量，放大了原有内容的价值与传播力。数字科技被全面应用于新闻生产和传播领域，不仅改变了传媒生态、传媒运作方式、传播格局，也深刻改变了内容形态、传播工具、传播规律等影响新闻传播运行的重要构成元素。传统的认识方法、分析方法、研究方法等已经不能适应将数字科技全面应用于新闻领域的现实需要。因而，这个时代的内容策划制作已经不仅要考虑想表达的内容，还必须考虑如何让受众加入传播过程，这既包括内容策划、表达方式必须把如何促进受众参与传播等新内涵、新要求包括在内，也包括传播策略设计、传播方式选择、传播资源配置必须把如何驱动受众参与传播，形成多轮、多向、多维、多次、多样再传播作为核心考虑之一。

因而，深度融合转型中主流媒体最需增强的能力是驱动再传播的能力，而不只是直接传播能力。

三、基于提升效率与匹配度推进数字化融合变革

从新闻业整体看，媒体深度融合表现为在国家意志推动下运用最新数字科技持续进行数字化融合变革。数字科技在新闻传播领域应用深度、广度不断发展，给数字化融合变革中的新闻传播业不断提供新的选择，也相应提出新问题。是不断尝试新技术、新选择，还是把握数字化融合变革的底层逻辑，沿着数字化融合变革、构建新型主流媒体的主线推进，在竞争日趋激烈、经营面临困难的当下，对媒体和其领导者是一个重大考验。要想避免被概念迷雾、选择困惑所影响、所左右，就要深刻认识、准确把握新闻活动的底层逻辑，把握数字化融合变革的底层逻辑，从而把所有努力都集中于顺应底层逻辑变化，解决关键问题。

在包括人工智能等在内的数字科技新发展推动下，新闻活动已经转变为更注重精准分发以实时匹配人的个性需求和体验要求为核心的数字新闻活动。正是因为发生这样的重要演变，才使传统新闻学被拓展并走向以数字新闻活动为研究对象的数字新闻学，从而形成有独立存在价值的知识体系。新闻学总体上是随着工业革命后产生的报纸、广播、电视等媒体和新闻工作者的活动而形成的知识体系。数字新闻学还应研究数字化融合变革中不同类型的组织变革，以及与智能化时代数字媒体相适应的组织形态、运行方式与演变规律。

新闻活动底层逻辑所发生的变化决定了数字化融合变革的底层逻辑，使新闻传播行业的数字化融合变革集中表现为如何解决两个关键问题，即如何更有效提升效率与匹配度。信息发布效率与匹配度，不仅深刻影响媒体的传播力、引导力、影响力、公信力，也深刻影响媒体作为一个竞争主体的生存力、竞争力、发展力、持续力。解析并准确把握新闻活动底层逻辑变化，有助于基于提升效率与匹配度推进媒体深度融

合，推进数字化融合变革，推进构建新型主流媒体。

（一）以提升效率为变革主线：增强生存力、竞争力、发展力、持续力

2022 年 5 月 31 日，人社部等四部门发布《关于扩大阶段性缓缴社会保险费政策实施范围等问题的通知》[①]，在 17 个纳入阶段性缓缴养老、失业、工伤保险费政策实施范围的困难行业名单中，列入了广播、电视、电影和录音制作业。此名单中，与新闻传播领域业务链、供应链关系紧密的，还包括造纸和纸制品业、印刷和记录媒介复制业、文化艺术业等。对于因受到新冠肺炎疫情影响而收入锐减的行业给予阶段性政策支持，客观上也引发了人们对这些行业经营状况的关注。

媒体经营活动，基于经济活动、社会活动状况及其需要而存在、而发展。传统媒体面临经营困境的原因，当然包括因经济形势波动等而使这个阶段广告总量减少，但广播、电视、电影和录音制作业被列入 17 个困难行业之中引起新闻行业和社会关注，其中不乏人们对一些传统媒体生存力、竞争力、发展力、持续力的担忧。对于媒体经营面临困境的原因，人们曾经做出其过度依赖广告、新媒体变现能力不足等多种解析，但还应看到更深层问题。当新闻传播正在从报纸、广电传统的“广播式”发布，转向移动社交再传播、精准式智能分发时，传统媒体的传播效率和精准度都显然不够。即使传统媒体的内容产品在新媒体终端、社交平台上取得了良好传播效果，即使传统媒体的数字内容生产能力和新媒体传播能力不断增强，即使报纸、大屏等部分投入在扩大，该行业的收入却不一定相应增加。因为在市场因素推动下，广告资源配置加速向新媒体平台转移，加速向新形态广告转移，传统媒体上的广告投放量

---

① 2022 年 5 月 31 日，人力资源社会保障部网站公布由人力资源社会保障部、国家发展改革委、财政部、税务总局发布的《关于扩大阶段性缓缴社会保险费政策实施范围等问题的通知》。其中规定，17 个行业养老保险费缓缴实施期限到 2022 年底，工伤、失业保险费缓缴期限不超过 1 年。缓缴期间免收滞纳金。

急速缩减。

传统媒体困境背后更为重要的底层因素，是传统媒体与新媒体相比存在双重效率差，影响了报纸、广播、电视等媒体在广告市场的份额和竞争力。所谓双重效率差，即出现经营困难的媒体，既可能与同类媒体之间在内容资源、传播资源、经营资源、人力资源、组织资源等方面存在运营效率差；也与新媒体，特别是运用推荐算法的网络平台间存在明显甚至巨大效率差。这就需要在多个层面推动变革，以寻求更高效率与竞争力。

1. 组织变革

首先需要组织变革，毕竟其他方面的运行效率很大程度上依赖于组织运行效率。

现代媒体是在一定时空条件下基于科技发展与社会需要而出现的。作为一种专业采集、加工、传播新闻信息的媒体形态和相应组织形态，现代报纸的出现既基于现代印刷技术，也基于组织化运作、专业化分工、大规模生产等与工业革命相伴生的生产方式。工业革命后的生产方式与之前的相比具有更高效率。对效率的追求深刻影响了经济、社会运行与人的观念，也决定着竞争态势。是否能获得更高效率以赢得竞争，是运行方式、组织形态构建与存在的底层逻辑。现代新闻业产生，不仅形成了不断扩张的专业新闻队伍，更形成了专业收集、加工、传输、发布各种形态新闻信息和其他内容的媒体组织。组织化运作是专业化分工的承载体，是实现大规模生产的基础条件。同样，组织运行效率，就成为工业生产方式区别于之前生产方式的关键。当传统媒体被迫或主动走向媒体深度融合进程时，对组织运行效率的追求就成为决定竞争态势的基础因素。决定媒体组织运行效率的，既包括人力资源效率，也包括组织结构、运行机制等。而且这些因素的影响权重是在变动的，不仅人浮于事会影响组织运行效率，组织形式与技术条件、业务类型、竞争条件等是否相适应，也会影响媒体组织的运行效率，故而必须根据竞争条件和竞争态势的变化，进行组织变革。

历史地看，媒体发展进程中的组织变革有多种类型。相对而言，传统媒体的组织变革，往往发生在生产方式调整、产品种类增加之时。在过去几十年媒体变革进程中，把采访力量和编辑力量相对集中起来，进行大流程内容生产，因而组建采访中心、编辑中心等，是前者代表，表现为局部调整存量；而为开辟新媒体业务组建新媒体中心等机构，是后者代表，表现为做增量，而未必触及存量与总体结构。这两类也可概称为产品型组织变革。

客观地看，一些广电媒体处于一定程度的经营困境却创造了推进组织变革的重要时机，这时上级主管、媒体领导层和媒体各部分就不同程度有了借组织变革提升运行效率而走出困境的动力。这种组织变革可以称之为压力型组织变革，或困境倒逼型组织变革。

在媒体深化融合进程中，明显提升组织运行效率的是融合型组织变革，即不仅整合资源、合并机构，而且以更大力度组织变革，实现内容生产流程和运行方式再造。融合型组织变革不仅调整存量、增加新机构，而且可以通过调整总体结构实现更大力度的运行机制优化。

更可期待的是数字化融合型组织变革，即走向数字媒体的组织变革。传统媒体与网络媒体的组织形态存在巨大区别，这不仅指组织层级、组织形态，更在于网络媒体的构建逻辑等与传统媒体有很大区别。一定的组织形态与一定技术条件相适应。数字科技的运用创造了线上工作、远程多点协同工作、基于技术平台的体系性协作等工作形式，仅仅适应这些工作条件变化进行工作方式变革、组织变革，就可以实现更低办公成本、更高工作效率、更高组织运行效率。这种数字融合型组织变革，可以有效缩小走向深度融合的媒体与新媒体的效率差。数字融合型组织结构与运行方式，也是中央推动构建的新型主流媒体之“新型”题中应有之义。

2. 传播方式、资源利用方式变革

要在传播方式、资源利用方式等方面寻求变革，实现更高传播效率、更高资源利用效率。

提升传播效率的变革，包括如何更有效、更有针对性地运用数字科技，努力最大限度发挥传统媒体仍在依循的工业化信息传播方式的效率。工业革命不仅催生了报纸杂志等媒体形态，也催生了至今仍起基础作用的工业化信息传播方式，即定时、定向、定量传播经过选择、分类的新闻和商业信息。相比于工业革命之前的书籍出版等信息发布、传播方式的不定时、不定量等缺点，大规模采集、加工、传输、发布体现出工业化信息传播的高效率，定时、定向、定量、分类、选择五个关键词体现了从不同维度提升信息发布效率的关键所在。这既包括以五个关键词为依托和约束来实现较高信息获取、加工、发布效率，也包括借此实现更高的传播效率，还包括可以实现更高信息接收、提取、接受效率，如更高精度定向传播，即个性推送。今天已有多种数字科技成果可用于提升定时、定量、定向、分类、选择能力和相应传播效果，这就要求媒体在进行系统升级、平台构建、设备采购、力量配置时，以提升传播效率为目标，有更为清晰具体的提升重点、更为明确可行的提升指标，让资金等资源投入有更好绩效，能够在传统介质终端、新媒体终端都不同程度地有效提升传播效率。

提升资源利用效率的变革，包括更有效发挥复合性生产活动数字化内容生产可以带来的资源利用优势，尽可能在同一生产组织、同一内容流程中获得多种数字内容成果。数字内容生产具有复合性，其素材利用效率远远高于传统内容生产，生产效率、内容产出量、参与者工作效能都被提升多个量级，从而实现了更高数字内容生产效能。因而，要充分利用数字内容基于数字科技而天然具有的共享性、互通性，在报纸、广电、新媒体等不同形态媒体间通过更有效率的生产组织来共享资源；还要促进媒体各部分、各终端创造性利用数字内容生产复合性优势，通过复用、添加、简化、叠加、组合等多种手段利用一定的素材生产更多内容。

更重要的提升资源利用效率的变革，是在媒体管理理念中进一步增强成本、绩效观念，通过成本评估、绩效评价、影响力贡献评价等方式，评估在不同部分、不同环节所投入人力资源、内容资源、空间资源、财务资源等的利用效率。这些维度的资源利用效率变革，往往会与组织变革紧密结合在一起。

（二）以匹配度为主要提升目标：增强传播力、影响力、引导力、公信力

在数字科技推动下，社交传播、移动传播、智能传播的发展深刻改变了人们的媒体接触方式、信息接受习惯与服务评价标准。受传播手段、传播方式等所限，报纸、广播、电视等媒体与移动媒体、社交媒体、智媒体相比，其信息获取、加工、发布效率与信息接收、提取、接受效率都有显著差距。数字科技的全面运用催生的数字新闻活动，不仅注重信息采集、加工、传输、发布效率，更注重精准分发以实时匹配人的个性需求和体验要求。比较传统新闻活动与数字新闻活动的差异，匹配度是核心特征、核心指标之一。纵览工业革命之后现代新闻活动所伴随的传播形态，会发现其演变主线是从分类满足群体需求，走向实时匹配人的个性需求与体验要求。从工业革命后以印刷传播、电子传播为主的新闻活动，走向呈现为网络传播、社交传播、移动传播、智能传播等不同传播形态的数字新闻活动，媒体对个性需求的匹配度越来越高，而且实时匹配能力越来越强，这既表现为实时匹配人的个性需求，也表现为正在孕育发展的体验传播、交互传播等传播形态会一步步实现实时匹配人们的体验要求，还表现为从看与听的二维传播走向多维交互传播。元宇宙构想不过是正在孕育中的多维交互的体验传播形态，是正在探索的实时匹配人的个性需求与体验要求的交互传播形态。

纵览 400 多年传播形态演变，可以清晰地看出一些规律性特征贯穿其中。

其一，人类总是本能地在信息获取、加工、传播、分享等领域运用新的科技发明和技术，以满足人们的物质生活和精神生活需求。人的生命过程，总结起来就是两个交换过程，即从大自然获得氧气、水、食物

并排出废弃物以维持生命，与外界不断交换信息以实现成长。因而人类会本能地利用各种有助于与外界更便利、更有效率交换信息的科技发明、技术手段和组织运作形式。

其二，新传播形态总体上在沿着不断增强人的信息获取、加工、利用能力的方向发展，让人们从自然状态下的面对面交流，到借助纸笔、印刷术实现超时空传播，到借助电子信息技术实现广距离传播，到借助移动互联网可以在全球实时交流、分享、传播。

其三，新传播形态总体上是向着更便利、更高效、体验更好的方向发展，为此，人们不断探索运用新科技手段、新传播方式，形成更多样的传播活动。

其四，新传播形态总体上是向与人们的个性需求与体验要求具有更高匹配度、响应度、实时度的方向发展，一方面更精准匹配人们的个性信息需求，另一方面更多维匹配人们的体验要求。

其五，新传播形态并不是简单取代原有传播形态。新传播形态依然会遵循已经形成的规律，工业化传播方式的五个关键词在智能传播中依然发挥重要作用；同时，传统传播形态也会通过不断地借鉴新传播形态而演变发展。

其六，最先将新的科技发明、技术手段等运用于信息获取、加工、传播、分享领域从而引发新的传播形态、传媒形态产生的，往往不是传统的媒体人，往往是善于领悟最新科技发明与技术手段在信息传播、分享等领域的能力、潜力与魅力的人们，往往是既有科技感又对信息分享、内容传播有自己的独特体悟和认知的人们。

将包括推荐算法在内的人工智能技术与方法应用于移动互联网场景下的信息分发，大大提升了匹配效率，也形成了实时匹配个性需求的新传播机制。总体来看，智能传播对新闻活动的影响至少包括四个方面。

一是凸显分发环节影响。智能传播强烈放大了信息分发环节在影响力生成中的权重和分量，改变了影响力生成机制。以往人们认为影响力是基于内容生成的，内容生产者在影响力生成中占有更重要位置。而运用推荐算法的移动平台自己并不生产内容，仅仅靠汇聚、选取、分发和基于数据分析个性化推送信息就获得巨大影响力。这让人们认识到不仅内容可以生成影响力，个性化推送内容、匹配人的个性需求同样可获得巨大影响力。运用推荐算法的移动平台因为具有巨大影响力，所以具有舆论属性和社会动员功能。

二是深刻改变传播格局。总体上看，推荐算法运用不仅迅速提升信息分发效率，有效提升与受众个性需求和偏好的匹配效率、匹配度，更显著提升了传播主体的影响力与竞争力。与之相比，没有运用推荐算法的传播主体，虽然仍具有强大内容制作能力，但影响力和竞争力会相应下降。运用推荐算法对传播格局的这种改变，经过初期相对平缓发展后，会在某个节点迅速爬升，没有运用推荐算法的传播主体在传播力、影响力的相对弱势就会更明显地呈现出来。

三是深刻影响内容生产。在传播力、影响力竞争中，具有强大内容制作能力的传播主体，为有效影响那些习惯个性推送、沉浸体验的受众，不仅会在运用了推荐算法的分发平台上开设官方账号以分发内容，而且会顺应分发平台的不同要求去制作内容，会因看重在这些分发平台上的传播数据而本能地揣摩推荐算法的推荐逻辑和偏好，并相应调整包括内容形态、叙述方式等在内的内容制作。

四是深刻改变传播逻辑。推荐算法的运用使得传播进入智能传播时代。与以往不同的是，推荐算法深刻影响内容传播逻辑，算法等人工智能技术还会大踏步进入内容采集、生产、分发、接收、反馈诸环节，会进一步强化诸如沉浸式体验、交互传播等新传播现象和形态，会衍生包括元宇宙等在内的新探索。

正是因为推荐算法的运用催生了如此大的变化，主流媒体应以匹配度为主要提升目标推进数字化融合变革，从而进一步增强传播力、影响力、引导力、公信力。

第三节 演化趋势：新型主流媒体应当是智媒体[1]

包括智能内容生成技术在内的人工智能技术迅速发展，行业性应用随之出现，数字变革不断深化，传播格局正在改变。在这样的背景下，如何认识新型主流媒体的“新型”？传统媒体如何成为适应智能变革的新型主流媒体？

新型主流媒体的发展路径一定是更具探索性和创造性的。智能传播进入新阶段，新型主流媒体的“新型”意味着应当走向智媒体，应当成为智媒体。

一、向数字媒体、智媒体演化是必然趋势

向数字媒体、智媒体方向发展，是主流方向，而不只是基本路径。在基本路径之上可以有多种探索方式，但是数字变革的这个主流方向是很难改变的。

（一）新型主流媒体应成为数字媒体、走向智媒体

总体来看，新型主流媒体的发展路径一定是更具探索性和创造性的，新型主流媒体应向数字媒体、智媒体方向发展。其所应用的也不仅是狭义上的网络、传播技术，还应包括一些目前没有被运用在传播、媒体领域的技术。其运作方式、内容生产体系、组织架构、竞争策略，都要向数字媒体、智媒体方向发展。在这个过程中，媒体要加速转型。有了新媒体终端、新媒体产品，并不等于传统媒体就变成了新型主流媒体。现存的传统媒体部分要加速演变、加速改变，才能适应智能内容生产、智能传播、智能内容生成的演进趋势，适应新的数字技术、互联网

① 本节根据回答《中国广播影视》记者林沛提问的内容重新改写。

技术、人工智能技术的迅速发展。主流媒体要保持传播力、增强竞争力，就必须更积极地探索运用智能内容生产、智能传播等技术。

人工智能技术在新闻传播领域的运用，加速了智能传播的发展，使传播形态、传播方式、传播观念都不断发生重大变化。生成式 AI 等人工智能新技术、新应用进入内容生产与传播已经是不可忽略的重要趋势。新型主流媒体的建设，一定是更具探索性和创造性地运用现有技术与人工智能等新技术、新应用，向数字媒体、智媒体方向发展。新型主流媒体的运作方式、组织架构、内容生产体系、竞争策略等都会相应演变。新型主流媒体向数字媒体发展，向智媒体发展，是必然趋势，而不只是路径之一。因而，主流媒体必须以新眼光去探索那些传统上不被视为媒体技术、传播技术的东西，要将它们拿来为我所用。

2022 年，人工智能领域最大的变化之一，就是智能内容生成技术取得重要进展，并将被应用于内容生产和传播之中。人工智能工具改变了我们发挥创造力的方式，也被美国《连线》（*Wired*）杂志网站列为“2022 年让世界更美好的科技进展”之一。2023 年 1 月 11 日，阿里巴巴达摩院发布了《2023 年十大科技趋势》。虽然这十大趋势看起来分列为 10 个方面、10 个领域，但在我看来，其中有好几项都与智能内容生成密切相关。比如第一项“多模态预训练大模型”，预测将实现图文音统一知识表示，是成为人工智能基础设施。而实际上 ChatGPT 就是预训练大模型。今后，大模型会向多模态大模型方向发展。第七项“双引擎智能决策”，是可以提升算法的逻辑推理决策。其一旦被运用于内容生产领域，将有助于生成式 AI 模型的能力提升。第八项“计算光学成像”被业界认为，将突破传统光学成像极限，带来更具创造力和想象力的应用。华为 P40 手机发布时，人们惊讶于用它拍摄的月亮比单反相机拍的还清晰。实际上它是引入了计算光学成像技术，用算法对拍摄的月亮的影像进行了补足完善。如果“计算光学成像”继续突破传统光学成像的极限，对影视创作生产就会产生深刻影响，会生成更引人关注甚至脑洞大开的内容。这虽然更可能发生在影视、综艺创作部分，而非新闻部分，但对于视听新闻内容生产与分发的影响，却应当及早研究。第九项是说“大规模城市数字孪生”将继续向立体化、无人化、全局化方向演进，值得特别注意的是未来将“无人化”生成内容，显然其意义不仅在于城市数字孪生本身。城市数字孪生的相关内容会进入传播，同时，内容生产可能会主动利用向立体化、无人化、全局化方向演进的大规模城市数字孪生。第十项是“生成式 AI”，一旦进入应用爆发期，将极大推动数字化内容的生产与创造。

走向智媒体，前提之一是必须关注与内容生产、分发相关的人工智能等新技术、新应用的进展，必须看到包括 AI、通信、卫星等在内的新技术新应用逐渐走向多样运用，必将影响内容生产。在影视制作领域，虚拟制片可以提高效率、节约成本，所以很早就投入使用。而虚拟制片等技术的实时渲染，给影视创作的创意实现，甚至是一些超现实、超自然的场景创造，提供了足够空间。

在向数字媒体、智媒体演进过程中，引人注目的是 2023 年 1 月 18 日浙江传播大脑科技公司（简称“传播大脑”）正式揭牌。“传播大脑”旨在构建一个贯通全省新闻、出版、广电系统的智能技术平台和新闻平台，打造引领媒体变革的技术集成中心、数据交互中台、融合传播中枢，让更多媒体共享开源技术，共建开放生态。10 多年前，我曾经阐述过数字媒体观。基于数字媒体观，基于一个统一技术平台的内容生产和传播体系构建数字媒体，报纸、广播电视、互联网移动终端等不过是这个数字媒体的有机组成部分、内容生产主体、发布终端。“传播大脑”正在做的努力，体现浙江在从构建底层平台起步探索新型主流媒体建设，并将向更大力度整合、变革、转化的方向发展。

同样引人注目的是这些年主要中央媒体在深化媒体融合、进一步推进数字变革上的进展。主要表现在，第一，把内容生产和发布的重心放到移动端、新媒体端，这是非常重要的变化；第二，对应用人工智能、大数据等技术有很多成功尝试。不管是虚拟主播，还是 5G+8K 的影像视听传播，特别是在奥运会这样的重要场景、重大事件中运用新技术、探索新运用方式，都为中国赢得了声誉。三大中央主要媒体为推进媒体融合而设立三个全国重点实验室，也体现了其在落实推动关键核心技术自主创新、全面提升舆论引导能力方面所做出的努力。加上中国传媒大学承建的媒体融合与传播国家重点实验室，这四大实验室[①]的布局是历史上从来没有过的。

（二）以新眼光新思维看待科技应用加速数字变革

成为数字媒体、走向智媒体，重要前提是以新眼光、新思维对待技术进步与技术运用方式。应当扪心常问：技术发展是否比我们运用技术的速度更快？技术发展提供的赋能空间，我们是否还没有充分运用？有些技术跨界运用会带来意想不到的成效。比如，微波炉的诞生其实源自雷达技术，CD 机是从早期计算机的输入设备分拆出来的。今天，在新闻传播、报纸及广电领域可以运用的技术，远远超过那些为新闻传播、报纸及广电行业提供解决方案、技术服务的机构、企业已经推介、能够推介的范围，甚至超出这些机构、企业的技术储备、认知储备和能力储备。

直白地说，主流媒体必须以新眼光、新思维去探索运用那些传统上不被视为广电技术、媒体技术、传播技术的东西，要将它们拿来为自己所用才能实现跨越式发展。否则，竞争力怎么能够增强呢？怎么能够改变互联网平台影响力日益增强的现状呢？这不完全是资金投入问题，关键在于思维方式，在于看待和运用技术的眼光。应当鼓励所有工作在新闻传播、媒体运行等一线的人们积极探索技术应用，推进先进技术在产

① 中宣部指导、科技部批准建设的媒体融合生产领域四个国家重点实验室包括：中国传媒大学承建的媒体融合与传播国家重点实验室，2019 年 11 月 13 日成立；人民日报社承建的传播内容认知国家重点实验室，2019 年 11 月 22 日成立；新华通讯社承建的媒体融合生产技术与系统国家重点实验室，2019 年 12 月 11 日正式揭牌运行；中央广播电视总台承建的超高清视音频制播呈现国家重点实验室，2019 年 12 月 6 日启动。参见《科技部关于批准建设媒体融合与传播等 4 个国家重点实验室的通知》，http：//www.cac.gov.cn/2019-11/13/c_1575199967800677.htm。

品形态、传播形式、内容制作技术等方面的运用。同时依然需要从整体上考虑新闻传播的底层架构、技术运用策略、跨界技术运用方式。

加速数字变革，走向智媒体，需要及时总结实践探索经验，也需要理论研究的支撑。向智媒体演进，给数字新闻学研究提出了一系列课题。随着算法介入内容分发领域，分发环节在影响力生成中占有了更大比重。新闻学、传播学理论通常认为内容产生影响力；影视学、艺术学也会讲好剧本是影视作品的基础，内容产生影响力。但好内容如果不能有效分发，不能有效触达受众，便很难产生影响力。而智能分发平台自己不制作内容，仅凭借推荐分发其他来源的内容就获得巨大影响力。这也让人们看到，分发环节对内容影响力的形成有制约作用，也有托举作用。就像如果院线不排片，好电影也难以产生相应的市场影响。

将人工智能应用于新闻传播领域带来了两个重要改变。一是借助分发平台算法推荐的小视频因为更匹配受众的需求，所以才产生足够魅力。并不能简单地说新出现的小视频拥有足够魅力，因为分发平台出现之前作为内容形态的小视频已经存在，如影视作品的片花。但过去人们只是把片花当作暖场内容，当作宣介载体。二是不仅人工智能更多参与内容生产，而且人工智能直接生成的内容会更多进入传播。过去可以简单地说，内容都是人生产的，好的创作者生产好的内容。但在智能传播新阶段，有些内容是人工智能直接生成的，人工智能甚至可以制造出现实生活中不存在的场景。这也是人们高度警惕“深度伪造”的原因。

为什么我一直希望媒体人、决策者、管理者、实践者要以新眼光新思维来看待科技发展和新闻传播业的数字变革，来思考如何应用、如何创造性运用？原因之一是科技进步在促使经济、社会运行方式不断变化，在改变职业边界。50 年前，摄影不仅是一个职业，也是一个专业。有多少人会洗照片？多少人会人工调整曝光量？但是，傻瓜相机的出现使摄影门槛不再高深，摄影从一个专业变成了一个职业，甚至因为老百姓拿个相机也能拍，摄影又从一个职业变成一项生活技能。新媒体时代，直播导演的职业生存边界也发生巨大变化。20 世纪 90 年代，直播还是广电界的一项系统工程，实现大型直播要制订严密计划、构建直播体系，需要前后方无数人协同运作。智能手机的发展，使直播变成普通人日常生活的一部分，变成随时可以做的事情。

当全民都可以利用数字技术生产内容时，作为专业化组织、作为生产内容的专业群体，媒体的专业水准、专业眼光、专业创造体现在哪里？技术在销蚀专业边界，媒体人必须以更专业的眼光、更高水平的创作能力去生产内容，否则怎么能体现出专业能力和影响？因此，主流媒体更需要在这个节骨眼上以创新思维、跨界眼光，探索性、创造性运用现有和前沿技术，才能进一步推进数字变革。仅用传统手段不能有效地为中国赢得国际话语权，那么就必须进一步深化数字变革，借助互联网等先进技术手段增强影响力、传播力，才能够为中国赢得与其国际地位相匹配的国际话语权。

加速数字变革，走向智媒体，也需要从现象看实质，以提升效率为重点调整竞争方式、竞争策略。传播力、影响力的构建依赖于高效利用所能获得的所有资源。在媒体和媒体之间，在媒体和个人创作者之间，新型主流媒体应当表现出以最高效率、最低成本、最大可能性来利用可获得的所有资源，包括采访资源、技术资源、政策资源，等等。以效率眼光看，为什么有些媒体传播力、影响力还不够强呢？因为效率还不够高，一些资源被用在了影响力不强的版面、频道、频率、账号。虽然每年都有一些频道、频率停办，但就目前的竞争态势看，供给侧结构性改革还应推进。广电总局几年前就提“精办频道频率”，精办才能效率更高，才能把资源集中在最有竞争力、影响力、传播力的版块上。流媒体业务平台是重要平台形态、分发渠道，未来应该以某个成熟平台为基础，通过政策和市场机制实现广电行业流媒体能力的进一步增强。但传媒行业要解决的核心问题，是怎样进一步提升传播效率、资源利用效率、组织运行效率、内容生产效率。互联网公司经常进行内部架构调整，调整方向、优化策略，落脚点之一是提升运行效率。

值得提出的问题是：在今天的政策环境、资源条件、技术条件、市场条件下，主流媒体的竞争方式、竞争策略是否需要进一步优化、变革？是否需要通过架构调整等进一步提升效率？显然，相对于其他竞争主体，这是主流媒体必须考虑并解决的问题。

二、高度关注并应对超级媒体的崛起

历史地看，传媒变革的总体趋向是移动化，曾表现出报纸小型化、杂志大小两极化、广播重新崛起、电视移动化、传媒移动化与读者移动化的互动、手机媒体化、移动互联深刻改变受众等特征。从世界范围看，超级媒体正在崛起，其类型有：从全媒体到超级媒体、从媒体到信息龙头、从搜索引擎到超级媒体等。人工智能技术的发展与运用，使运用推荐算法的分发平台成为超级媒体，并可能使智能内容生成平台成为超级媒体。

超级媒体的崛起给人们重要启示：要更好地整合内部和外部的信息源以及信息；要进一步满足分类需求；要快速变革传统媒体的服务观念，不仅提供信息，更要提供服务；要更积极运用数字技术、人工智能技术；要以创造性思维探索新的技术运用方式、产品形态、服务方式。

（一）传媒变革的历史表现

数字科技运用促使媒体以前所未有的速度演变。应对数字变革引发的复杂影响的关键，是具有什么样的媒体观，以什么样的眼光看待媒体变革的历史表现，以什么样的思维谋划新变革举措，从而应对智能变革时代的新阶段。

历史地看，传媒变革总体趋向体现为数字化基础上的移动化，在移动化中变革。媒体移动化是对已经发生的诸多现象与事件的概括：报纸走向小型化，广播因能满足移动中人们的信息需求而重新走向强势，电视越来越多地以各种形式出现在客厅以外的空间。而内容与手机等移动通信工具的结合更是媒体移动化的重要佐证，虽然，人们冠以新闻短信、手机报、手机电视等诸多名称，采取文字传播、报版式传播、视频传播等多种形式。媒体移动化是不能忽视的历史趋势，它有几种重要表现。

1. 报纸小型化

报纸小型化是传媒移动化变革最重要的特征。

定期出版的报纸有 400 多年的历史，在 400 多年发展过程中，报纸形态纷纷走向对开，因为人们认为那是大报该有的样子。2004 年 9 月 1 日，英国五大严肃报纸之一的《独立报》率先开始同时出版两种开本的报纸，一种是对开大报，一种是四开小报。两种版本的《独立报》同时上市销售，读者可以自行选择。《独立报》当月发行量比上月增长 2%，年发行总量比上年增长 30%。同年底，闻名世界的《泰晤士报》也开始出版对开大报和四开小报两种开本的报纸。2005 年全年运行下来，他们发现读者更愿意花钱购买的是小开本报纸。于是，从 2006 年 1 月 1 日开始，《泰晤士报》彻底放弃对开大报，只出版四开小报版本。

一张世界性的严肃报纸为什么要放弃大开本的大报形态？他们把这种变革称为“小型化”，认为是在办“紧凑型大报”。这种变化事实上体现了传媒移动化的重要特征。传媒为什么要移动化？因为报纸要适合那些乘坐公共汽车、乘坐城铁和地铁上班的人们阅读，适合那些走来走去的人们阅读，适合人们不在家里、不在办公室时阅读。其实，这一变化的更深层原因是报纸正在和广播、电视、互联网和短信等新媒体工具竞争。要适应与各种新媒体的竞争，报纸就必须从“摆在桌子上的报纸”变为“可以行走的报纸”。这曾是报纸发生的最大变化，也正是传媒移动化变革的体现。

2. 杂志大小两极化

杂志同样呈现出开本大小两极化现象，但从世界范围看，发行量高的杂志都是开本比较小的。比如，美国的《读者文摘》《国家地理》等。美国发行量前 10 名的杂志大多是开本比较小的，而这些杂志发行量最小的也超过千万册。因此，总的规律是小开本杂志的发行量更大一些。

3. 广播重新崛起

广播在21世纪重新走强有三个原因。第一，广播具有提示器功能，具有作为引导性媒介的特殊便利性。广播是一种轻便媒体，可以作为一种引导性媒介，把其他媒体的内容精选后播出，告诉人们其他媒体的报道内容、报道要点。因此，广播可作为一个媒体内容的精选器。第二，现场直播中蕴含的传真性、现场性具有特殊影响力和说服力。第三，广播与今天人们生活方式的变化紧密契合。

历史地看，广播发生了怎样的变化？可以给移动化时代的广播几个定义。一是环境化的广播。人们与广播的关系越来越受环境影响，人们是否选择听广播与选择听什么节目，更与当时所处的环境紧密相关。比如，人们会因为在车上，或者在等待状态中，而选择听广播。二是类型化的广播。广播的主体越来越走向类型化，面对细分需求，类型化的满足能力愈加明显。三是选择者的广播。广播曾经拥有的主要信息渠道地位受到传统媒体与新媒体的挑战。广播曾经拥有的最快、最广泛信息来源的地位，在20世纪后几十年的每天早晨已经被电视替代。广播更强调选择听众，充当类型化听众的信息顾问。而20世纪90年代的电视频道，早间电视节目演变为以读报为核心的信息版块，人们在早晨和电视的接触方式事实上是“听”电视，不是“看”电视，人们在处理其他事情的过程中去接收信息，这时候电视已经取代了一部分广播的功能。

广播受众不断发生变化。21世纪最初五年，广播受众就发生了很大变化。一是重新走向年轻化。从全国情况看，广播听众正在重新走向年轻化，这和报纸读者走向中年化恰成对比。二是重新走向主流化。主流人群开始更多地接触和选择广播，很多人在驾驶、乘坐汽车的时候会收听广播。司乘人员社会身份各异，对交通信息的需求仅仅是其信息需求的一部分。三是重新走向伴随化。在移动状态下，人们更多地选择广播，是因为重新发现了广播的传播特性和优势，发现了耳朵这个器官的独特宽容性，人们可以在做事情的时候听广播。因此，广播具有了更大影响力，广播人对广播的重新崛起充满信心。

4. 电视移动化

在媒体移动化进程中，电视表现出了什么特征呢？也可以给电视几个定义，以描述电视产生的变化。

一是个人化的电视。电视越来越脱离作为家庭共同信息终端的传统形态及其作为娱乐工具的功能，越来越表现为个人化的电视。20 世纪 90 年代，说起中国家庭，往往会说到“全家人一起看电视”。21 世纪初，越来越多的城市家庭变为“人人看自己的电视”，还不一定是看电视节目，而可能是看流媒体。因此，看电视越来越成为个人行为，而不是家庭行为。

二是偶遇式的电视。看电视越来越不是家庭生活的主体，而只是日常生活的一部分。人们可能会在任何地点接触电视，人们接触什么节目更多是处于搜索过程中的偶然，而不是生活中的固定部分。

三是移动着的电视。电视已经从客厅移动到卧室，移动到广场，移动到电梯间和电梯里。中国人创造了楼宇电视这样的业态和产业，这些都深刻地改变了节目形态和电视市场。

四是变革着的电视。电视的基本理念、竞争焦点都在变化。从节目形态上说，仅以娱乐性节目为例，40 年前流行的是综艺性节目，30 年前是益智类节目（比如《开心辞典》），25 年前参与式节目成新潮。中国人把参与式的“真人秀”类节目做到了极致，做出了中国式的“超女”节目，而且只有在中国可以用短信参与投票。这样的变化，也可说是对电视节目形态的创造。

从竞争的焦点上说，40 年前是节目之间竞争的时代。当年《话说长江》收视率达到 40%，虽然当时观众很少。而今天电视节目的收视率要想达到 40%，几乎是天方夜谭。30 多年前电视节目进入了栏目之间竞争的时代。每一个电视台都有知名栏目，人们记得住知名栏目里哪一个环节最好，哪一个编导最好吗？不。人们记住的是栏目的品牌。21 世纪初人们按频道选择节目，但是人们在什么时间选择什么样的栏目其实是基于另外的原因。今天，可以说已进入波段竞争的时代。

什么叫进入波段竞争的时代？以晚间时段为例，一般人概念中的黄金时间是晚上 8 点钟到 10 点钟，这个时候大家都在看电视剧。可关注社会主流消费人群生活规律就会发现，这个时间他们可能还没回到家。那么，主流消费人群什么时候看电视呢？他们可能是在晚上 9 点之后才去看电视。因此，10 点钟前后以主流消费人群为主要受众群的新闻类、信息类的所谓中高端类的栏目，收视率就比较高。因此，晚上会出现几个高峰时间段，即不同类别的黄金时间。电视台顺应波段传播竞争，节目编排就变得比较简单。CCTV-1 晚上 7：00 档的新闻联播、焦点访谈版块之后是两集电视剧，电视剧播完就到了 9：40 或 9：45，然后经过简单过渡就进入下一个大的信息版块。这体现出明显的单元式结构、波段式传播。由此，令电视人曾经非常操心的节目编排变得相对简单，可以按照新的模式安排。其实，其中蕴含了深刻的道理，即节目编排应该与受众需求、受众心理特征、受众收视行为变化紧密吻合。

5. 传媒移动化与读者移动化的互动

传媒移动化变革的核心是移动化受众群体在扩大。当电视报道说，中国流动人口数量巨大时，人们可能没有想到这跟受众有什么关系。中国式的人口迁徙，使每个春节都会出现几亿人“在路上”的状态。这种社会特征必然会影响受众的行为特征和心理需求。另一个重要因素，是受众生活方式的变化。比如，受众的出行范围在迅速扩大。以北京为例，20 世纪 80 年代进行人口出行调查，一般人的出行距离在 10 公里以内，每天出行时间就 40 分钟左右。21 世纪初的人口出行调查发现，一般人的出行距离已经扩大至原来的几倍，周末休闲时的出行距离有的是几十公里，甚至上百公里。移动化受众群体扩大，生活方式变化，使人们的信息需求、需求方式、对传媒的要求都发生了重要变化。

6. 手机媒体化与新价值链

传媒移动化的重要驱动因素是手机媒体化。手机媒体化不只是传媒人提的概念。2007 年，世界主要移动运营商参与的一个论坛的主题就是

"手机媒体化"。这里的媒体不仅指新闻媒体，还包括手机成为多功能工具，如身份鉴别工具、支付工具等。手机媒体化造就了长长的价值链，使传统媒体更容易与手机结合，以此来切入新媒体，并相应形成新价值链，形成新业态。

7. 移动互联对受众的深刻改变

移动互联是指人们能够随时随地登录互联网。21 世纪初，移动登录互联网有两种方式：一种方式是通过手机、无线上网卡、Wi-Fi；另一种方式是通过一个大的无线局域网，这个项目被称为"无线城市"。为了举办 2008 年北京奥运会，北京在 100 平方公里范围内架设了无线局域网。移动互联能给人们带来超越想象的变化。

历史地看，互联网的发展趋势包括三点。一是内容与服务的提供方式越来越丰富。为了满足人们的细分需求和想象力，互联网速度越来越快，技术手段越来越丰富。二是越来越迅速、深刻地改变政治、军事、经济、文化、社会的运行方式。互联网是改变交通不便地区传播环境的有力工具。三是互联网的使用越来越便利。这既包括使用效率随着人数增长而成倍提高，也包括使用方式越来越符合人的天性和基本要求。

移动互联对传统媒体最大的影响，是改变了媒体所面对的受众群体。城市中越来越多年轻人主要通过互联网获取信息。对报纸来说，所谓持续发展是要不断地吸收新读者，老读者出于自然原因会不断流失。因此，媒体从业者面临的共同难题，是怎么样去争取互联网时代长大的一群人，以唤起他们对传统媒体的兴趣和信任。这是对媒体特别是传统媒体的最大挑战。

（二）超级媒体的崛起

从世界范围看，媒体正在发生什么样的变化？

2007 年曾发生两桩引人关注的并购。2007 年 5 月，注册于加拿大的汤姆森公司（The Thomson Corporation）提出要并购注册于英国的路透集团，并很快得到了路透集团的呼应。2008 年 4 月 17 日，汤森路透集团合并完成，在世界三个主要市场以新的名称上市，作为商务和专业智能信息提供商为专业企业、金融机构和消费者提供财经信息服务，为在法律、税务、会计、科学、医疗保健和媒体领域从业的专业人员提供智能信息及解决方案。2007 年 5 月，默多克控制的新闻集团提出收购要约，要并购道琼斯公司。道琼斯公司有三部分主要资产：一是《华尔街日报》；二是道琼斯指数；三是道琼斯新闻社。2007 年 8 月 1 日新闻集团与道琼斯正式签署协议，新闻集团以 56 亿美元收购道琼斯。

这两桩并购案显示了一个主题，即超级媒体如何崛起。

1. 超级媒体演变类型及其启示

超级媒体的演变有以下几种类型。

第一种类型是从全媒体到超级媒体。新闻集团是拥有报纸、电影公司、网站和电视频道的全媒体。新闻集团在竞争中发现，如果没有很强的财经新闻和信息提供能力，就缺少核心竞争力。因此，新闻集团才去并购道琼斯公司。

第二种类型是从媒体到信息龙头。金融信息服务市场的领先者是彭博集团。路透集团前身是通讯社，20 世纪 70 年代的转型，使经济信息业务发展为其主业。汤姆森公司前身是一家报纸，20 世纪 60 年代罗伊·汤姆森成立英国国际汤姆森出版公司并收购了伦敦《泰晤士报》（*The Times*）。1978 年汤姆森重组其英国金融业务成立国际汤姆森公司。1989 年，汤姆森报业和国际汤姆森集团合并成立汤姆森集团。20 世纪 90 年代中期，汤姆森进一步投资专业信息服务，为全世界资本市场参与者，特别是外汇、债券等交易者提供服务。

第三种类型是从搜索引擎到超级媒体。搜索引擎已经不是简单的搜索引擎，正逐渐演变为综合信息整合者，事实上已经演变成超级媒体。很多人形成了对搜索引擎的强烈依赖，已经很少有人使用互联网而不使用搜索引擎。搜索引擎有图片搜索、学术搜索等多种产品，纵向切割或满足人们的需求，成为专业信息整合者，所提供的服务和信息量，以及由此带给人们的便利，远远超过传统媒体。

第四种类型是从互联网应用到超级平台。移动互联网时代中，一些移动应用发展成了超级平台。这既包括从移动社交应用演变成超级信息集聚平台，如微信、微博；也包括从信息应用演变成超级分发平台，如应用算法推荐的小视频平台。

超级媒体的迅速崛起带来很多重要启示。

第一，今天任何一个传媒集团都要努力更好地整合内部和外部的信息源和信息。任何一个传媒集团，哪怕养再多记者，都不可能完全满足受众群的需要，都需要整合内部和外部信息，特别是公众可以提供的信息。

第二，要进一步分类满足需求。传统媒体人过去所说的媒体社会服务功能，超级媒体今天在以更新、更细分需求的方式体现。点开百度的“更多”按钮就会发现，后面的网页上有几十个按钮，可以提供几十类搜索，这实际上就是细分需求的结果。其中的生活搜索贴近人们的生活。 如果人们想在搜索引擎上“问询”一下附近的咖啡馆、饭店等生活类信息，那么只需在搜索引擎敲击出自己的所在地点和所需问询的关键词，就能得到答案。下一次再使用这个功能， 搜索引擎上会自动显示所“记住”的上一次输入的地点。

第三，传统媒体的服务观念应当发生重大变化。媒体，不论是平面媒体，还是广电媒体，都是内容的提供者。但是，媒体仅仅提供内容已经不够，还要提供与内容相关的服务和可以提供的其他服务。

2. 超级媒体发展指向：全媒体与专业化

上述两个并购案清楚地展现了超级媒体发展的重要指向：全媒体与专业化。一方面媒体集团要走向全媒体，拥有并使用所有传播手段；另一方面，会有更多媒体走向专业化，在纵向细分领域做得越来越专业。

超级媒体的演变轨迹值得研究思考。传媒应该怎样改革、发展？答案是跨界学习和借鉴。搜索引擎的发展就值得学习。人们可以研究一下搜索引擎的产品单子，看它在不同时间都推出了什么样的产品。比如，它是哪一年推出地球搜索的？哪一年推出生活搜索的？哪一年推出学术搜索的？只要纵向地看它哪一年推出了什么产品，我们就会发现，事实上它就是一步一步地捕捉人们的需求，一步一步地满足类型化人群的需求。一步一步地满足这样的需求，就是按照其整体战略一步一步地分化演变。

这两个并购案对全球传媒业产生了很大影响。

第一，强强联合产生超大型传媒集团。一是传媒集团要向“大者超强”的方向发展。可以预料，随着政策环境变化，国内传媒之间的合并、联合、合作甚至并购也会逐渐增多。二是财经媒体正在成为大型传媒集团不可或缺的资产配置。也就是说，今后大型传媒集团如果没有财经新闻信息提供能力，就缺少竞争力。三是在线信息服务系统已经成为一种越来越受到重视的内容产品。

第二，财经信息需求大众化。从这两个并购案可以看出，受众需求重大变化之一，就是财经信息需求大众化。40 年前，关注经济新闻、财经新闻的人还不太多，电视台单独设置财经频道还会被人批评为浪费资源。随着中国经济的发展，越来越多的人进入资本市场，希望获得财产性收入，不管是购买国债，还是购买股票、基金。

这样的变化对于传媒意味着什么？ 20 世纪 80 年代之前，传媒所面对的受众就是读者 / 听众 / 观众。20 世纪 90 年代以来，受众开始拥有另外一个身份，叫消费者。21 世纪初，传媒的受众除了是读者 / 听众 / 观众和消费者之外，又有了新身份，叫投资者。移动互联网发展起来后，受众又增加了一个身份，即用户。可以想象一下，一个既是消费者又是投资者的读者 / 听众 / 观众，对于新闻内容的要求一定是不一样的。一个作为用户的受众，对内容和与内容相关服务的需求，以及对他所需要的细分服务的评价标准，一定是与一般受众不一样的。因此，财经信息需求的大众化，一定会带来信息提供渠道和传播方式的多元化，这给媒体提供了新的机会。

（三）两点启示

1. 从战略上领会掌握话语权、主导权的重要意义

在今天的国际环境下，在复杂的舆论博弈中，我们要通过多种努力，赢得与我国综合国力和国际地位相匹配的国际话语权。

我们所处的时代，经济全球化正与逆全球化激烈博弈。经济全球化的重要特征之一是信息全球化。信息全球化是经济全球化的前提、过程和结果。我们所处的时代，是媒体高度发达的时代，甚至是新媒体时代，以互联网、移动互联网为代表的新兴媒体具有前所未有的影响力。我们所处的时代，是物质丰富的时代，更应当说是信息化生存时代。信息继物质、能量之后成为人类赖以生存的重要资源，成为推动社会进步的重要力量。

现代社会，新闻媒介是一种无论谁都必须正视的力量。而互联网，在今天不仅是一种文化、一种现象，更是最重要的信息承载体，是信息化生存方式的体现之一。互联网不仅蜕变、裂变出一系列新的技术手段、传播形式和传媒形态，影响、改变着人们的思维方式和行为方式，还深刻地影响着政治运作、经济运行、社会发展；不仅影响并改变着传统媒体的运作方式，还深刻地影响并改变着人们与传媒的关系模式、接触方式，更深刻地影响并改变着人们的信息消费方式和利用方式。建立在体悟互联网文化基础上的信息利用能力，影响着人们信息化生存能力；而建立在体悟互联网内涵基础上的话语权、主导权，更是我们必须掌握的。

在和平条件下，国家间的战略竞争与战略较量，除了体现在综合国力的竞争上，还体现在舆论力量的较量与竞争上。舆论引导能力实际上是软实力中最硬的部分，是连接硬实力与软实力的关键环节，或者说，是最有效的硬实力放大器。这样的竞争和较量焦点，就是传播力量运用能力、信息利用能力。

政治学中有一个著名的观点：所有的权力垄断最后都是一种信息的垄断。实际上，在信息时代，认识信息，就发现了力量；占有信息，就

拥有了权力；整合信息，就增强了能力；传播信息，就施展了力量；形成信息流，就形成更强支配力。信息因比较和组合而更有价值。就此而言，处在零散状态下的信息，其价值显然远远不如组合与比较中的信息，信息碎片的价值与驱动力显然不如信息组合与信息流的。汤姆森公司并购路透集团，焦点是基于互联网的综合信息服务这项市场的主导权；新闻集团并购道琼斯，焦点是获得财经信息提供能力。这两个事件，代表了两种不同类型的超级媒体出现，它们的共同特点是都具有强大信息整合能力，以及以信息流影响人的能力。与高强度信息流相比，一般的报道模式只提供了信息碎片。在信息时代，所谓强者，在于善于运用信息驱动力。信息就是力量。

2. 更深刻把握受众需求，牢牢掌握第一解释权

在以印刷媒体为主的时代，人们期望的第一时间是以天为单位，昨天发生的就是新闻；广播和电视兴起后，人们期望的第一时间变为以小时为单位；而在卫星和互联网提供了更多传播可能的时代，人们期望的第一时间，是以分钟为单位，甚至是新闻与事件可以同步。于是，谁能够更快，谁能够不断地同步报道新闻，谁就可能成为重大突发事件发生时的第一选择、第一依赖、第一信息源。

但传媒发挥影响力，不仅在于以最快速度告诉人们发生了什么事，更在于告诉人们是怎么回事。不仅要报道，更要解释。传媒的深层影响，体现在对新闻事件关键信息的提供上，更体现在对事件原因、意义、影响的解析上，对现场隐含信息的分析和对重大措施的价值与影响的阐释上。这种解析、分析、阐释，可以说是传媒解释能力的集中体现。体现好解释能力，才能更好地挖掘现场、事件、措施等信息的价值。谁解释与挖掘得更好，谁就对新闻事件的真正内涵与价值更有解释权，对舆论与人心就更有影响力。

可以说，解释力是传媒综合素质中最重要的能力；解释权，是传媒在重大报道中必须掌握的能力和“权力”。这不仅指在新闻事件发生后媒体要在第一时间做出反应，更要求其报道、分析、解释、判断水准应

是一流的，应具足够说服力，应当能够让尽可能多的人们信服。传媒不仅应努力成为全面、权威的报道者，更应当努力成为深刻、权威的解释者。也就是说，主流媒体要想发挥主流影响力，必须牢牢掌握第一解释权。

所谓第一解释权，不是传媒的一种天然权力，而是一种基于以往报道水准、解释能力、见识水平获得的公认判断，即受众心目中对一个传媒解释、分析、判断能力和水准的评判；第一解释权也不是传媒的一种固有权利，而是因为一个传媒的解释、分析、判断与事件实质、历史走向相互印证，所以赢得了人们的信服。严格地说，第一解释权更像是一种期待和确认，一种威信和位置。当一个传媒总是能够在第一时间对新闻事件与现象的意义与价值做出恰当而令人信服的解释，或者其分析和判断总是被证明更高人一筹时，人们就形成一种印象和推论——这个传媒具有这样的素质和能力，能够在适当时间以恰当方式做出合理判断。久而久之，这个传媒就拥有了这方面的权威与影响，就好像拥有了对新闻事件与现象的第一解释权。

在今天，如此看重第一解释权，就是因为越是渠道多样、信息丰富、事件复杂，人们就越是需要权威的分析、判断和解释。回顾这些年来人们思想变化的过程，分析一些突发事件引发的社会热点的形成过程，解剖一些舆论危机的演变过程，就会发现，真正对人们的心理、思想和行为产生深刻影响的，并不仅仅是事实，还往往是对事实的解释；并不仅仅是事件本身，还包括关于事件的某种描述和分析。从传播规律来说，事件传播实际上传播的是对事件的描述和解释。就产生影响而言，解释往往比事实本身更直接、更深刻、更有力、更难以改变。在今天的社会环境下，主流媒体的影响力，在相当程度上就体现在解释能力与解释效果上。

也许可以说，第一解释权是一种评价，是受众心目中对传媒解释能力和水准的评价。这种评价实际上就是对这个传媒舆论引导能力的评价。这样的评价比一般的其他评价可能更切中要害和实质。

掌握了第一解释权，就更有力地掌握了话语权、主导权。

三、构建融合运行体系：重构与新媒体关系

加快推动媒体融合发展是战略取向、国家意志、政治选择。媒体融合发展的影响绝不仅仅限于媒体。这是因为，信息传播媒介变革是底层变革，会引发一系列深层变革。

移动互联网和智能终端的发展，使人们的信息获取方式、生活方式、工作方式甚至思维方式都发生了重要变化，人们维系社会关系的方式发生重要变化，从而使社会结构与社会形态发生重要变化。移动新媒体使人们可以超越区域甚至国界，方便地基于移动社交构成新型社群，形成新的社会结构。移动新媒体呈现出极高的社会动员力与政治影响力，基于移动互联网形成的新的产业形态，对传统产业结构造成强烈冲击。移动互联网与移动新媒体的冲击，使国家治理的对象发生重要变化，使国家治理能力的内涵与外延发生重要变化。移动互联网与移动新媒体的发展，给国家治理体系这一整套制度体系的完善提出了一系列新问题，一些已经形成的制度体系也需要根据移动互联网与移动新媒体的发展而调整、补充、完善。移动新媒体的兴起，也使国家安全涉及领域大大扩展，问题更为复杂。

媒体深度融合发展最重要的课题，是推动人的思维方式发生变革。媒体深度融合如何推进？在操作层面上，人们可根据面临竞争态势、自身条件与对优势资源的认知，确定一些备选项。对媒体深度融合路径的探索，不仅在于梳理所面临的问题，确定终端利用、产品形态、生产流程再造等的变革顺序，更在于推动媒体人思维方式变革、运作方法变革。

（一）媒体融合体系构建面临的五个约束

换一种眼光分析媒体融合所面临的问题和突破口，媒体融合体系构

建至少面临五个约束，即需求约束、效率约束、关系链约束、便利性约束和匹配度约束。

1. 需求约束

应当看到，传统媒体所面临的最大威胁，不仅在于出现了一些新媒体工具、新媒体渠道、新媒体终端，不仅在于出现了许多体现新传播逻辑的新媒体产品，还在于人们的需求类型、需求心理都发生了变化，在于人们被改变了。观众还是观众，依然在观看电视，但是需求心理、需求节奏完全不同，判断标准也是完全不同的。

移动需求的核心特征有三个。其一是即刻需求。需求明晰的，马上就要获得；需求不明晰的，希望获得提示。其二是选择性需求。人们要随意选择观看内容和观看内容的方式。其三是多来源需求。在移动终端上，人们对某一信息源的忠诚度会降低，更愿意从多个来源获取信息。移动需求的变化，同样体现在人们的传播需求上，它改变了人们的需求心理和行为。这才是对传统媒体的最大威胁。从这个意义上说，今天讲媒体融合，讲传统媒体与新媒体的竞争，更需要以互联网思维研究人们的需求，而不是按照传统媒体的惯有思维去认识人们的需求。

2. 效率约束

效率是决定一种生产方式、一种组织形态是否具有竞争力的核心因素。互联网理财产品为什么能够迅速崛起，让传统理财产品受到强烈威胁？ 2014 年初的《二〇一三年基金互联网理财趋势报告》公布了余额宝用户数、归集的资金量等数据，但我更关心的是行为数据，即用户如何购买余额宝产品。报告显示，从时间上看，集中于两个时间段，第一个时间段是上午 9 点到下午 5 点；第二个时间段是晚上 7 点到凌晨 1 点。人们为什么选择互联网理财产品？可能是因为收益较高、门槛很低、购买便利、体验独特，可以每天知道赚了多少钱，还可以不必赎回而将钱直接支付。但如果深究互联网理财产品为什么会比传统理财产品有竞争力，核心原因之一是效率，一个自然日的 24 小时内，互联网理财产品的销售时间，比传统理财产品至少多了一倍。

现代传媒组织形态与运作方式是大工业生产方式在传媒领域的体现。四百年前的新媒体是报纸。报纸的出现催生了适应工业化特征的传播方式，也催生了工业化的传媒组织。工业化生产方式的基本特征是专业化分工、大规模生产、组织化运作。工业化传媒组织的基本特征是纵向多层级的科层制和横向界限清晰的专业分工。这种生产方式和组织方式，相对于基于互联网形成的生产方式和组织方式，显得效率不够高。

今天讲媒体融合发展，需要从效率角度来观察、思考、认识，来权衡传媒组织的运行效率、内容生产流程的运行效率和现有传播方式的传播效率。没有组织变革的传媒融合难以实现更高效率。

3. 关系链约束

传统媒体的传播方式是对象传播、直接传播，受众是传播的终点。而社交媒体的传播方式是关系链传播，每一个读者都可能同时是传播的参与者。媒体融合隐含的重要课题是传统媒体如何借助、运用关系链传播。

4. 便利性约束

便利性是决定传播效果的硬约束条件。使用是否便利、信息获取是否便利，决定了传播效果的好坏。换一种眼光观察，移动互联网产品成功的主流路径，用五个字就可以概括，即“便利性替代”。所谓便利性替代，就是通过移动终端提供更便利的服务，替代现实生活中的原有服务形式。外卖软件、叫车软件等就是典型体现。这种便利性，不仅意味着产品的设计理念发生变化，还意味着运作思维发生变化；不仅会在传播过程中发生作用，还会在受众服务层面产生影响。

5. 匹配度约束

移动互联网最重要的关键词之一是匹配，是供给与需求相匹配，供给节奏与需求心理相匹配。这种匹配度，在传播上就体现为精准度。精准度是决定传播效果与传媒竞争力的最主要因素之一。

总体上说，需求约束、效率约束、关系链约束、便利性约束与匹配度约束的综合，构成了媒体融合发展和融合体系构建必须破解的难题。

（二）媒体深度融合面临的四个问题

如何加快推进媒体深度融合，有四个问题难以回避。

首先，媒体融合是被迫反应还是生存战略？显然，不应该是前者。媒体人要把媒体融合作为生存战略。这才是基于未来经营现在，面向未来去处理当下面临的问题。

其次，谁和谁融合？是传统媒体为本，新媒体为用吗？目前，媒体人首先要把传统媒体经营好，但依然要清楚地认识到，媒体融合的方向选择，是适应、运用移动互联网，是适应数字变革，是适应由人工智能技术发展和应用引发的智能变革。

再次，融合难点在哪？工具层面、终端层面、产品层面、理念层面，哪个最难？理念层面的融合恰恰是最需要付出努力去做的。人们常常总结互联网规律，但是要真正将其作为思维框架的一部分，确实很难。

最后，媒体深度融合在哪里着力？要用体系性思维、流程性思维、系统性思维去思考媒体深度融合的走向。媒体的组织形态、生产流程需要发生变化，这是最难的，因为要构建一个有足够的需求满足能力、变革适应能力和竞争力的媒体融合体系。这个体系意味着把一切能组合的资源都组合进来，把这个体系中的所有元素都置于可以弹性利用的环节。以媒体为核心构建的体系可以和其他体系兼容，也能在一个框架中保持独立。

（三）融合体系构建：走向关系兼用、底盘兼用

在加快融合发展的进程中，媒体的竞争方式在发生变化，努力重点也要相应变化。

1. 媒体竞争方式的应有变化

一是要求播出平台不仅要明晰市场定位，还要明晰主体性格。不管承认不承认，播出平台尤其很多卫视是有气质和性格的。在全国性电视市场中，只有努力去明晰性格、强化性格、凸显性格，才能在激烈竞争

中占有一席之地。但现在诸多频道的性格是不清晰的。比如有些频道号称“青春”，这是很难捕捉的。面对青春人群，须有更细分的性格特征，才有可能匹配。“青春、梦想”这样的词人人都用，恰恰说明气质独特性还不够。

二是辨识产品。精确判断什么样的内容产品、服务产品与频道性格相吻合。

三是运营影响。影响，是需要运营的。在以往的电视频道管理运作中，所谓运营影响被等同于一般的宣传、推广，很难下沉到节目和内容产品。从内容产品层面看，每个产品的影响都是需要运营的。《中国好声音》从第一集开始就运用微博拓展影响，特别是请意见领袖和专业人士去评价，因为有了运营影响才有了高关注度，才有了这个节目的成功。影响应分层运营，内容产品生产者自己也要运营影响，不仅要扩大内容产品的影响，还要思考有了影响后怎样去运营。只有运营出来的结果归属产品操作者，操作者才会有更大动力。

四是划小市场竞争单元。划小组织单元，可以让更多人直接感受市场竞争、市场压力和市场机会。运营影响使得市场感受、市场压力和市场效益都能实现直接传递。从这个角度看有些媒体划小组织单元的转型，就是有意识的选择。要探讨运营影响，就势必要划小竞争单元。

有些媒体没有把握清楚统与分的关系。领导者的本能就是统。我认为，在战略上一定要统；而在思维方式、市场切入、目标确定和产品运营上，要划小竞争单元。这还不是一个单纯大与小的问题，而是要使业务单元变成全功能的竞争单元。媒体转型之后就不仅是制作中心、成本中心，还是利润中心；不仅是制作主体，还是运营主体；不仅是作品创作者，还是内容产品和服务产品制造者；不仅是一般性的受众需求满足者，还是市场机会的利用者和发现者。当然，在每一个组织单元要把内容制作与市场经营划分清楚，确保“采编、经营要分开”的伦理、规则能执行到位。

新媒体改变了人们的需求与消费行为，改变了人们的消费场景，改变了判断标准，也改变了人与人之间的关系。随着视频来源增多，光点播内容人们就有无数选择，这对受众的传统收视行为一定是强烈的切割，这种切割最终改变的是广电机构、视频平台的生存环境。

纵向细分清晰、专业色彩浓厚的微信公众号、新媒体账号和客户端等大量出现，会对内容产品市场进行更为深刻的切割，会更深刻地冲击传统媒体需求市场。虽然可能不像微博、微信刚出现时的冲击波那么耀眼，但这轮冲击影响更为深远。从这个意义上说，传统广播电视融合转型应当有思想的深度和广度，要变得和以往更为不一样。受众需求发生的变化，迫使行业做出改变；市场格局、市场运营特性的变化，迫使行业做出调整。这个市场的运营特性是有无数的细分需求，需要无数个全功能的市场单元去满足。只要能满足一个组分需求，媒体就“活”了，很长的价值链就出来了。划小竞争单元，把它变成全功能的竞争单元，电视运营就有了移动互联网的要素和适应能力，也就有了市场思维和受众思维。这至少是媒体可选择的转型对策之一。

2. 媒体融合的五个层面

在我看来，媒体融合分为五个层面。最低层次是工具兼用，就是传媒也开始使用新媒体工具。然后是终端兼用，即传统媒体也开始做新媒体终端。之后是产品兼用，即所做的内容产品既可用于新媒体，也可用于传统媒体，目前，相当一部分媒体处在这个阶段。接着是关系兼用，即传统媒体与新媒体更有效地分享共同品牌与用户关系等。在我看来，品牌就是与社会和消费者的关系。最终要进入底盘兼用，这才从基础架构、生产流程上实现了融合。这样，这个媒体才算真正的融合。在我看来，目前政策指向与中央推动的恰恰是深层次融合，是底盘融合。

3. 能否“关系兼用”很关键

关系兼用，这个“关系”的概念包括品牌。品牌就是一个市场竞争主体和它的消费者、市场之间的关系。这个“关系”还包括产品关系链，或者用互联网语言说，包括社群关系。传统广播电视从节目播出到观众收视收听的链条很短，对与观众形成的传播关系怎么用更是考虑不足。有了社交媒体，大家才意识到，传播关系很重要，有效运营它可以有效增强影响力。当年湖南卫视“超女”比赛加入短信票选，因对社会的动员力、干扰性太强而被叫停。但从学术角度看，这就是一种关系兼用的做法，虽然湖南卫视自己可能并没有意识到。

目前广电业还在寻找关系兼用的办法。《中国好声音》打通了产品链，但还没有打通关系链。它有庞大的粉丝群，但这些人是谁？他们之间的互动在不在你的主场上？你能不能利用他们的互动力？公平地说，《中国好声音》的价值链、产品链已经够长了，它也实现了利用关系链来拓展市场，比如把观众导流到现场看演出，但也只是利用了传播关系链中很小的部分。《中国好声音》的关系链还处在“自在”阶段，还不是“自为”阶段。

下一步，媒体要从传播关系链找到服务链。我们可以从某个产品单元入手，从新理念出发设计一个好产品，设计出多种传播关系链、服务链的切入点和运用方法，空间会更为广阔。

四、在变革中构建体系，在创新中融合发展

媒体融合成为传媒行业的政策选择与战略取向，意义深远。20 多年前，媒体融合是学者们关注的发展趋势与讨论的课题，还处在学术层面；十五六年前，媒体融合成为诸多有预见力与战略眼光的业界领军人物的改革取向与着力所在，进入实践层面；今天，媒体融合成为政治家高度关注与强力推动的发展取向。因而，推动媒体融合发展的意义，已经远远超过单纯的增强传统媒体竞争力，而更关乎在当今世界是否能有效掌控话语权、有效发挥影响力。

今天再来讨论媒体融合，所面对的变革取向已经发生历史性的变化。不再只是如何利用新媒体渠道，推出融多种媒介形态于一体的新闻产品，而是要促使传统媒体与新媒体深度融合。这种深度融合，已经不再仅限于渠道利用、产品复用，更可能是媒体组织形态的融合，更可能

是生产流程与生存逻辑的再造。

今天再来讨论媒体融合，所面对的基本环境已经发生历史性变化。移动互联网作为最具颠覆性的技术形态之一，正在深刻改变社会各行各业与人的生活。互联网金融对传统银行与理财行业的影响，叫车软件对出租车行业资源与规则的重新配置，手机电商对零售业的进一步颠覆，都还只是端倪。移动互联网正在深刻改变人们的社群结构与社会关系维系方式。而移动互联网对传媒行业的影响，可能还需要人们进一步体会。

今天再来讨论媒体融合，所面对的核心问题已经发生历史性变化。这是因为，在手机电视之后诞生的新媒体普遍带有社交属性，使得传媒的运作逻辑发生重要变化，报纸这种信息提供型传媒在竞争中显得力不从心。同时，体现移动互联网优势与特性的移动新媒体深刻地改变了人们的信息获取方式与获取行为，改变了人们的心理预期、评价标准与体验构成。易读比好读更贴近人们在移动状态下的获取心理。因而，对传媒而言，新媒体浪潮不仅增加了多种新媒体分发渠道，更改变了人们的需求。而需求被改变，才是对传统纸媒的最大威胁。

今天再来讨论媒体融合，更重要的是变革方式需要发生历史性的变化。新媒体不只冲击传统媒体，更在改变世界，在改变社会关系、社会结构与社会运动方式，在改变媒体与使用者的关系，在改变公众的信息消费偏好、信息消费行为和消费体验评价标准。面对这样复杂的变化和冲击，传统媒体今天的转型，已经不能只是一般转型、一般创新，而必须是颠覆式创新；媒体融合，不能只是简单的自我优化，还需要颠覆式创新。颠覆式创新产生的驱动力，才可能真正推进媒体融合。

如何推进媒体融合？应当说，简单利用不是好战略，以传统思维运用新媒体，同样不是好战略。

从世界范围看，传统媒体努力应对新媒体冲击并尝试利用新媒体工具，已有些年头。但冷静分析，仅仅想在传统媒体基础上利用新媒体工具，而传统部分一如往常运转，并不能有效增强传统媒体的适应能力与竞争力。这样的结果，往往是持续衰退，并且因为节省成本裁员而使得竞争力、创新力更为下降。

2014 年流出的《纽约时报》97 页内部报告引起全世界的关注。这首先是因为《纽约时报》的付费墙模式曾经是报界谈论的对象与模仿的标准。而《纽约时报》主管数字战略的高管职务变动，以及这份报告的流出，让人们看到报告温和言辞背后的激烈反思。而红杉资本主席的评价则尖锐得多。在他的眼中，97 页报告救不了《纽约时报》。他认为，《纽约时报》错过了两次媒体革命，即电视革命与在线革命。《纽约时报》在 21 世纪的前 10 年中，花了 20 多亿美元购买报纸与房产，但其 2014 年的市值仍停留在 20 世纪 80 年代，只有 20 多亿美元。而作为比较对象的南非 Naspers 公司，开创了收费电视服务 M-Net，从而帮助该公司逐渐摆脱了对纸媒的依赖，进而成为南非早期的互联网服务供应商之一。后来公司把互联网业务摆在首位，投资或购买了一些互联网公司，成为目前除美国公司和中国公司之外的最大一家互联网公司，市值达到 440 亿美元，几乎是其 1994 年市值的 100 倍。

如何推进媒体融合？积极利用新媒体工具的转型是否一定能取得成功？很多时候，并不一定。关键要看以什么样的思维指导战略制定，以什么样的战略指导转型行动。

英国广播公司（BBC）始于 2008 年的“数字媒体计划”（Digital Media Initiative，DMI）在烧掉 1 亿多英镑而无所产出后，于 2013 年 5 月宣布终结。这项计划失败的核心，不仅是 BBC 监管者所称的管理混乱，更重要的是落后的思维决定了错误的战略，错误的战略又有错误的流程设计相配合。名义上是研发新媒体工具，但思维和流程设计却是在复制或固化传统运作方式；不是从需求、从市场驱动研发，而是利用新媒体工具优化工作方式。这样脱离新媒体发展趋势与市场约束的研发，能有什么样的产出就可想而知了。

如何推进媒体融合？关键时刻，首先需要胆识，需要做出选择、决策的胆量与见识，需要准确抓住发展趋势来寻求历史性转折，需要不同寻常的思维力与决断力。关键时刻，当然需要颠覆式创新。而颠覆式创新需要执行决策的整个队伍达成共识且有足够的承受力。毕竟，与颠覆式创新相连的，一定是一系列剧烈变化，这更需要决策者与执行团队有足够承受力，承受一时不解，承受战略性选择必然会需要较长时间才能见效的事实。

正是在这样的变革中，媒体才能走向融合，而不是各种媒体工具的简单聚合。

第三章　运行范式

数字变革深刻影响传统媒体内容生产，并正在促使传播格局与传媒的生存逻辑发生重要调整，运行范式发生重要变化。其变革指向强烈地呈现再专业化、再组织化、再服务化、再社会化和再体系化过程。

第一节　再专业化、再组织化、再服务化

新媒体都有社交元素，移动新媒体的产品形态每隔几个月就会发生明显变化，新媒体平台上不断出现更多更细分、更专业的内容。这一切都在深刻影响传统媒体内容生产。从这样的视角观察传媒产业链，其变革指向至少会强烈地呈现再专业化、再组织化趋势。这样的变化，实质上，正在促使传播格局与传媒的生存逻辑发生重要调整。

一、再组织化与颠覆式变革

（一）体现为依循新生存规则的组织变革

移动互联网时代到来后，可能会发生什么？

在移动互联网时代，颠覆性创新往往来自某个行业的新进入者，不管其背后是大公司还是小公司。一旦颠覆性创新出现并创造出更便宜、

方便的替代品，或催生出新消费模式和新消费群体，传统企业就会被颠覆性创新埋葬。

再组织化体现为按照新的生存规则进行的组织变革。这种组织变革并不只是简单的扁平化组织变革，更多的是对移动互联网时代的本能适应。

移动新媒体的出现对电视业而言是颠覆性发展，绝不能认为只是增加了视频产品分发渠道。这样的思维方式是没有前途的。我不认为4G、5G到来就可以彻底改变手机电视的市场竞争力。改变手机电视市场竞争力的核心是加深对受众需求行为与需求心理的认识。3G时代培育了受众全时在线、随时在网、即时消费的习性，4G时代最大的机会并不简单在于视频，而在于服务性产品。颠覆性创新可以提供更多替代品，它们可能与受众的需求行为、需求心理更为吻合。

传统媒体不能只关注现有受众与被证明了的市场，还必须关注新的消费群体、新的消费需求、新的消费方式。以颠覆性创新视角观察，重要的选择就是再组织化，体现为按照新的生存规则进行的组织变革。这种组织变革并不是简单满足所谓扁平化，更多的是对移动新媒体时代的本能适应。而再组织化，实质上是成本可能比较小的试错方式。要想发展，颠覆性创新才是正道，传媒只有经过再组织化、再专业化过程，才能适应新时代。

（二）与产品战略相匹配的组织变革

面对移动新媒体的冲击，人们会本能地选择两种方式进行适应：感觉清晰，就会选择集中资源突击某个方向；感觉不清晰，就会划小组织单元，下沉压力，以多元试错寻求适应。“大改”与“战略性整合”相对比，人们显然会选择前者，势必会大力整合原有独立版块和资源，走整合集权之路，希望借此产生体现核心竞争力的产品。而有的媒体在内部设立多个竞争主体的做法，显然是希望划小组织单元、以多元试错寻求适应。

再组织化并不仅仅体现在组织合并，而可能体现在按照新生存规则进行的组织变革。这种组织变革并不是简单寻求扁平化，更多是对移动互联网时代的本能适应。上海文广在挂牌前就把几乎所有节目制作资源整合进东方卫视中心，形成扁平化管理架构，打造以“独立制作人”为核心的内容生产方式，形成 10 至 20 个制作团队。独立制作人拥有创意自主权、项目竞标权、团队组建权、经费支配权等六大权限。而围绕节目团队和服务协调团队，东方卫视中心外围再设立相应的三中心和三部，提供各种支持。尽管业界还在观察这种组织变革的效果与所形成的竞争力，但其表现出来的组织变革的欲望与力度，还是体现了以变革求适应。

再组织化一定是与产品战略表里依存的，否则再组织化就会成为伤身之举。上海《新闻晚报》停刊，表面上看是原有的市场竞争变为内部竞争而消减过剩的生产能力，实质是上海报业集团通过关停报纸而显示再组织化的态势，从而鼓励各方将人力物力资源投向新产品。一旦实施报纸停刊的举措，在集团其他报社内大幅调整人力物力资源投向、大规模再组织化，认同度就会增大，就可以服务于产品战略。而上海文广也许会把娱乐节目制作资源整合，形成 10~20 个制作团队，在酝酿、创作、生产、反思间交替，同样也不是止步于整合，而是要创造一种更具适应性的组织方式。多团队交替式机制，同样是划小组织单元、以多元试错寻求适应。

二、再专业化：移动新媒体正在构建的新生存逻辑

具有颠覆性力量的移动互联网，改写了传媒行业生存的基本规则，更重要的是改变了人，改变了价值判断标准。移动互联网产品与传统 PC 产品、传统媒体产品相比，最大的不同就是超细分、超便利的全新满足逻辑，这也许就是移动互联网提出的新规则。对传统媒体而言，再专业化是比再组织化更为重要的变革。

（一）重新感受人对自由与社群关系的新要求

1994 年 4 月 20 日，中国以一条 64K 国际专线全功能接入互联网。64K 这个在今天微不足道的带宽，在当时却代表着一种全新传播平台的到来，它开始了一种全新的信息传播方式。30 年，还有什么没有被以互联网为代表的技术革命所改变。30 年，已沧海桑田。

1994 年 4 月 20 日，由中国科学院作为项目实施单位的中国国家计算机与网络设施（NCFC）从中国科学院高能物理研究所到美国国家加速器实验室（SLAC 国家加速器实验室）的 64K 卫星专线开通，首次实现了我国与互联网的直接连接，由此，中国成为全功能接入互联网的第 77 个成员。此事被中国新闻界评为 1994 年中国十大科技新闻之一，被国家统计公报列为中国 1994 年重大科技成就之一。

而互联网在中国进入商用领域是在 1995 年 1 月。1994 年 9 月，邮电部电信总局与美国商务部签订中美双方关于国际互联网的协议，1995 年 1 月，通过美国 Sprint 公司从北京、上海分别接入美国的两条 64K 专线开通，并且通过电话网、DDN 专线以及 X.25 网等方式开始向社会提供互联网接入服务。

64K，这个带宽，甚至不如今天任何一个读者手机的带宽，30 年后的今天，我们难以想象那是一个国家互联网带宽的起始数据。也许，这个对比正是技术革命起始数据与其影响间具有规律性的比例关系。

如果说 30 年前，是互联网时代的开始，那么现在则是移动互联网时代的到来。移动互联网可以更有效地体现传统互联网连通一切的魅力，更因为能够满足人在移动状态下的显在与潜在需求，并能够扩大并创造更多需求，从而更深刻地改变人的信息沟通方式、行为方式和认知方式，改变社会关系与社会结构。

对于媒体而言，其在工业化时代所拥有的地位，也因为移动互联网时代的到来，而被加速改变。具有颠覆性力量的移动互联网，对媒体行业的冲击不仅在于改写了传媒行业生存的基本规则，更重要的是改变了人，改变了价值判断标准。移动互联网显然不止是一种新的传播工具、新的传播平台，它还催生了新的影响逻辑与生存逻辑。在其影响下，新的生存规则正在形成。谁能够抓住这些核心东西，并有效利用，谁就迎来了一个最好的时代。不能适应这样的变化，即使曾经为王者，也会倒下。

2014 年春节，微信平台上泄堤般传播的活动之一，是微信群中的抢红包，无数人因为抢到了几块甚至几毛钱的红包而欣喜，并因此把自己的银行卡绑上了微信的财付通。在传媒领域引人关注的，还有黎瑞刚回归 SMG 后的第一次内部讲话，他描述了将如何以互联网思维重新整合上海大小的文广，透露出颇具冲击力的整合思路。黎瑞刚带着不同于以往的市场意识归来，终于解答了上海报业集团成立后人们瞄向 SMG 的问号。这两个新闻无形间连在一起，提示人们，2014 年，更多东西正在被移动互联网颠覆，一系列新尝试寓示着新的生存逻辑正在形成。适应这样的颠覆，适应这样的新生存路径，也许就是从企业到媒体、到职业人的新生存逻辑。

移动互联网产品与传统 PC 产品、传统媒体产品相比，最大的不同就是超细分、超便利的全新满足逻辑，这也许就是移动互联网提出的新规则。对传统媒体而言，再专业化是比再组织化更为重要的变革，是移动互联时代传统媒体的生存之道。分析微视频等微内容的生产方式，也许我们可以悟出更多的东西。

要做到再专业化，就要重新感受移动需求是什么，重新感受人对自由与社群关系的新要求，重新理解人性中那些曾经不为人知的部分，重新感受人群的行为方式。

（二）曾经的王者可能因何而亡

2014 年春节，另一桩新闻也颇具信号意义：联想集团在一周的时间里，在并购了国际商业机器公司（IBM）的 X86 服务器业务之后，又用 29 亿美元从谷歌手中收购了摩托罗拉的智能手机业务。从联想的角度来看，有评论者认为，这一并购使联想得到了品牌、部分专利、与欧美重要运营商的合作关系，也因为以股份支付，而使联想集团成为谷歌的商业伙伴，如同其收购服务器业务时因为股份支付安排而成为 IBM 的商业伙伴一样。而摩托罗拉作为曾经的移动王者，如今已经在买家间游荡，令人唏嘘不已。

曾经的王者可能因何而亡？往往是一种颠覆性技术引发的颠覆性创新，这种技术甚至可能是由所在行业的领先者发明的。最终，领先者发明的新技术却引发了领先者不能适应的变化。一旦领先者没能理解这样的变化，危局就会真正形成。此前人们曾经看到的最令人唏嘘的例子之一，莫过于柯达的破产重组。颠覆柯达的，与其说是柯达 20 世纪 70 年代发明的数码摄影，不如说是柯达因贪恋传统领域丰厚的利润而难以下决心转向数码摄影，是柯达没能准确判断在数码摄影冲击下自身最大的优势包括精细化工而不只是影像技术。更重要的是数码摄影这种颠覆性技术，形成了新的生存逻辑、新的生存规则。谁能够理解这样的变化，谁就能够生存下来。

1997 年，哈佛大学商学院的商业管理教授克莱顿·克里斯坦森在《创新者的窘境》中描述了新技术带来的革命性变革对大企业所产生的影响，首次提出了“颠覆性技术”的概念。有意思的是，他希望大公司对颠覆性技术有所预见，以避免大公司因为新的消费供给范式的出现而“亡”。而在移动互联网时代，颠覆性创新往往来自某个行业的新进入者，不管其背后是大公司还是小公司。这与克里斯坦森描述“创新者的窘境”的时代有了明显不同。克里斯坦森描述的大公司死亡的路径是有启迪意义的，即如果传统企业只关注现有顾客与被证明了的市场，一旦颠覆性创新出现并制造出更便宜、方便的替代品，或催生新消费模式和新消费群体，那么传统企业就会被颠覆性新技术埋葬。

只关注现有顾客与被证明了的市场，这正是传统媒体正在努力做的。想想报媒正在做的读者调查，是在向还读报的人征求意见，而不是向不读报的人请教其为什么不读报，也不是向曾经读报的人询问其为什么放弃报纸。想想电视台陷入的对收视率欲罢不能的困境，依循现有收视率而调整创新，不断固化对现有观众群体的依赖。

也许，此刻就需再问，可能影响传统媒体生存的颠覆性创新离我们还远吗？

（三）必须发生什么：再专业化

移动互联网是最大的颠覆性力量之一，它对媒体行业的冲击，是今天的人们还没有深刻感受到的。这不仅因为它改写了传媒行业生存的一些基本规则，更重要的是它改变了人，改变了价值判断标准。

2014 年 2 月 19 日，脸书以 190 亿美元收购了类似微信的 WhatsAPP，这是继 2000 年美国在线（AOL）与时代华纳（Time Warner Ins）合并后最大的一起互联网公司收购案。有意思的是，五年前 WhatsApp 的创始人莱恩·艾克顿去 Facebook 应聘被拒后，在自己的博客里写道："Facebook 拒绝了我。这是一个和一些极出色的人物一起工作的伟大机会。我期待生命中的下一次历险。"五年之后，他不仅建立了自己的 WhatsAPP 公司，而且，Facebook 为这家仅有 50 名员工的小公司开出了 190 亿美元的价格。就像我对百度以 19 亿美元购买 91 手机助手的评论一样，这同样是在以高价实现弯道超车，购买一张追赶移动互联网的船票。

观察移动互联网产品，其与传统 PC 产品、传统媒体产品相比的最大特征，就是超细分、超便利，能基于全新满足逻辑满足移动需求。满足移动需求、超细分、超便利，这也许就是移动互联网提出的新规则。如何适应？对传统媒体而言，必须发生的，就是再专业化。这是远比再组织化重要的变革。

大家都使用微信，朋友圈中什么样的内容被转发最多？具有一定专业性的内容被越来越多地转发。微信传播与微博传播最大的不同，就是细分化程度进一步增强。新一轮的新媒体形态，细分化程度更高。客户端、微信公众号等的基本特色，就是鲜明的纵向专业性，这恰恰冲击着以深度体现地位的专业媒体，迫使传统媒体进一步再专业化。这样的再专业化，就需要生产者重新感受什么是移动需求，重新感受人对自由和社群关系的新要求，重新理解人性中那些曾经被隐藏的部分。

再专业化，就要求对所要满足的需求与满足方式再细分，即使这个产品只呈现在传统屏幕上、传统舞台上。以移动互联网的眼光看，传统内容产品的细分化程度远远不够。智能手机上的各种APP，你愿意使用或保留的，往往其满足的是一个很具体的需求。开口越小，可能的使用者越众多，反而呈现出更大价值。

再专业化，当然能满足更便利。便利化替代，本来就是移动互联网产品的主流模式。

（四）再专业化：对需求与需求方式再细分

供职于专业传媒岗位，是否一定善于传播？在有全球电视直播、有无数专业记者的公开场合，自媒体式的传播能有多大影响力？有一个故事可以让人们有所思考。

2014年3月3日，主持人艾伦·德詹尼丝在奥斯卡颁奖典礼与众明星的自拍照成为Twitter历史上转发量最大的照片。据报道，法国最大的广告与传播集团阳狮集团的CEO称，这张自拍照片的价值在8亿到10亿美元之间。

人们对人人可以参与传播有很多种解读。在我看来，这不仅意味着传统媒体人所拥有的媒体话语权被削弱，更意味着专业能力被消解。以摄影为例，对于许多专业摄影者而言，摄影是他们实现人生价值的主要载体。但那多少有一个存在基础，就是社会上绝大多数人不掌握专业摄影技术。便携相机，特别是数码摄影的出现和摄影成为手机等移动设备的基本功能，使所谓专业摄影技术的优势被大大削弱。而公众借助社交平台的传播能力，使摄影成为自身综合能力的重要部分。因而，专业性不仅体现在认识水平、制造能力上，更体现在传播能力上。

专业摄影师确实“可以做到器材更精、机会更多、拍得更精美”，但技术进步使得非专业影像制作者可以拥有类似装备和制作水平。特定情形下人们更需要的是即时现场影像记录，这恰恰可能是专业影像制作者的劣势。没有新闻机构能假定重大突发事件发生时自己的专业拍摄队伍在现场，而今天，任何媒体都可以假定，这时一定会有随身携带着有拍摄功能手机的人们在现场。这就是传媒行业专业摄影部门被替代的内在动因。

（五）再专业化：与高传播性的有机结合

换一个角度再延伸探讨，再专业化至少包括三个方面。

1. 内容生产能力的高专业化

这就需要专业的内容生产者能够比公众对需求与产品有更高的体悟与理解，具有超出一般人的产品辨识能力和制作能力，专注于此，达到极致。只有在专业能力上高出一筹，才能有更强的竞争力。

2. 专业领域的超细分化

再专业化，就要求对所要满足的需求与方式再细分，前提是满足更便利。移动互联网产品的主流发展模式本来就是便利化替代。精神产品生产者的成功之道，往往是在某个细分领域内的作品超出他人。今天这个时代，百科全书式的大师级人物，可望而难求。而超细分，是移动互联网时代的新生存规则。

3. 表达能力的高传播性

移动互联网时代的到来，使得人们可以即拍即传，实现了内容生产的高传播性、高即时性，这进一步改变了内容生产专业性的内涵。新的传播平台，对专业内容生产者传播能力提出了更高要求，特别是即时传播能力。

三、再服务化：转型策略与战略选择

再服务化，既指媒体优化内容提供方式与便利水平，从而实现与人们需求行为和需求心理的高匹配度，更指媒体开始提供并更多提供服务性产品，以新的方式获取收益。未来，我们会看到媒体从提供服务性产品中获取更多经济效益、社会效益，免费附加增值服务的模式会被传媒更多地采用。

2014 年 4 月 8 日起，微软正式停止已延续了近 14 年的对 Windows XP（视窗操作系统）的支持服务。这事议论经年，已经引发了媒体多次报道。此事发生前几天，微软在旧金山开发者大会上透露，将向消费型智能手机和小型平板电脑制造商提供免费 Windows 操作系统，希望借此扩大移动版 Windows 系统的客户群，进而吸引更多人使用其付费云端服务。而以往，微软会向制造商收取每台设备 5~15 美元的费用。

这两则消息，从不同角度显示了微软生存思维的重要调整，即不仅要更新，更要寻求迭代更新。而向移动端免费，显然是微软进入移动互联时代的第一个重要选择。此前，微软于 2014 年 2 月 4 日宣布纳德拉接替鲍尔默成为微软第三任 CEO，同时创始人比尔·盖茨正式卸任微软董事长转作技术顾问，从而正式终结比尔·盖茨式的桌面互联辉煌时代。有评论认为，微软选择了向“设备和服务”公司转型的战略，云服务和企业市场是纳德拉的专攻所在，而移动和设备领域是纳德拉面临的最大挑战和难题。移动免费策略，不过是第一步。

我曾经看过王选先生于 2001 年发表在《群言》上的一篇文章，题目就是《最可怕的是错过一个时代》，他认为，网络是当今全球的发展潮流，将来不上网的企业只能等死。任何产品、技术都要考虑到互联网，错过一段时间可以原谅，但最可怕的是错过一个时代。也许，2014 年时把王选先生的话略改一下，在互联网前加上“移动”两字，同样是警世之言。如此，才能理解微软这样的巨头终于有了战略调整，才能理解百度为何花 19 亿美元买 91 助手这样一个移动应用分发平台。

移动互联网催生的新一轮代际更替已经到来，人工智能催生的更新一轮智能变革正在到来，如果要避免“错过一个时代”，眼前需要如何选择？在我看来，迭代更新的生存思维与走向再服务化，是媒体集团面对移动互联时代在战略层面的必然选项。

（一）新生存思维：瀑布模型与迭代更新

2014年春节，上海文广新掌门人黎瑞刚回归SMG后要以互联网思维重新整合上海大小文广的讲话曾经引起人们广泛关注。其实，人们很少注意他对问题的剖析，比如人才济济的SMG的节目创新能力为何下降，他分析称因为花圃里有很多盆景，相互的养分吸收不到，相互的根系也不沟通。因而，他提出的解决方案是把这些盆景全部打散，变成一个大花圃，再把制作人从中选出来，组成10到20个制作团队。超出很多人意料的是，在新的上海文广挂牌前，这样的“打散盆景，做大花圃”已经完成。

但对于在综艺节目领域也需弯道超车的SMG而言，面临的问题显然还包括，究竟这样的团队在以什么样的思维做产品。

传统的思维方式被称为瀑布模型。即先定义需求，然后构建产品框架，再做产品（在软件领域那就是写代码），接着测试，最后发布这个产品。在设计者看来，以精益求精的态度做了几个月，这样的产品已经具有高质量，然而，一旦产品被拿出去，目标受众可能并不认账：这是给我做的产品吗？

而在移动互联网时代，人们会发现，智能手机上的一个个客户端会不断要求用户更新。这种更新本身会给人们更好的体验，因为客户端设计者会不断提醒用户做了什么更新和完善。这被称为迭代更新。

迭代更新式的生产方式与瀑布模型的重要不同在于，假如确定某产品6个月交货，设计者会在第一个月就拿出一个产品，虽然很不完善，缺少功能又不稳定，但客户看后会提出修改意见，从而帮助生产者更逼近客户的显在与潜在需求，设计者得以拿出更新的版本。这样一步步更新来趋于完善。从草稿版本到最终版本，中间逐步完善而产生的各个版本被称为迭代。而迭代更新相比于传统生产方式，可能更逼近需求。

移动互联网时代，变化最大的是需求。这不仅是因为移动需求取代了静态需求，迫使提供者必须寻求与人们需求行为和需求心理的高匹配度才能成功，还因为人们的需求会不断地变化，这同样迫使为之服务的内容产品与服务产品不断产生迭代更新式变化。

冷静观察，微信朋友圈出现不过几年，其内容形态已经出现巨大变化。尽管其设计初衷是吸引人们尽可能上传照片，为此还隐藏了书写的入口，人们只能从照相机图标点进去才能发现在哪儿写字。但人们从最初在微信群与朋友圈里分享生活感受、家长里短，到现在越来越多地在其中分享高专业性、高价值内容，微信群与朋友圈成了学习、交流知识与方法的渠道，专业人士与专业信息源也因此更容易形成口碑和专业影响力。这种变化，每三个月左右就会较大程度地发生一次。这也直接促使微信订阅号、服务号的内容形态与产品形态随之发生变化。

在移动互联网时代，如何实现与人们需求行为和需求心理的高匹配度？首先在思维方式上应当摒弃瀑布模型，转向迭代更新式的思维方式。

迭代更新，就是移动互联网时代应当有的生存思维。

（二）再服务化：探寻新的生存依托

在物资短缺的时代，人们比较依赖的是实体商品；在买方市场时代，尽管熟谙互联网的人士娴熟于运用饥饿营销，但总体上人们对实体商品的依赖度在降低，转而更依赖服务产品或服务商品。

对于微软正式停止延续了 12 年的对 Windows XP 操作系统的支持服务，人们反应强烈的原因，其实不全在所谓的安全防护，而是久已习惯的不断推出补丁的服务消失了。这种多少有些依赖感的体验，与人们面对其他消费的感受迥然不同。不断推送补丁，虽然意味着原来的软件不完善，但人们并不怎么抱怨，因为人们不用对待某种有形商品的思维看待软件服务。人们反而乐意不断地被软件商提醒，软件应该升级了。

当年，微软曾经是超级先锋。微软曾提出，逐渐减少用存储介质提供软件，改用互联网提供软件。甚至比尔·盖茨曾经在北京师范大学附属实验中学与学生见面时说，微软将可能不再主要通过软件获取收益，而通过提供服务获取收益。那时，人们还不能充分领会受众中的变革意义，还难以想象这如何能够实现。而今天，微软将以更快速度向通过提供服务获取收益的方向走。通过移动系统免费来吸引更多人使用其付费云端服务，就是这种转向的体现。

传统的传媒赢利模式，是所谓二次售卖，即以尽可能低的价格（甚至免费）把内容售卖出去，在一定范围内引起足够强度的注意力，再将所聚集的消费者的时间（或注意力）卖给广告商或广告主。

而在移动互联网时代，内容的提供者出现了三元并进的局面：专业传媒组织在生产内容，受众也在提供内容，而且受众中的专业人士可以提供较高质量的内容。而利用社交平台的产品或服务提供者，也会制作、提供内容。这促使免费信息时代更快到来。

在这样的时代，传媒必将面临再服务化进程。这种再服务化，既指传媒优化内容提供方式与便利水平，从而实现与人们需求行为和需求心理的高匹配度；更指传媒会提供服务性产品，以新的方式获取收益。这种服务性产品，可能是内容产品向价值链上端的延伸，如提供咨询服务；也可能是完全基于满足新需求的服务产品，从而形成对原有线下服务的便利性替代。《纽约时报》2014 年 4 月推出的一款名为 NYT Now 的移动新闻应用，既从《纽约时报》中选择最重要的报道，还从其他来源挑选了最佳的内容。这个应用中，有两个信息流。一个是新闻提要信息流，按照重要性提供《纽约时报》的标题、照片和新闻要点；另一个是人工挑选的信息流，汇总了 NYT Now 编辑手工挑选的其他网站的照片和摘要，在形式和风格上类似于新闻机构发在 Facebook 上的帖子。后一种产品，实质上不过是《纽约时报》提供的一种选择服务。看来，《纽约时报》也在通过再服务化探寻新的生存依托。

电视购物只不过是电视机构的一种初级服务产品。更大的空间，一定会随着人们对受众需求行为与需求心理认识的再深化，而被重新发现。借此，电视机构能够寻找到新的生存依托。

第二节 专业内容生产体系变革：再社会化

微视频，绝不仅是一种新的视频产品，微视频的出现更意味着产生了一种新的内容生产方式。这种几乎人人可以参与的专业内容生产方式，是一种比 UGC 更具专业水准且比传统内容生产更具社会性、更容许自由参与的内容生产方式。微视频正在重新定义什么是内容产业。

数字科技发展、相关政策出台、东数西算等重大基础设施的建设，对数字化变革产生了强大推动作用。2000 年我曾经在一本发展经济学专著《西部对策——抑制返贫与中西部发展》中写过，重要政策出台和重大基础设施建设，都会对市场格局、利益格局产生重大影响，甚至使市场格局、利益格局重新调整。同样，与广义信息业相关的重要政策出台和重大基础设施建设，也可能引发对信息流通格局、传媒格局的进一步调整，引发大信息业及与内容产品生产、信息流通相关的采集、加工、传输、发布等环节的格局性变化。

数字化变革推动了融合进程，不仅给受众带来更多具有新媒体时代特征的内容产品，更会带来许多新的甚至今天还未见到端倪的内容产品与互动体验。深度融合变革不断演进会在大传播领域产生一系列联动效应。

一、UGC 专业化与专业内容生产社会化

传播模式正在发生的深刻变化，必然对内容生产方式提出新的变革要求。新的内容生产方式，可以用四点来概括，即柔流程、多终端、复使用、强互动。

（一）新内容生产方式的四个特征

1. 柔流程

所谓柔流程，就是新的内容生产方式需要具有足够灵活性、多用性、效益性的生产流程。当年，日本丰田汽车为什么能打进美国市场，靠的是两个东西：一是柔性生产方式或者叫精益生产方式带来的低成本和适应性，二是尽可能省油的设计。这种柔性生产方式，重组了供应链以及生产流程，实现了低成本与高效益。精益生产是美国麻省理工学院的专家对日本丰田准时化生产（Just in Time，JIT）生产方式的赞誉。精，即少而优，不投入多余的生产要素，只是在适当的时间生产必要数量的市场急需产品（或下道工序急需的产品）；益，即所有经营活动都要有益有效，具有经济效益。精益生产方式源于丰田生产方式，是由美国麻省理工学院组织世界上 17 个国家的专家、学者，花费 5 年时间，耗资 500 万美元，以汽车工业这一开创大批量生产方式和 JIT 生产方式的制造业为例，将丰田生产方式经理论化后总结出来的。精益生产方式的优越性不仅体现在生产制造系统，同样也体现在产品开发、协作配套、营销网络以及经营管理等各个方面，它是当时工业界最佳的一种生产组织体系和方式。

柔流程变革应该是传媒内容生产方式变革的核心。以传统报纸内容生产流程变革为例，报纸的内容生产流程不应只指向生产报纸这一种产品，而应是具有一定共用性的内容生产流程，生产可供多种终端使用的内容产品。这种内容生产流程的前端是可为多种媒体终端工具服务的具有足够适应性的多媒体采集方式，后端是可以使用这个流程生产出来的内容产品的多种终端。以柔性生产方式为基础，在采访的指挥环节、编辑的决策环节就可以做到传统报纸与互联网的结合。可以在获取新闻线索、素材过程中及拿到事件结果后，即刻通过新媒体和互联网报道。晚上做报纸时，是在使用已经使用过 n 次但又更丰富并加了分析判断的新闻素材和成品。这种生产方式，已经有多种报纸在实践。

中国报业的习惯生产方式，是等报纸编审完成后才把相关内容放到自己的网站上，仅仅把网站当成产品展示平台，而不是一种可以与传统报纸互补的影响平台和竞争工具。报纸办的网站最起码应当是对报纸时效性的弥补手段，做不到这一点，至少说明其生产方式和生产流程需要调整。

2. 多终端

多终端应当是新媒体时代内容分发模式的基本理念，是内容产品利用的基本模式。适应柔性生产流程的，一定是多终端分发方式和内容产品利用方式。多终端在现行内容生产方式下也是可行的。目前，报纸印刷之前的倒数第二、三个环节，所有内容已经变成电子信息，完全可以实现多终端分发。

但多终端并不是被动地分发，而会对内容生产和内容产品形态提出新要求。这种要求就包括内容产品的标准化。国外有新闻机构要求其记者的新闻作品必须标准化，比如，导语包括主要新闻要素，但不得超过20个英文单词；其后一段比导语内容更详细一些，但仍有单词数量限制；然后是消息的主体，依然有单词数量限制。这种标准化的新闻稿件，在编辑系统里就可以实现自动分发。导语可以直接被系统自动抓取，通过手机短信之类的终端分发、传播；导语后的一段可以被自动抓取，通过网站分发。而消息的主体，则适用于其他容纳空间更大的媒体终端。基于内容产品在写作阶段的形态标准化，就可以借助编辑系统的设定而自动完成面向多终端的分发。

多终端分发，特别是自动分发模式，会促使传统媒体的组织形态发生重大变革。在内容生产过程中，程序对标准化生产的稿件进行自动抓取，分发就已经在进行了。这种多终端自动分发模式的分发环节被渗透于生产流程的各环节，而不像印刷时代那样只在末端分发。在多终端分发促动下，传统媒体与新媒体会在组织层面走向更高程度的融合与协作。报社与其所办的网站在生产流程上融为一体，则可以更有效地发挥新内容生产方式的效能。

3. 复使用

多终端分发，强调内容生产流程要增强适应性，在生产流程多个环节实现内容产品的分发。复使用，强调有效提高同一内容产品的复用指数，努力实现内容产品的多用性，即内容产品可在多种终端使用、可多次使用。

通过稿件结构与内容的标准化增强内容产品的共用性，仅仅是有效提高同一内容产品复用指数的一种方式，相应地还有其他许多方式。举例如下。其一，再加工模式，如从长视频至微视频的加工。这是因为，不同状态下人们愿意选择下载观看的视频的长度有明显不同，为方便受众在移动状态下通过移动终端观看视频，平台就需要将长视频再加工。不同状态下人的注意力集中时间是明显不同的。传统电视连续剧多是 45 分钟一集，这与在明亮环境下成人的注意力有效维持时间有关。虽然这与中小学一堂课的时间长短大体相同，但好的中小学教师都深知，给小学生讲 15 分钟、中学生讲 25 分钟就要转换方式，要通过让学生做板书、回答问题等方式维持注意力。移动状态下通过移动终端观看视频，有明显的限度，除非是在用移动终端跟踪观看一个直播或连续剧。其二，数据库模式，即把内容产品按一定分类结构化，放到数据库中。在线数据库实际已经是最有影响力的传媒形态之一了。把内容产品数据库化，显然可以增加内容产品的使用次数。

4. 强互动

互动是人的天然需求，是人组成社会的内在动因。数字技术给人们在更大空间范围、更多时间维度、更多沟通层面以更多沟通手段、更多互动方式实现互动沟通的可能。这在新的意义上实现了对人性的解放。这种互动，促使人与社会、人与信息、人与传媒的关系更深刻地发生变化。

互动不是新媒体的专利。传统媒体曾有有效的互动方式。比如，报社曾经成麻袋地收到读者来信，并以发表读者来信作为互动的有效手段。广播、电视率先开始利用电话和短信平台互动，体现了电子媒体与新媒体的结合和融合。而互联网及以互联网为基础的新媒体，则使互动成为媒体内容生产和分发方式的基本规则。

尽可能地实现有效互动，以互动作为基本运营手段，这就是新媒体时代的竞争规则。

（二）专业内容生产社会化的演变指向

在移动互联网浪潮推动下，微博、微信、客户端、小视频平台等呈现出更强烈的交互特征，改变了新媒体演变的基本走向，使得媒体从信息提供型走向关系运营型，使媒体竞争格局出现了新的走向。

今天，内容生产者面临新的竞争格局，可以说出现了“三元”并进的局面。其一，专业传媒组织作为专业内容生产者依然是竞争格局中的主流。其二，受众提供内容，即所谓 UGC。但值得注意的是，各个领域的专业人士正在借助社交平台提供较高质量的内容。其三，社交平台上的服务产品提供者免费提供内容，吸引人们去使用他们的服务产品。

因此，在这样的时代，内容生产方式正在发生重要重构，即走向新型专业内容生产。这种专业内容生产，几乎人人可以参与。许多专家学者都在社交平台上开设了自己的账号，都在提供专业内容。因此，总体来看，内容产业正在被重新定义。事实上，这样的专业内容生产方式，已经介入传统媒体的内容生产流程中。

总体上看，专业内容生产社会化呈现出四个基本特征。

1. 内容生产活动的高参与度

所谓内容生产方式革命，首先就表现在摄影上。过去，摄影是一个专业，毕竟一般人不懂得如何摄影；后来，摄影变为一个职业，处在这个职业岗位上的人拍摄技艺更高超一些；现在，摄影是人人都可以参与的事。数码摄影的出现，使摄影技术难度降低了，从而使摄影从一个专业蜕变为一个职业，而互联网的出现，使摄影变成日常生活的技能之一和乐趣所在，人们甚至为了在互联网和社交平台上分享而用手机拍照。这种高参与度，体现着互联网的精髓，对摄影师个体形成一种竞争，但对摄影则是一种再造和振兴。这种高参与度决定了摄影有更为强劲的内容生产能力和需求基础。

摄影之后，就是摄像。从专业摄像机的小型化，到专业视频生产的个人化，是必然的演变过程。其结果，就是微视频与微电影这样的内容产品广泛出现。从学生把微视频作为实习作品，到微电影与微视频成为市场风行的专业产品，内容生产方式革命正在进行。人人可以拍视频，这样的高参与度背后，是人们更多地出于内心需要去拍，而不是出于职业需求。高参与度，使人们的作品有了更为便利的价值兑现渠道，但依然有无数人只是为了满足内心需要而拍摄自己心目中的作品。高参与度，决定了今天的微电影与微视频，有更为强劲的生产能力与需求基础。

2. 内容生产组织的高社交化

基于互联网平台，人们拥有了超出想象的信息获取与分享渠道，也拥有了具有极大发现、聚集能力的合作平台。通过专业论坛和网站，借助微信等移动社交平台，无数新社群形成了，其活跃程度不亚于传统社团。基于互联网平台，形成了多种商业性内容生产组织，比如这些年来引人注目的由自媒体人组成的各种社群。这样的社群以及个人工作室都可以直接对接市场。

同样以摄影为例，基于互联网平台，摄影者拥有了超出想象的信息获取与分享渠道。21 世纪初，任何一本专业摄影杂志能够聚集起来的读者，都已经远远少于摄影论坛。今天，更是如此。在摄影领域发生的事件，在其他领域同样会发生。何况，今天借助微信等社交平台，摄影者之间形成了无数新社群。在传媒以外的领域，人们借助微信等平台形成了更大规模的社群。

3. 内容生产过程的高生活化

基于随处可以利用的移动社交平台与便携智能设备，人人随时随地可以进行拍摄活动，微视频生产与日常生活紧密融合，创作欲望与需求欲望紧密结合，专业生产与人生爱好紧密结合，这给了微视频更为强劲的生命力。而其中一部分微视频制作者具有较高专业水平，这使得传统电视机构可以有新的选择推进制播分离。2013 年 5 月 30 日，美国《芝加哥太阳时报》开会宣布裁掉整个摄影部，解雇全部的摄影记者和摄影编辑，共计 28 人，其中包括普利策奖获得者约翰·H. 怀特。这位怀特先生曾随美国自由论坛（Freedom Forum）新闻摄影讲师团于 1996 年来华访问，在北京、武汉和上海做过三场讲座，有近千位中国摄影记者听过他的课。他虽临近退休，但也被宣布立刻下岗。报社摄影部被解散的直接原因，正是因为具有了可替代性。专业摄影生产社会化的直接影响，使传统摄影生产组织的竞争力与存在必要性大为降低。这对专业摄影人的职业稳固性产生了持续冲击。

这样的变化，同样发生在视频生产领域。社交平台对于专业传媒内容生产的介入，在电视等领域更为强劲地出现。2014 年 4 月 20 日是“4・20”雅安地震一周年。地震当天，新华社的音频新闻素材是前方记者坐摩托车向里突进时，以语音短信传过来的他们看到、了解到的情况；视频是当地的人们通过微信平台传过来的，满足了突发事件之初媒体对画面的需要。而被派去的专业电视记者和卫星直播车被堵在路上，到不了第一现场。就这样，微信平台上的个人聊天群变成了一个报道协同平台，变成了一个发稿通道，最终变成了内容生产体系的一部分。

生产方式重构正在多个领域清晰地展现，只不过人们还没有从新的角度去充分认识它。

4. 内容生产运行的高匹配度

适应移动互联网的新满足逻辑，至少包括一个关键、两个核心要素。一个关键，就是匹配，匹配才是互联网的关键词。两个核心要素，就是便利性匹配和超细分匹配。便利性匹配，意味着服务提供方式必须与人们在移动状态下的心理和行为方式相匹配，甚至质量过剩也会影响人们的使用耐心；超细分匹配，意味着必须更进一步明确人们的类型需求与方式需求，才能实现有效匹配。这从另外一端促进了传媒内容生产的再专业化，这样的匹配才不是愿望与概念上的匹配。

二、防范谬误衍生是把控数字内容生产的关键

数字内容生产的特殊性不仅在于这种方式引用了多种技术手段，运用了多种表达手段，更在于其越来越呈现为借助数字科技，特别是人工智能技术而连续生产、自动生成。就内容质量把控而言，需高度关注可能出现的几种谬误衍生。

一是合成谬误。为适应移动媒体特性和人们需求的变化，人们习惯运用多种表达手段制作数字内容，但即使数字内容本身使用了多种表达手段与表达形态，也未必能增强表达效果，有时反而减损了表达效果。数字内容生产者未必能意识到这种减损是如何发生的，又该如何抑制。毕竟，数字内容往往是文字、音频、视频、数据等多种表达形态的集合。单独评判每一种表达手段都可能是适宜的，但应用到一个数字内容产品中却可能出现合成谬误。所谓合成谬误指将分别使用时效果得当的手段，合到一起使用时所产生的效果却是不得当的，就局部而言合理、有效率的选择，合起来却是一个谬误[①]。

二是数字内容生产连续进行、自动生成、不断累积的特性，可能导致所生成内容中的微小误差不断累积而构成大错，也许可称为累积谬误。

三是数字内容生产连续进行时极个别的异常点可能导致生成结果存在隐含偏差。

四是不断深度学习的算法所运作的结果可能会偏离预设或出现令设计者难以解释的某种结果。

数字内容生产具有舆论属性与社会动员功能，因此其内容导向与质量把握需要特殊要求。在数字科技特别是人工智能技术不断用于数字内

① 诺贝尔经济学奖获得者萨缪尔森以合成谬误概念阐述公共改进理论。露天剧场里人们争相站起来看演出，这对每个人来说都有好处的举动，最后却使所有人都受损，即为合成谬误。而剧场内的阶梯形设计，就是一种公共改进，既是设施设计，也是一种制度设计，可防止观众争相站起来的合成谬误产生。

容生产的今天，防范谬误衍生就成为把控数字内容生产的关键。

（一）数字内容生产的六大特征

数字内容生产虽然依然是内容生产，但与传统内容生产相比有六大重要特征。

1. 数字内容生产是多能性内容生产活动

所谓多能性，既是指在数字内容生产活动中，需要借助多个领域的知识与技能完成内容生产，需要生产者运用多种能力，使用多种传统和数字技术手段，需要多个特定功能岗位的协同合作，即使个人性数字内容生产也需要传播环节多个岗位的协同配合；也是指在数字内容生产中可以获得多种数字内容成果，素材既可成为直接用于传播的内容，也可以通过复用、添加、简化、叠加、组合等多种手段生成新的内容。数字内容生产的多能性，使数字内容素材的利用效率远远高于传统内容生产。

2. 数字内容生产是多元性内容生产活动

所谓多元性，是指在数字内容生产中要融入更多元素，要考虑目的的多样性，既要传递实质信息，又要考虑表达形式、情感融入、个性体现和传播渠道的规则要求。实质信息以外的部分，是数字内容不可或缺的部分。

数字内容生产的多元性还体现在在数字内容中加入一些隐藏表达的元素，以达到特殊目的。比如嵌入特殊代码，形成人们看不见的“数字水印”，以获知用户偏好、使用情况等。数字科技对于获知用户偏好、使用行为相关数据的赋能在不断提升。随着获取的数据越来越多，人们逐渐意识到那些看起来零散的数据可以拼出一个人的生活图景和生活轨迹，于是必然会寻求规制以实现某种程度的平衡。特殊代码用于内容标注可以提升内容存储的颗粒度。添加特殊代码对影像内容进行更详细的标注后，就可以支持搜索引擎精细地响应搜索请求，有效提升“搜索式获取、相近性提供”等内容传播方式的精准度[①]。

正是因为数字内容生产具有多元性，所以数字内容比传统内容承载了更为丰富的信息和功能。

3. 数字内容生产是即传性内容生产活动

所谓即传性，是数字内容生产活动的最外在特征，也是与传统内容生产活动相比最容易被感受到的特征。正是因为数字科技帮助实现了即拍即传、即制即传、即写即传，所以从事传统媒体的人们可以更直观而强烈地感受到新闻传播的报道时效和反应效率，从而愿意接受被数字科技改变了的内容生产方式和工作流程。

4. 数字内容生产是平台性内容生产活动

所谓平台性，指数字内容生产往往以数字技术平台为制作平台，以互联网平台为传播依托。客观地看，构建具有内容集聚、推荐分发、社交便利、需求感知等功能的数字平台，并形成以数字平台为中心的生态体系，是数字科技给内容生产与传播、商品销售等领域带来的最大冲击和引发的最大变化之一。因而，能够构建并运用数字平台竞争，才有机会成为互联网巨头。而利用数字平台的能力则成为其他内容制作或传播主体的竞争力的重要部分。虽然，数字内容制作可以借助电脑、软件等工具由个人或少数人完成，但实质上，公众提供的数字内容不管是文字、短视频还是直播，最终都需要通过某个互联网社交平台、电商平台、游戏平台等才能实现传播，才能触达受众。

5. 数字内容生产是公众性内容生产活动

所谓公众性，是指数字内容生产往往由许多普通人以个人或团队参与的方式进行。传统内容生产虽存在个人性内容生产（如文章写作、照片拍摄），但更多是在专业组织内的专业内容生产。媒体就是专职从事内容采集、制作、传播的专业组织。

人们过去经常以 UGC 来描述或概括互联网时代用户或者受众参与

① 学术数据库已经成为学术传播的主渠道，学术数据库的传播方式就是“搜索式获知、相近性提供”。

内容生产，即主要通过以某种方式激励用户生产内容来支撑一个社交平台或社区的活跃度，以博客论坛为主要代表，任何一个用户都可以在平台上创造内容供人分享。为什么人们愿意在社交平台上如此高频、大量、习惯性地提供内容，因为当某个社交平台成为人们基本社交媒介后，人们会把制作、分享数字内容当做社交行为，当做维系和拓展社会关系的选择。分享内容是社交，分享内容能够维系、促进社交，社交本身就对分享内容形成了激励。

正是这种社交激励和数字平台提供的其他激励，促使更多的人员参与到内容生产与分享中来。因而，透视数字内容生产的公众性特征就可发现，其基础是个人性，是基于个人兴趣、意愿、机会、能力或激励进行内容生产。数字平台提供的制作工具和分享的便利性越高，用户使用平台进行数字内容生产的门槛越低，在传播中获得的正反馈就越强烈，就会有越来越多的人参与内容生产，平台内容就呈现出越来越强的公众性。

数字内容生产公众性的另一基础是协同性，这是不可忽视的。它包括，参与内容生产的个人会以各种方式协作、合作，也包括各种主体出于各种需要会催生多种协作、合作，如已经出现的多种众包、在线协同等方式。

6. 数字内容生产是交互性内容生产活动

所谓交互性，既指数字内容生产的相当一部分是内容生产者与用户在互动中进行的，又指互动感、交流感深深嵌入数字内容生产者的理念和潜意识中，使数字内容在多个层面表现出与用户的交流、互动，从而深刻体现数字内容的交互传播特性。互联网的基本特征之一就是便于交互。尽管电话等已经可以帮助传媒与受众互动，甚至在直播中实时互动，但这与互联网能够实现的交互水平还是有重大差异的。而社交平台成为内容生产、推荐分发、社交维系的基本平台之后，数字内容生产与社交平台的相关性更为密切，数字内容生产的交互性体现得更为强烈。因而，如果仅仅停留于“传播”思维，不能领悟“交互传播”，就很难说实现了媒体深度融合和数字内容生产。

（二）新冠肺炎疫情数据差异与数字内容生产中的谬误衍生

某一时刻美国新冠肺炎疫情累计确诊共多少例？这个简单问题，在不同的数据平台上，可以看到相距甚远的数据。

在百度搜索全球新冠肺炎疫情，直接跳出来的就是固定格式的新冠肺炎疫情大数据报告。2022 年 3 月 20 日下午查询，百度标注为数据更新至 2022 年 3 月 20 日 16点52 分的查询结果如下。全球新冠肺炎疫情：新增确诊 1 765 538 例，新增死亡 5 160 例，现有确诊 62 382 657 例，累计确诊 468 947 550 例，累计死亡 6 087 489 例，累计治愈 400 477 404 例。美国新冠肺炎疫情：新增确诊 37 707 例，新增死亡 1 064 例，现有确诊 23 283 227 例，累计确诊 81 404 135 例，累计死亡 997 845 例，累计治愈 57 123 063 例。与当日上午查询结果相比，美国新冠肺炎疫情数据无变化，全球新冠肺炎疫情数据除当日新增确诊病例数无变化外，其余五项皆有变化。可见平台根据所抓取的结果自动更新了全球新冠肺炎疫情数据中的后五项。

2022 年 3 月 20 日下午同一时间查询世界卫生组织与约翰斯·霍普金斯大学两个数据源，所获数据有较大差异。世界卫生组织网站提供的数据显示，截至 2022 年 3 月 18 日欧洲中部时间 19 点 33 分，全球新冠肺炎疫情：确诊 464 809 377 例，死亡 6 062 536 例；美国新冠肺炎疫情：确诊 78 932 322 例，死亡 960 935 例。与当日上午查询结果相比，各项数据均无变化。2022 年 3 月 20 日下午同一时间查询约翰斯·霍普金斯大学新冠肺炎疫情实时统计数据发现，截至 2022 年 3 月 20 日 16 点 20 分，全球新冠肺炎疫情：确诊 469 731 013 例，死亡 6 074 611 例；美国新冠肺炎疫情：确诊 79 728 172 例，死亡 971 087 例。与上午查询结果相比，各项数据都有变化。

对比百度、世界卫生组织、约翰斯·霍普金斯大学三个数据源同一时间的查询结果，我们发现差异是巨大的。其中美国累计确诊数据分别为 81 404 135 例（百度）、78 932 322 例（世界卫生组织）、79 728 172 例（约翰斯·霍普金斯大学），相差已是百万之多，这显然不是由于数据更新时间不同而产生的差异，而是在数据不断更新过程中由微小差异累积而形成的巨大差异或衍生谬误。客观而言，三个不同数据必有谬误存在。

世界卫生组织是联合国下属的一个专门机构，总部设在瑞士日内瓦，只有主权国家才能参加，是国际上最大的政府间卫生组织。世界卫生组织发布的全球新冠肺炎疫情数据，是汇总世界卫生组织成员政府卫生管理机构所报告的过去 24 小时新增确诊和死亡数据。美国约翰斯·霍普金斯大学的新冠肺炎疫情地图（COVID-19 Map by JHU）于美国东部时间 2020 年 1 月 22 日首次在推特上发布。2020 年 1 月 22 日至 31 日，疫情地图数据收集完全靠手动进行，每日早晚分别公布一次。3 月 23 日疫情地图数据更新模式升级为自动抓取、先自动发布、再人工校核的方式，每 15 分钟更新一次。这种方式产生错误的概率是客观存在的。据报道，2020 年 4 月 13 日，“一亩三分地”平台一位志愿者手动输入错误：将 103 错误输成 102 103。尽管该错误在 12 分钟内就被予以纠正，但约翰斯·霍普金斯大学的新冠肺炎疫情地图抓取了“一亩三分地”的数据，疫情地图的异常数据检测系统（Anomaly Detection System）没有检测到数据源存在输入错误，即自动发布、迅速传播。

约翰斯·霍普金斯大学的新冠肺炎疫情地图因其实时更新、数据与位置相关联等因素影响巨大，是各国政府、研究人员和主流媒体引用最多的新冠肺炎疫情数据来源。中国最有影响的电视新闻节目《新闻联播》引用世界卫生组织数据报道全球新冠肺炎疫情情况，引用约翰斯·霍普金斯大学实时统计数据报道美国新冠肺炎疫情情况。2020 年 3 月 21 日，《新闻联播》节目在口播中第一次引用约翰斯·霍普金斯大学新冠肺炎疫情统计数据。2020 年 5 月 12 日，《新闻联播》第一次以固定格式图版引用约翰斯·霍普金斯大学新冠肺炎疫情实时统计数据，报道截至当日某个时点的美国新冠肺炎疫情数据，此后一直延续而无一日间断。再加上其他新闻机构、新闻栏目中对约翰斯·霍普金斯大学新冠肺炎疫情统计数据的引用，该统计数据成为在中国最有影响的新冠肺炎疫情数据源。

自 2020 年 3 月 21 日《新闻联播》口播报道引用了 JHU 疫情地图数据，至 2022 年 5 月 12 日 JHU 疫情地图作为数据源被连续使用 783 天；其中前 52 天只是口播，自 2020 年 5 月 12 日始，连续 731 天在固定格式图版中注明 JHU 疫情地图是实时数据来源。2022 年 5 月 13 日至 6 月 4 日之间，《新闻联播》不再连续而是间或在报道中在固定格式图版中注明使用 JHU 疫情地图数据；自 2022 年 6 月 5 日起，不再报道全球新冠肺炎疫情。

当今世界，比一般新闻资讯、观点更隐蔽、更具有战略意义的施加影响方式，是通过对数据的收集、控制、发布、解读等，对国际政治、经济、社会的运行产生实质性影响，进而使得重要数据的收集、控制、发布、传播成为具有战略意义的竞争要素和竞争领域。尽管新闻作品、研究报告、政府相关文件常常使用数据作为对事实本身的描述，或作为对所要发布事实和观点的支撑，但数据构成本身、表达方式和发布方式等，对人们接受、采信这些数据是有很大影响的。换句话说，不同的数据构成和发布方式，潜藏着不同的影响逻辑，也具有迥然不同的影响力。同样，在数据收集、控制、发布过程中由微小差异的累积所造成的谬误，也相应会产生巨大影响。因而，防范谬误衍生，就成为数据产品、特别是数据流产品质量把控的关键。

（三）数字内容生产把控的特殊要求

数字内容生产不同于传统内容生产，为防范谬误衍生可能造成的难以估量的影响，人们需要在理论研究基础上，把握新规律、设计新制度、构建新流程。数字内容生产作为即传性内容生产，更需要有效的实时审控、智能校控和及时补救的制度和手段。

从把控数字内容生产的维度看，即传性内容生产的特点和把控难点至少体现在四个层面。

一是无须转换、径直传播。客观上，其生产与传播流程中如果不经特殊设置，甚至可以没有纸媒生产流程中的印刷、发行这样的中间环节。

二是即时生产、即时传播。现有的拍摄设备借助 Wi-Fi 已经可以实现“即拍即传”，即摄制的同时进行传播。这对数字内容的把握提出了新的挑战。以往重大报道中负责核心现场拍摄的中央新闻单位会设置有编辑审核环节的“即拍即传”，既实现了很好的时效性，又可实现严格把控。

三是无须停顿、直接传播。直播报道的出现是内容生产和传播活动的重大变化。电视直播是需要精密组织、专业性很强的报道活动，而网络直播，特别是利用社交平台和手机的新媒体直播，更淋漓尽致地体现了直播的优势与可能的风险。

四是不再停顿、一直传播。数字内容生产不再是一件件地生产内容，也不是一场场直播，而可以是一直在直播，因而出现了慢直播等报道样态。

面对即传性越来越强的数字内容生产，需要针对性设计把关人实时审控的岗位、制度和技术手段，智能校控和及时补救的制度和手段。只有形成以此为基础的整套数字内容生产内部质量控制、外部监管体系，才能够在人工智能越来越多地介入数字内容生产的环境下，有效防止谬误衍生。

第三节　发展模式：再体系化

数字变革并不仅仅体现在媒体自身，实际上还深刻体现在如何定位媒体与社会的协同关系。媒体与社会之间不仅是传播与被传播关系，还会在社会生产体系中形成协同关系。因此，媒体发展模式的变革，就呈现为再体系化。

一、深刻把握新媒体时代的媒体形态变革

电视正在发生什么样的变革?

关于“未来电视”的提问，与其说是对电视未来的追问，不如说是对今天变革中的电视向何处去的追问，是对电视演变方向的关切，是对电视理念的思考。也许可以说，这个问题的核心，是新媒体时代电视将如何变革。

（一）电视形态变革：基于载体又超越载体

电视是技术发明与创造的产物。但推动电视发展与演变的力量，从来都不是纯技术。电视是视觉化表达与传播的载体，其对技术的选择基于适应人们不断增强的视觉化表达需求。因此，电视会以超越技术变革的方式发展，在集成、组合各种手段的同时不断演变。历史地看，电视业的发展历史就证明了这一点。

正在改变电视形态的，主要是四方面的技术应用。

1. 电视再现技术

这里的电视再现技术，包括电视摄制技术和电视终端再现技术，即电视机。不断发展的电视再现技术在不断增强电视的表现力和影响力。

虽然，电视摄制技术的试验可以追溯久远，但电视机的出现与电视广播的出现不到百年。

1928 年 7 月 3 日，在伦敦一个摄影棚，约翰·洛吉·贝尔德研制出的彩色电视机上出现了红色和蓝色领带，出现了警察的头盔、吐舌头的男人的脸、带火的香烟、蔷薇花束。虽然，贝尔德的电视是用机械装置去“扫描”或者说分解图像，仅有 30 条宽谱，但毕竟彩色电视机出现了。后来，许多工程师继续进行电子电视系统的研究与开发。他们中包括苏格兰工程师 A. A. 坎贝尔 - 斯温顿以及俄裔美国科学家弗拉基米尔·兹沃雷金。他们开发的电视系统都有一样相同的东西，即阴极射线管。

1928年，美国纽约31家广播电台进行了世界上第一次电视广播试验，由于显像管技术尚未完全过关，整个试验只持续了30分钟，能收看的电视机也只有10多台。但电视广播毕竟已经开始，电视更是以其将多媒体组合于一体的魅力走到了传媒竞技场的中央。1936年，在伦敦诞生了第一家广播电视台，BBC台。1951年，三枪荫罩式彩色显像管和单枪式彩色显像管出现。1954年，第一台全晶体管电视接收机诞生。

1958年3月，中国第一台国产电视机由天津无线电厂研制成功。1958年5月1日，央视前身——北京电视台试验播出电视节目，当时全国大约只有20台黑白电视机。

1966年，集成电路电视机出现。三年后具有电子调谐装置的彩色电视接收机诞生。其后，彩色电视成为主导。电视技术一步步走向模拟技术条件下的辉煌。

到20世纪90年代，数字电视开始运营，进一步加速了电视的变革。

电视再现技术的发展，使电视成为超越文化水平、可以共同观看的新兴传媒。

2. 电视传输技术

这里的电视传输技术，包括使用电缆、微波和卫星等远距离中继技术传输电视信号。

最早的电视传输技术是基于有线的。后来，微波等无线远距离中继传输被广泛用于电视信号的传递，使得电视成为广区域媒介，而不像早期一样仅限于一个地域。电视网在美国的出现，其技术基础就是远距离传输技术。

但对电视形态影响最为深远的是卫星作为电视信号传输中介。1962年，美国发射了第一颗电信卫星，这使得电视可以实现全球传输。

在运用远距离中继传输技术前，电视只是本地传媒；在应用远距离中继传输技术后，电视成为广区域传媒，而卫星使电视成为全球性传媒。

3. 电视分配技术

这里的电视分配技术，主要是指将电视信号送达用户的有线网络技术和直播卫星技术。

美国于 20 世纪 40 年代末在一些非常偏远的农村开办了一种“公用天线电视”系统。到 20 世纪 60 年代，有线电视开始在美国一些中小城市出现，主要转播邻近大城市电视节目。1975 年 9 月，继美国三大广播网（美国广播公司、哥伦比亚广播公司、全国广播公司）上星后，美国最早的有线电视机构“家庭影院”有线电视广播公司（HBO）首次使用“电星一号”定时传送节目，日本、英国、法国、德国、意大利等国的有线电视也走了类似的道路。有线电视与卫星通信的结合使有线电视台的服务范围由一个地区发展为全球。

对电视发展影响更大的是直播卫星技术的发展。1994 年美国休斯通信公司旗下的直播电视公司（DirecTV）首先推出直接入户的数字卫星电视。之后，其发展到在三个直播卫星轨道上拥有多颗直播卫星，上星节目超过 1 000 套，用户占全世界数字卫星直播用户的四分之三以上。

有线电视的出现，使电视成为家庭娱乐中心，而直播卫星的进一步发展，使电视成为全球伴随性媒体。人们可以像接收卫星定位信号一样，不间断地在全球接收同一电视信号。

4. 电视终端技术

这里的电视终端技术，主要指电视的终端载体。总体上看，电视终端技术正朝着大型化与便携化两端发展，正朝着多载体的方向发展。

所谓大型，是指利用各种新技术的户外显示屏。所谓便携，是指传统意义上的便携电视机和新媒体意义上的可以接收电视节目的便携终端，它们包括流媒体式的手机电视、广播式移动电视和将来可能出现的可接收直播卫星信号的便携终端。目前，移动多媒体广播的出现，已经使电视出现了多载体的趋势。

从技术载体来区分，新媒体大致有四类。一是基于互联网的，如门户网站、搜索引擎、即时通信工具等；二是基于通信技术的，如手机短信、流媒体式手机电视；三是基于广播电视的，如广播式手机电视；四是基于卫星的，如直播卫星。这四类中，前两类的影响，人们已经深刻地体会到了。它们拥有强大的内容聚集能力和用户聚集能力，因而，也获得了较强的经济实力。依据中国人的特点和需要所产生的一些新媒体功能与服务，具有较强竞争能力。至于卫星对新媒体的影响，我们还需要扩展想象空间。北斗卫星导航终端在“5·12”汶川地震中展现的可发短报文的功能已经让人们看到了新的空间，看到了多年前开通的手机短信的影子。而当直播卫星技术进一步发展，通过更小的天线就可以观看电视后，可以接收直播卫星的电视接收终端就可以进一步便携化，电视将步入新的发展阶段。

面对以网络为基础的新媒体的日益逼近，电视的未来不是真的“嫁给网络”，成为网络的视频业务。电视要想在博弈中保持竞争优势，就必须适应移动化、多载体、便携化的发展趋势。毕竟，媒体移动化是大趋势。

（二）电视理念变革：从传播平台到整合传播平台

当电视进入历史舞台时，人类就进入了视频时代。近百年来，电视的节目形态、运作方式也发生了多次代际变化。最终，电视不断迁移，与网络、手机这样的终端，与楼宇电视这样的发明相结合，形成新的载体与传播方式。但归根到底，电视的基本特征还是专业人士制作、大众观赏接受。

而以 YouTube 为代表的视频分享网站的兴起，象征着新视频时代的到来。所谓新视频时代，就在于把视频需求与分享式提供结合起来。视频分享网站就提供了这样的分享平台，在满足需求的同时，还在引导需求、创造需求，在孕育一种新的传媒运作方式。毕竟，依靠分享的理念与一个足够强劲的网上平台，就能造就一种汇聚天下视频资源的机制，这种机制可以以几乎免费的方式获取被传媒人视为“王”的内容资源，并以这种内容资源吸引足够多的观察者和分享者，从而产生不容忽视的影响。分享平台满足了在技术进步与信息消费方式变化背景下的人们复杂的心理需求与信息需求。实际上，分享平台既是一种运作方式，又是一种机制，首先满足的就是人们的心理需求，即“我”看到了，在分享着，其次才是得到了什么信息。

视觉化表达是人类的一种本能。岩画作为历史最为悠久的人类文明承载物之一，其意义和所传递的信息，至今都很难说已被人们完全解读。蒙昧时代之后的每一个历史阶段，尽管文字化表达一步步走向主流、一步步发达，但视觉化表达一直都是人们传递复杂、微妙情绪与认识的首选。无论是文人画，还是街头涂鸦，抑或动漫，都不过是视觉化表达的体现方式。与文字表达相比，以画面表达，既直观，又巧妙。其实画面，不管是流动的视频还是静止的照片，都比文字描述传递内容更多、更复杂一些，有时更自我一些。因而，只要有条件，人们总是希望可以借助画面、欣赏画面。互联网时代来临后更是如此。互联网把人们心中潜伏着的视觉化表达欲望激发了出来。

YouTube 的视频与以往的网上视频不同，在 YouTube 平台上，不再由专业的视频制作者提供内容供公众欣赏，而是由大众提供、大众分享。这正是所谓的分享式提供，即为了分享而提供，点击所提供的内容从而分享。这就与以往视频网站的运作方式有了较明显的区别，与那种把传统电视的制作理念、运作方式平移到互联网上的做法有了明显不同。

从电视变革的视角观察 YouTube 的诞生与运作，就会发现 YouTube 恰好把自己放到两个传播路径的交叉点，即视觉化表达与分享式提供。这是偶然所得，还是一种自觉的选择？看来已难有人能解说。视觉化表达与分享式提供的结合，实质上是传统力量与数字媒体式运作方式的结合。它催生了一种新的运作方式。这种运作方式实质上是正在孕育的数字媒体运作模式的基础。

这种模式带来的启示之一，就是为适应新媒体的竞争，媒体的运作理念应当发生深刻变化，要从独立传播平台向整合传播平台转变。仅仅依靠自我力量采集、制作内容，不能适应今天的多样需求。通过一定的机制和物质载体，整合各类内容资源，聚合具有共同指向的需求，才能适应与新媒体的竞争。最简单地说，突发事件发生时，不能假定摄影记者一定在场，却可以假定一定有一个带了可拍照手机的读者或网民在场。通过一定的机制把他们的偶然所得收集起来，既丰富了内容资源，也满足了他们表达的欲望。

所以，帮助分享就是一种整合。这是新媒体成功的秘诀。电视的未来必受整合的影响。

（三）电视传播变革：从线性传播到单元传播

传统的电视传播方式，可以说是线性传播，这既是指节目编排方式，也是指人们习惯于把电视视为渠道式媒体的线性运作思维。而在新媒体时代，电视的内容处理模式和传播方式正在发生变化，要从线性传播走向单元传播。

1. 人与电视：电视特性的三个变化

传媒移动化，是适应技术与生活的重要变革。它既包括接收工具移动化，也包括接收地点移动化，即摆脱在固定地点接触电视的传统模式。接收地点多元化已经在改变电视，改变人与电视的关系模式，促使电视发生深刻变化。从人与电视的关系角度说，电视已经是个人化的电视、偶遇式的电视、移动着的电视。

所谓个人化的电视，是说电视越来越脱离其家庭共同信息终端和娱乐工具的传统特征，逐渐成为个人化接收工具。看电视越来越成为个人行为而不是家庭行为。而在 20 世纪 80 年代，电视大规模进入家庭，看电视更多的是家庭行为，是家人共同的选择与共同生活的重要部分，是家庭聚会、家庭娱乐等家庭生活的主要部分，甚至是家庭生活的象征之一。今天，看不看电视，什么时间看电视，成为个人选择，是个人生活的一部分，很多时候与家庭生活不甚相关。所以，才会有城市家庭每人一台电视、独对屏幕喜怒哀乐的现象。

所谓偶遇式的电视，是说看电视越来越不是家庭生活的主体，而只是日常生活的一部分。人们可能在任何地点接触电视，注意到电视在播放，注意到电视提供的内容。人们接触什么节目，更多地出于随机性，出于搜索过程中的偶然性，而不是固定生活模式，不是电视人期望的那样对某些频道有品牌忠诚。

电视更可以称为移动着的电视。所谓移动着的电视，是说电视已经从客厅走到了广场、电梯、手机上，已经不再像以往那样是静止的、等待观众光临的状态。从电视形态上看，电视一直在寻找观众和观众最可能选择电视的场景。这些都深刻地改变了人们的收视行为与节目形态。

近几十年，电视的演变进程，几乎是移动化、延伸化、产业化等进程同时交织。电视从室内移动到室外，获取了在移动中的受众群，改变了人们对于电视的认识。人们开始不仅以社会学意义上的观众类型来区分节目、频道乃至电视本身，同时也以时间为轴切分在不同时间观看电视的观众群。这促使电视节目形态与编排方式不断发生变化。因为一个有心人发现人们等电梯时有几分钟的空闲时间，于是创造了楼宇电视这样一种业态，也催生了人们对电视的新认识。追根溯源，电视移动化的实践，最早出现在新加坡。他们首先把电视搬上了公共汽车，开始了电视追逐观众、寻找观众的进程。然后，这样的理念传播开来，人们创造了更多形式，而技术进步也解决了信号传送问题。因而，电视不仅被移动到了出租车内（很多城市的出租车副驾驶座背后都挂上了一个小屏幕），还一步步成为信息空间的新主导者。更值得人们关注的是电视被移动到了手机上。可以说，手机这个移动信息终端，是媒体移动化的最重要的加速者，是适应人的生活方式变化的最重要信息平台，也是传统媒体理念的最重要挑战者。

2. 单元传播：适应生活节奏变化与生活方式要求

单元传播的基础，是满足人们因生活节奏、生活方式变化等提出的要求。

单元传播有其存在基础和合理性。一是受众心理需求发生变化，人们希望集中获得同类信息和娱乐，避免选择疲劳；二是受众生活节奏发生变化，人们希望在特定时间获得所需的内容；三是传媒传播心理发生变化，人们希望以足够容量黏住读者；四是传媒传播技巧变化，波段传播，形成节奏；五是竞争单元变化，竞争单元变得更大。这些都促使单元化趋势的形成。

对普通观众来说，从 50 个频道增加到 100 个频道，频道数量增加一倍，观众所获得的愉悦和满意并没有同步增加一倍，他们反而会感到增加不少选择的麻烦，要付出更多精力进行搜索。他们希望传媒更多地尽到选择责任，提供精选结果。同时，人们生活节奏与活动方式变化，希望电视在特定时间提供最需要的东西。而电视台为了争取观众的收视，减少观众流失，也采取集中播放方式黏住观众，减少换台可能，形成波段传播的模式。以播放电视剧为例，21 世纪初的几年，越来越多频道选择了连续多集播放。在之后的时间，再集中播放一些适宜另外一个观众群体收看的节目。比如，晚间 10 点前后播放知识性较强的节目，满足另一类需求。这样，一个频道形成了一个个单元，分布在不同时间段，形成传播。

受众结构与收视偏好的变化，必然带来单元化的结果，也促使传播心理发生变化。能否以足够容量黏住观众，这是目前电视人要回答的问题。能黏住观众，就能获得收视率和广告量。解决办法之一，显然就是采用单元化的节目编排方式、波段式的传播技巧，以波段传播形成有竞争力的传播节奏。

这与 30 年来传媒竞争单元上移、竞争单元变大有直接关系。30 年前，是节目与节目竞争；20 年前，是栏目与栏目竞争。后来，人们说电视进入频道与频道竞争的时代。实际上，后来是时间单元与节目单元的竞争，是时段和时段的竞争，是波段传播策略的竞争。

3. 新媒体思维：对象传播与创造需求

换一种眼光描述，我们所处的时代是经济全球化时代，更可以说是信息全球化时代。因为信息全球化是经济全球化的前提、过程和结果；媒体高度发达的时代，更可以说是新媒体时代，以互联网为代表的新兴媒体具有前所未有的社会影响力；物质丰富的时代，更应当说是信息化生存时代，信息继物质、能量之后成为人类生存的最重要的资源之一，成为重要的推动力量。

现代社会，新闻媒体是一种谁都必须正视的力量。而互联网，在今天不仅是一种文化、一种现象，更是最重要的信息承载体和组合者，是人类信息化生存方式的体现之一。互联网不仅蜕变、裂变出一系列新的技术手段、传播形式和传媒形态，影响、改变着人们的思维方式和行为方式，更深刻地影响着经济运行、社会生活，影响着执政思维与治理方式；不仅影响并改变着传统媒体的运作方式，还深刻地影响并改变着人们与传媒的关系模式、接触方式，更深刻地影响并改变着人们的信息消费方式和利用方式。因而，互联网同样会改变电视的发展轨迹和人们与电视的接触方式。

尽管电视的历史久远，但今天，要想适应与新媒体的竞争，电视人就要形成建立在体悟互联网文化基础上的电视文化，形成建立在移动化基础上的电视文化，形成适应算法推荐、视频分享平台进一步发展的电视文化。可以说，电视的发展从来都不是纯自然的，都会受到国家力量的支持。因此，既然电视在与新媒体激烈竞争，电视人就必须有更多的新媒体思维。至少，要学会更有效地进行人际传播，要更积极地创造需求。对于电视的传播方式，应当尽快推进更深刻变革。

二、与数字技术和需求的多元变化相匹配

（一）有效利用数据资源财产化历史机遇

人们热议大数据，并由此推论其对诸多领域的影响。实际上，所谓大数据，只是相对概念，是一种概念性、技术性描述。数据资源当然有量级区分。量级越大的数据资源，可据以发现的东西就会更多，可能更

为接近核心实质。更值得人们关注的历史性机遇，是数据成为生产要素，是数据资源财产化。2022 年 12 月，《中共中央 国务院关于构建数据基础制度更好发挥数据要素作用的意见》对外发布，开篇即指出："数据作为新型生产要素，是数字化、网络化、智能化的基础，已快速融入生产、分配、流通、消费和社会服务管理等各环节，深刻改变着生产方式、生活方式和社会治理方式。"

包括数据资源财产化在内的一系列变革，是传媒获得竞争力的新渠道。以视频为例，视频播放平台为何值钱，就是因为其拥有大量数据资源，这既包括内容资源、用户资源，又包括大量行为数据。奈飞公司的历史已经给出了证明。这些数据资源，已经间接或直接成为其创造财富的核心资源。

电子商务要想发展，必须运用视频这种极具感染力的传播途径，必须利用视频终端在客厅中的特殊位置和影响，这也推进了多屏共享和协同。

数据资源财产化的进程是多元而有力的。它首先是一个重新认知的过程。在这个过程中，人们重新认识数据的价值，认识如何积累数据，如何从数据中提取数据产品，如何利用数据产品进一步拓展新的数据资源。它同时是个重新发现的过程。在数据资源财产化进程中，大数据会经历这样的过程，从一种描述逐步产品化、资源化、资产化，甚至资本化。法律保护，是大数据开发利用的重要根基，是前提保障。在这个过程中，数据才真正从一种积累变成资源，逐步资源化，直至财产化。在这个过程中，人们重新发现已有数据资源的价值，并为此拓展新的数据资源。数据资源的法律化进程，会激发人们更积极地创造和做大数据财产。

同样，在这个进程中，传统媒体与新媒体所积累的内容资源与数据资源都可能创造更大价值。

（二）与正在变化的多元需求相匹配

如何与人们已经变化了的需求相匹配？

第一，人们对媒体融合的理念会发生变化。人们会认识到，所谓传统媒体和新媒体的融合，绝不仅仅是传统媒体使用了新媒体终端、使用了新媒体工具，而必须是深度融合、全方位融合。这会促使传统媒体运行理念更深刻转变，更注重互联网时代特别是移动互联网时代人们的需求心理、需求节奏，并努力探索新的方式来满足。传统媒体从业者会更深入、更充满想象力地研究内容产品、服务产品，研究怎样以更新的产品、更有效的服务方式满足人们的需求。

第二，传统媒体会更多地以互联网思维来决定如何运作。人们讲到互联网思维时经常讲到几个词：第一个词是痛点，就是人们最不满意的、存在着最大需求的东西是什么；第二个词是爆点，即引爆点，就是提供什么样的东西最能够引起人们的注意，给人们以最大的满足；第三个词是参与点，即方便受众和用户从哪里参与互动、共享与传播。

在传统媒体的运作方式中，把新闻制作出来、播送出去就结束了这个流程；而基于互联网思维，这时的传播，特别是互动传播过程并没有完成。有句话叫“无跟帖、不新闻”。不是说一条新闻在新媒体平台上发布出去而没有跟帖回应，那么这个新闻传播过程就没有完成，而是在强调媒体应通过回应跟帖、再发布补充信息等手段形成互动传播。以互联网思维来看，新媒体的传播方式是要把每一个听众变成接力传播者，这样形成人链传播，形成关系链传播，把过去受众之于媒体的单一获取关系，变成参与传播的关系。那么，这种关系链传播会比传统媒体的直接传播更有影响力。

传统媒体和新媒体的融合，更多是传统媒体利用、借鉴新媒体的传播模式。因为，我们应当看到新媒体已经借鉴了传统媒体的优势。比如，网站也很注重制作内容，这是从传统媒体学来的；网站做的专题体量甚至比传统媒体还大；网站也高度重视时效，发生突发事件后，网站会比谁可以在 10 分钟、20 分钟内最快推出专题。这个速度已经快过了传统媒体。这些都是新媒体从传统媒体那里借鉴的。融合进程中，传统媒体需要更多地从新媒体那里借鉴。

新媒体的提供方式是超细分，把人们的需求细分成很多点来分别满足。相比之下，传统媒体的分类就太粗了。新媒体式组织的结构与运作更加扁平化，而传统的传媒组织是科层组织，从记者到媒体负责人至少要五六级，负责人难以直接指挥记者。新媒体的运作方式，是建立软组织、轻结构，借助社交平台形成协同平台。传统媒体在变革中会面临再组织化，使其组织结构更加适应新媒体的扁平、协同式运作，而不是传统的按照科层组织的单线运作。

移动终端的使用加快了人们的心理节奏。如果媒体表述速度太慢、将重要信息放得太后，人们就会觉得特别不适应。在手机终端上，每多一项动作就可能会失去 20% 的浏览量。人民日报社集全社之力做的客户端，其表层界面就简简单单四个栏目：闻、听、评、问，通过一个小按钮打开一个子目录，才是按照传统分类方式编排的内容。这是产品形态适应互联网的体现。在今后几年里，这些适应互联网要求的变化还会发生得更迅速。

更深刻变化还包括新闻机构运作的基本模式，不仅提供内容，还必须提供服务。今后，简单地说内容为王是不够的，内容加服务为王才是媒体的运营模式。应该看到，服务是最好的传播，哪个媒体对受众的服务做得更好，传播效果相应地就会更好。

走向新媒体的媒体融合，近几年出现了新的发展趋势。在新媒体时代，必须有效增强主流媒体的传播力、公信力、影响力。今后，国内主要报纸、广播、电台、电视台，都会经历一个快速变化过程，包括理念变化、形态变化、组织结构变化，以实现国家确定的目标。

（三）从信号感知中发现转型切入点

竞争中能否领先，转型战略能否成功，取决于能否对事件、现象、趋势中蕴含信号的及时发现、感知、识别与解读。

1.“钱荒”事件的信号意义

2013年6月下半个月，发生了一系列事件，注定为历史所记忆。最惊心动魄的“钱荒”，即中国银行间流动性危机。

6月20日，反映银行间资金流动状况的上海银行间同业拆放利率（SHIBOR）隔夜利率大涨578.4个基点至13.44%，创下自2006年运行以来的历史纪录。而即使在2008年金融危机中，伦敦银行间拆借利率（LIBOR）最高也仅为6.88%。而更直观反映市场中资金价格的隔夜回购利率，6月20日9点一开盘就从前一天的7.87%，跳升至10%，当天最高成交利率创纪录地达到30%，7天回购利率最高则达28%。如此高利率，可称为“银行间的高利贷”了。这一天如此惊心动魄，引发了人们对于中国是否会发生金融危机的担忧。当天，央行关于流动性总体合理、要求商业银行配合流动性管理的新闻，还是施放了强硬的信号。

而普通百姓感受到“钱荒”，是6月24日上证综指重挫5.3%，这是2009年9月以来的单日最大跌幅。当天晚上，央行要求金融机构强化流动性管理的新闻，作为重要新闻再次登上《新闻联播》。央视甚至为3天来上海银行间同业拆放利率回落至8.543%，进而回落至6.489%，制作了示意图。这个报道所蕴含的抚慰市场、恢复信心的信号意义不言自明。

“钱荒”事件，对于中国经济，显然是重要的信号性事件，至少告诉人们，中国经济到了一个重要转折阶段，艰难的结构调整开始带来不一样的阵痛；至少说明央行在2013年5月中国广义货币供应量（M2）余额已达104.21万亿元（几乎是2012年GDP的两倍）的背景下，正面临选择难题，对流动性的管理会更为强硬，至少说明新一届政府管理宏观经济的思路和手法在发生重要变化。

对于媒体，“钱荒”事件同样具有重要的信号意义，至少提示媒体人应当有怎样的新闻价值观，什么样的新闻现象必须持续关注。在我看来，狭隘意义上的民生新闻并不能涵盖民生的全部。民生，不只是修条路、改善副食品供应。传媒应当高度关注影响百姓重大利益、长远利益的事件与动向。诸如流动性管理这类看起来距离百姓远，可一旦有所波动会产生实在影响的重大动向。“实在”是大民生。因而，包含重大、潜在动向与百姓身边事的大民生新闻，应当是今后传媒关注的重点。关注百姓身边事，固然可以增强接近性和吸引力；但有些看起来距离百姓生活较远的事件反而深刻影响百姓利益。何况，当那个周六工商银行系统升级后百姓迟迟不能正常取款而引起流言纷传时，流动性紧张就已经影响了百姓的生活，传媒就更应迅速反应。

“钱荒”事件的发生，提示我们，应当调整新闻价值观与新闻选择偏好。

2. 从信号性事件感悟如何转型

2013 年 6 月让我惊讶的事之一是西部一家地市级电视台全员减薪 30%，原因是工商总局等八部委在 2013 年 4 月下旬至 7 月上旬联合整治虚假违法医药广告。据说省电视台同样减薪 30% 也缘于此。影响至此，可以看出八部委文件的威力，更引人思考的是，传统媒体会做何选择。会不会在思考如何进行战略转型时，针对现实问题做应对性调整？会不会就此开拓新的广告资源，改变过分依赖某类广告的现状？

这样的事件，我通常会把它们看成信号性事件。此类事件释放着非常重要的信息，关键看你是否能发现、是否能识别、是否能解读。

信息经济学的重要研究领域信号理论，主要包括信号传递和信号甄别两大方面。信号传递（Signaling Model）指通过可观察的行为传递商品价值或质量的确切信息。信号甄别（Screening Model）指通过不同的合同甄别真实信息。二者的主要差别在于，前者是信息优势方先行动，后者是信息劣势方先行动。信号传递和信号甄别是解决不利选择问题的两种相似方法。1974 年，斯彭斯在其论著《市场信号：雇佣过程中的信号传递》中开创性地研究了“信号传递”的过程中教育水平在劳动力市场上的作用。

信号传递事实上在诸多领域存在。就传媒而言，所谓战略转型，题中应有之义，是向哪转、如何转、何时转、从哪转、转哪些。这种方向、节点、节奏、方法的选择依据是对变化趋势的感知，是对转折点的感知。而如何才能更早一些感知转折点，把握趋势性变化？简单的思维方法，是敏锐地判断所发生事件的信号意义，提取出事件所蕴含的足以启迪思考、指引行动的信息。

三、重新定位与社会生产体系的协同关系

（一）以颠覆式变革改变自己，适应当下，更适应未来

为什么会有百年企业呢？张瑞敏的答案是："都是在自杀和他杀当中选择了自杀，都是自杀了若干次之后才能成百年企业，否则早被他杀掉了。"[①] 万事万物没有不灭的，但问题是你怎么延续它，你怎么来自我颠覆？

（二）以一站式服务作为新竞争依据，获取空间、时间

制造业的生存法宝早已不只是提供优质产品，海尔当年成功的原因恰恰是在于优良的售后服务，在于其售后服务加产品质量。虽然，不同行业对什么是应当提供的服务有不同定义，但在移动互联网时代，这都需重新思考。这个时代的服务逻辑，就是以尽可能简单的外在形态为人们提供尽可能丰富的服务，是 All in one 式的整合，是尽可能把所有人们需要的服务在后台完成。这是移动互联网的服务逻辑。余额宝打破基金业的常规，允许用户使用余额宝直接支付，而不是先赎回再支付，就是这样的新服务逻辑与"竞争神器"。

（三）以人们愿意分享服务体验作为新竞争标准

什么是移动互联网时代的服务体验？就是让人们看不见你的服务努

① 《张瑞敏：新的变革是一定要来的，就看你怎么抓住了》，https://baijiahao.baidu.com/s?id=1600391681898870485&wfr=spider&for=pc，访问日期：2024年5月20日。

力，而愿意分享对你提供服务的体验和感受。这才是最好的服务。要以人们愿意分享服务体验作为新竞争标准，以实现传统企业与互联网在竞争逻辑上的融合。张瑞敏曾经说过，企业根本的宗旨不是赚钱，是创造用户，美国人说的体验经济很有道理，用户不再是一个购买者，而变成一个参与者，企业要为用户创造全流程的最佳体验。面对用户的行业，如何做得更好，如何给消费者提供更好的服务，同时又能够给自己创造一个提升的空间，是值得深思的问题。

四、以虚实结合作为生存依据与战略选择

未来传媒走向如何？经历了新媒体冲击，人们对传媒融合的基本走向格外关心。在虚实结合的社会生产格局中，传媒业处在什么方位，传统媒体应当如何选择？

（一）“10亿元”对话与互联网思维的选择

2013年12月12日，在中央电视台“2013中国经济年度人物评选”典礼上，同时获奖的格力集团董事长兼总裁董明珠与小米公司董事长兼首席执行官雷军有一场对话。2013年中国经济年度人物的主题是转型升级。格力是实业的典型，有9个工厂，3万个专卖店，总收入1 007亿；而小米没有工厂，采用互联网的电商直销模式，4 000名员工有2 500人与用户沟通、1 400人研发。二者看起来分别是传统的制造业体系与互联网的轻资产运营模式。主持人陈伟鸿发问，“你们两人所代表的生产模式”“对转型升级来说，到底谁的后劲更足”？

这场对话，唇枪舌剑的过程倒是可以先放下，对10亿元“赌局”的如何定义倒值得一看。董明珠的表述是：“要赌不是1亿，我跟你赌10个亿。为什么？因为我们有23年的基础，我们有科技创新研发的能力，而且我们保守了过去传统的模式。”董明珠认为，格力未来在依靠自己的科技、创新、研发、生产的同时，与互联网结合，即实与虚相结

合。相比之下，小米公司只有虚那一半，因此，是“不行的”。

更有意思的是这场对话的结尾，在场的互联网知名人士选择了站在董明珠那边，选择了互联网与实业的结合，而不是按照一般互联网思维，去选择轻资产的雷军。

同样的逻辑，其实在“注册资金 50 亿元、首期投资 1000 亿元、整体投资 3 000 亿元”的菜鸟网络，就已经清晰地表现出来，那就是用互联网思维与运作方式再造物流业，是虚实结合。

（二）虚实结合：未来世界的生存规则

所谓虚实结合，更多地体现为用互联网思维再造传统产业，激活传统产业中蕴藏的能量与价值。

更为清晰地体现虚实结合战略的是阿里集团与海尔集团的合作。

如何看待阿里与海尔的合作？实际上，双方是商业策略上的互补，也是生存战略层面的选择。

那么，一个被人们视为楷模的制造业企业，一个互联网时代超出人们想象的平台，基于什么走到了一起？

双方合作不仅基于利益基础，更基于认识基础，从报道中可以看出两个集团的领导者从战略层面上阐述的企业生存规则。

在虚实结合的战略格局中，传统媒体处在信息提供者这种“虚”的位置，从事传播这种相对“虚”的工作。以新的眼光重新定位传媒业的某些竞争主体，至少可以成为大产业链条的连接者，以新理念做相关要素的整合者，以新模式做相关企业的运作者。这种连接，远远超出传统电视购物这样的简单延伸。如此整合，可以发挥传媒业的特定优势去激活某些要素。如此运作，可以比媒体从事会展等业务走得更远。虚实结合不仅是新型企业的成功尝试，同样是传统媒体适应新形势与新竞争的战略选择。

在数字变革中，要以虚实结合作为生存依据与战略选择。尽管人们看到太多轻资产成功的案例，但那是建立在整合现有产业的基础上的，恰恰是更大范畴的虚实结合。虚实结合不仅是新型企业的成功尝试，同样是传统企业适应新形势与新竞争的战略选择。真正的新经济，就是实体经济和数字经济的完美结合。

第四章　融合体系

推进媒体融合发展的关键不仅在于媒体融合技术平台建设，更在于融合运作体系构建。融合运作体系是由参与全流程工作的“人”，在媒体融合技术平台支撑下构成的体系性“组织”。其构建，始于融合技术平台系统设计，赖于融合技术平台构建过程中技术与业务的融合，成于一整套合理的制度安排。传统媒体与新媒体最大的差异是效率差。面对新竞争态势，媒体要从空间整合走向体系聚合，因为体系聚合才能有效提升全员、全流程、全要素的生产效率和利用效率。在推进媒体深度融合进程中规划和推进技术系统建设和流程再造，必须把握好技术逻辑、业务逻辑与政治逻辑的结合。构建媒体融合技术平台的核心目标，应当是增强体系竞争力。新华社全球视频智媒体平台（简称“智媒体平台”），基于新华社视频业务全球运行、媒体深度融合、移动优先战略和随时随地构建临时编辑部需要，聚采集、生产、分发、数据分析于一体，全面重塑音视频生产服务流程，打通了与音视频生产相关的所有系统底层，构建了音视频内容生产服务技术、业务体系，实现了大流程、大系统、数据流、移动性、便利性、协同性、扩展性七大目标，实现了六大创新，增强了新华社视频业务的报道力、传播力和影响力，增强了体系竞争力。

支撑体系竞争力的两大基础：一个是建设基于先进技术的媒体融合平台，一个是构建能够有效发挥这个平台功能与扩展性的运作体系。媒体融合平台的构建，要充分考虑构建体系和实现体系聚合、形成体系竞争力的需要。

媒体融合运作体系构建基础在于，支撑大流程、构建大系统，打通全流程相关系统底层支撑体系化运行，具有数据流、移动性、便利性、协同性、扩展性。通过实施唯一性账号、依角色职责配置权限、四级响应机制、统一签发系统等制度安排，以构建流动性组织实现体系化数据管理。还要以相融性养成、优化培训、在问题中发现攻略等方法，从多个层面解决相融性问题，以构建一个人们能够在心理上接受甚至愿意加入的融合运作体系。

第一节 系统设计与体系构建：智媒体平台设计基点

推进媒体融合发展、催化相融质变的关键，不仅在于媒体融合技术平台建设，还在于媒体融合运作体系构建。面对新媒体竞争态势的变化，媒体融合技术平台建设的核心目标应当是增强体系竞争力。自 2017 年 3 月 3 日上线运行以来，智媒体平台就以增强体系竞争力为核心目标，实现了融合运作体系的同步构建，体现了流程优化、平台再造和各种媒介资源、生产要素的有效整合，实现了信息内容、技术应用、平台终端、管理手段共融互通。

一、设计基点：适应全球运行、增强体系竞争力

竞争力是一种随着竞争变化并在竞争中体现的综合能力。一个媒体或一个企业，可以存在多个单项竞争力领先的情况。但体系性对抗和竞争，正在成为现代社会的一种主要竞争形态。在经济领域，企业间的竞

争能力体现，不仅在于创新能力，还在于创新成果的实现能力，在于供应链和销售体系的融合控制能力。移动互联网领域的所谓生态系统竞争，实质上就是体系构建与运用成效的竞争，就是一种体系竞争。与传统竞争力相比，有效整合、构建体系，形成体系聚合，能够更有效率地集聚媒介资源和生产要素，更有效地激发这个体系的潜力和活力，形成更综合、更强大的体系竞争力。

在媒体内部或技术市场上，技术、系统、设备和研发能力往往是分散存在的。每个媒体都有其特殊性。基于增强竞争力的需要，每个媒体都可能有自己要重点解决的问题、要实现的目标和特殊追求，并不存在一个拿来就可以直接支撑特定媒体采编发流程再造的技术系统。媒体的领导者、技术系统建设的主持者必须深刻理解媒体演变趋势和媒体深度融合要求，深刻理解内容生产系统和现代传播体系对技术系统的要求，必须有清晰的流程思维、系统思维和体系思维，绝不是简单从现有业务流程提出技术系统建设需求和构想，而是从现在与未来业务变革的结合点上，确立技术系统建设的关键需求和指标。

新华社党组决定，由新华社音视频部作为责任主体组织建设新华社全球视频智媒体平台，新华社通信技术局派出精干专业、熟悉音视频报道业务的技术人员作为联合项目组双组长之一，同时组建骨干队伍。音视频部主任担任该项目总负责人，带领“联合项目组”实施项目规划、建设和上线运行，按照社党组对高清建设项目提出的“先进性、实用性、兼容性”要求完成项目建设。作为实践者和管理者，在实施新华社高清改造项目、建设新华社全球视频智媒体平台的过程中，我有幸能够把作为学者的研究和思考付之于实践，以音视频部主任和技术建设项目负责人的双重身份去组织实施，并在实施中一步步体现、深化、探索体系聚合的理念和认知。为了筹划流程再造、推动项目实施、实现体系聚合，解决一系列、一堆堆跨领域、涉及业务流程安排和系统架构打造的现实问题和需求，我像总架构师、总工程师一样，每周和各个子系统的工程师们开例会和无数专题会，在解决各种各样的问题中实现了全流程打通再造、全体系纳入系统，从而走向体系聚合。

智媒体平台建设的核心目标，就是聚合与新华社视频业务相关的所有媒介资源和生产要素，形成体系聚合，增强体系竞争力。同时，视频技术平台要与新华社所有在用和新建的技术系统互联互通，使这个平台上集聚的资源、要素、功能和能力，成为新华社整体的有机单元，成为更高层面体系的有机组成部分，成为新华社更强劲体系竞争力的重要部分。这个智媒体平台，基于新华社视频业务全球布点、全球采集、全球编发、全球供稿服务，即全球运行的需求，充分考虑媒体深度融合、移动优先战略和随时随地可以构建临时编辑部需要，构建了包括用户需求获知、采集、内容生产、用户服务在内的全流程，打通了与音视频生产相关的所有系统底层，共享数据，分发信号，传送产品，回馈状态，建成聚采集、生产、分发、数据分析于一体，全面重塑音视频生产服务流程的全球视频智媒体平台，基于此构建了一个音视频内容生产与服务的技术、业务体系，有效支撑融合运行和创新，驱动业务模式和服务模式变革，实现新华社视频业务在全球范围内高清化、数据化、便捷化高效运转，实现新华社音视频生产体系的体系聚合，形成体系竞争力。

这个智媒体平台建设，最重要的并不在于或仅限于采用了什么新技术、新设备、新系统，而是我们以前瞻性的理念和对新华社音视频业务发展的预测，构建了智媒体平台和音视频内容生产服务技术、业务体系，使视频不仅实现了高清化，还实现了数据化、便捷化。这个系统与世界先进的媒体制作管理平台理念一致，符合媒体行业发展方向，在大数据积存、使用及操作便捷化等方面具有独到之处，体现了新华社党组“先进性、实用性、兼容性”的要求。

二、构建原则：打通相关系统底层实现七大目标

（一）有效实现在再造流程中优化流程

在我看来，这个智媒体平台所面对的大需求，就是要通过流程再造形成融合运作体系所需要的大流程和支撑这种大流程的大技术系统。这个大技术系统，必须能够贯穿、支撑采集、传输、内容制作、内容分发、用户服务全流程。现有专业视频生产机构所使用的技术系统，囿于历史条件，往往分别建设多个小系统，满足不同生产环节、工序的需求。这些小系统往往不能直接连通，需要人工辅助上传和下载，去跨越各个信息孤岛。由多个小技术系统所支撑的业务流程，相对是低效的。上载、下载速率和人工处理时间决定了内容加工效率与发稿时效。因此，流程优化就意味着再造流程。这个大技术系统要能够贯穿采集、传输、内容制作、内容分发、用户服务全流程，因此要把主要服务于采集、内容制作环节的高清系统，与另一个也是由我牵头负责、已经在建设的基于互联网的视频分发系统对接起来，构成一个大系统，来支撑大流程。这个新的大技术系统又是新华社全媒体采编发平台的一个子系统。

以这样的理念和定位建设新华社全球智媒体平台，构建大流程就是在再造流程中优化流程。一个技术系统最重要的恰恰是其“软”的部分，是大系统构建及其与各子系统衔接，是内容数据、数量数据和行为数据等的自动积存。我们的目标，就是不能再“跑带子”，不能再出现信息孤岛，不能再因人工上载、下载而影响大系统的整体运行效率。要通过构建大系统，取消业务流程中所有常态人工上载、下载岗位，在系统间有控制地按流程、程序和指令自动流转信号、视频文件和数据，构建新的采集、传输、制作、分发、服务大流程。这样做，就能消除以往事实存在的信息孤岛，在客观上再造新流程，并在再造流程中优化流程。

（二）有效打通全流程所有相关新旧系统底层

构建融合运作体系所需要的技术系统或更高层面的技术平台，应是大系统，而绝不仅仅是一个内容编辑平台。大流程需要使用多个技术系统的相关功能作为支撑，其中部分系统已经存在，而且是必须继续使用的。

虽然，我们可以把负责组织建设的两个技术项目连通，构建成一个可以支持采集、传输、制作、分发、服务的大系统，但依然不足以满足全部业务需求，不足以支持实现构建一个媒体融合运作体系的目标。因此，我的选择，一是要求联合项目组与承建厂商加强沟通，深化设计，必须完全打通其分别设计的演播室部分和非编制作部分；二是在设计方案深化与建设中，增加一个基于互联网思维的音视频生产体系管理平台，并连通所有与音视频生产业务服务相关的新旧系统。其中对多数原有系统必须打通底层、实现互联互通，与原非编制作系统和演播室制作系统真正连通。

以一个管理平台连通所有与音视频内容生产服务相关系统底层，是一个思路清晰、结构简明的方案，更体现系统思维和互联网思维。实施这个方案的关键，就是以什么方式打通全流程所有相关新旧系统底层。这些系统中，有些是属于新华社采编业务的基础性系统，如移动采编（ENEWS）系统是各种重大事件、突发事件报道中新华社文字报道移动发稿主系统。不管是体现媒体融合思维、适应移动优先策略，还是基于共享资源等，都需要让非编制作系统与 ENEWS 系统连通，从而使音视频编辑也能使用通过 ENEWS 发来的音视频稿件的文字部分和其他相关稿件。

打通所有系统的底层，是艰难的一跃。正在建设的系统和原有系统，涉及多个承建厂商、多种硬件设备，原有的系统设计思路也是多样的，甚至其间有“代差”，体现不同时代的技术路线和思维。部分系统，其硬件或系统在设计时就没有考虑这种打通底层的需求。为了与音视频生产体系管理平台连通，联合项目组就必须与相关厂商的技术人员多次磋商，制定统一接口规范，重新设计相关系统与音视频生产体系管理平台的接口，重新设定相关规则，重新规范数据格式。

（三）有效实现数据流的自动积存、自动汇聚、实时共享

构建贯穿采集、传输、制作、分发、服务全流程的大技术系统，关键不仅在于实现信号流、文件流有控制地按流程、程序和指令自动流转，更在于实现数据流按流程、程序和指令自动流转，实现数据的自动积存、自动汇聚、实时共享。打通所有新旧系统底层实现连通，不仅要实现信号流、文件流的共享，实现大流程，更重要的是要与音视频生产体系管理平台连通，实现数据流的自动汇聚和共享。

在 2016 年 5 月 30 日高清项目联合项目组第一次会议上，我就明确提出实现自动积存、自动汇聚、实时共享数据的目标。其后，数据流在全流程、全系统的实现，成为我们追求的重要目标和攻坚重点。在我看来，信号流的连通是承建厂商的看家本领，而这个项目的重点是数据流的获取和连通。而自动积存、自动汇聚等具体目标都是难点。

（四）有效支撑移动传播优先和在任何地点构建编辑中心

在新华社全球智媒体平台的总体设计层面，要体现足够移动性，即要体现以下几点。

一是适应移动采集的需求。技术系统能够接受、传输、处理通过手机、无人机等移动终端采集、传播的内容。这更多地表现为专业视频生产系统必须能够使用各种格式的视频素材和资源。这不仅必须为多种移动终端采集、传播的内容提供接收口，还要能够自动检测并保证技术质量，自动进入非编制作和资料库系统，对白名单以外格式的视频素材和资源自动转码并进入非编制作和资料库系统，等等。

二是适应移动编辑签发的需求。即能够在重大事件现场和全球各地随时随地构建临时或长期编辑部，这个移动编辑部可以与总社编辑部一样使用全球传回的视频资源、资料库以及这个系统里的其他资源和

数据。

三是适应移动互联网终端用户的需求，能够制作、提供相适应的内容产品，比如能够制作供竖屏使用的视频。

四是适应新华社海内外移动终端的发稿需求，能够按需选择，一键向多种移动终端签发。

五是适应移动互联网终端用户对内容产品供给方式的需求，完全采用基于互联网的内容分发和用户服务方式，而不再以卫星发稿作为主要提供方式。

（五）有效提升系统集成度、使用便利性和运作体系性

从构建媒体融合运作体系的层面看，提升系统集成度的衡量标准与效能目标更集中到系统功能与人机界面的便利性水平。便利性决定了这个技术系统的被接受度和能效发挥水平，也影响着媒体融合运作体系的构建。

因此，智媒体平台不仅要连通所有与音视频业务相关的新旧系统，还必须在人机界面上体现集成度与便利性。在深化设计与实施过程中，我们的目标是能够让使用者通过一个界面、一个账号使用所有功能，能够按照使用逻辑安排各系统、各功能图标的排列位置和使用方式。要实现一个账号使用所有功能，实施时需要协调原有各系统的管理方。如果原系统必须采用专用账号登录，就可采用诸如把使用者智媒体平台账号与他在某原系统账号绑定的方式。只要第一次登录智媒体平台后，再用原系统账号登录此系统，以后，再登录智媒体平台时无须再次输入这个子系统的账号，就可以使用其功能。以此，可增强智媒体平台使用的友好性，改善使用体验。

音视频部的内容产品可以简单分为音频、视频两大部分，如何通过提升系统的集成度来提升使用的便利度？途径之一，就是增强音频部分的共享水平。这既包括把现场的音频信号直接接入演播室和各编辑系统，提升对突发事件的反应速度和稿件中现场信息的丰富度，也包括通

过把音频制作系统与视频制作系统互联互通，提升视频直播信号质量和素材中的音频部分的共享水平。智媒体平台在这两方面都提供了强大支撑，实现了较高能效。

（六）有效提升系统协同运作水平支撑体系运作

协同是融合运作体系的核心要求，也是技术平台必须支持的关键指标。在技术平台深化设计和实施过程中，必须满足协同性运作要求。

处理不同途径传来的信号的同步性问题，就是系统协同性的一种体现。从构建媒体融合运作体系的层面看，这个智媒体平台在利用不同来源、不同介质、不同传输方式传来的信号进行直播时，必须考虑同步性问题。相对于通过光纤传回的信号，通过卫星传回的直播信号延时就要更长一点；如果在另一半球通过卫星发回信号，有时要通过两颗卫星跳一下接力传回，延时将近 4 秒。而通过 4G 背包发回的信号，在移动网信号较弱时就要在 4G 背包端增加延时以保证信号质量。不同途径传回的信号都进这个系统、进演播室支撑同一场直播，就会有速率、延时不同的问题，就要想办法从技术上和操作上尽可能增强同步性。因此，在进行深化设计阶段，我就要求联合项目组研究这个问题。如果不同介质、不同渠道传回的信号分别作为主备信号，延时又不同，就更要考虑同步性问题，这样直播才真正有主有备。否则，真要使用备路信号时，是很难直接不露破绽地切入的。这是有多年直播指挥经历的人本能地会提出的需求。

从构建媒体融合运作体系的层面说，对协同水平的追求还意味着能让内容生产者在这个智媒体平台上实时看到需求信息和用户反馈信息，从而及时做出反应和调整。这就要求，在自动积存、自动汇聚数据的同时，让数据流实现价值的更重要一步，是这个智媒体平台能够实现内容生产数据、用户需求数据和相关行为数据的多要素分析、按一定方式呈现、按一定权限调取。我希望达到的目标，是智媒体平台运行到一定阶段后，把对相关数据的分析结果和调取权限从这个智媒体平台和编辑部的主要管理者，逐级开放给分布在全球的编辑和记者，让内容生产者同步获知用户和网民的反馈与需求，让用户同步获知正在生产和即将提供的内容。如果实现了这个水平的同步性，就可以实现需求获知、内容生产、内容分发服务、反馈的闭环，通过决策、控制、反馈、再决策、再控制、再反馈实现在循环积累中不断提高，通过这个智媒体平台实现一种比较理想的全流程、全过程、全要素管理。

（七）有效适应需求变化、技术变革不断扩展功能

新华社全球视频智媒体平台必须具有一定的扩展性，这既指系统本身的不断优化，也指为适应媒体融合深化和体系构建的需要，而增加新的功能，更是指要进一步适应科技进步，引入人工智能等技术成果，进一步提升这个智媒体平台的功能和效能。实际上，在这个智媒体平台运行过程中，我们已经启动了对系统优化项目和人工智能合作项目的考察。虽然一些原有系统已经接入了音视频生产体系管理平台，但在这个大流程、大系统、数据流中，原有一些系统设计思想老化、功能不足的问题更加凸显，必须进行优化升级。而人工智能技术可以帮助这个系统进一步提升能力。

三、效能实现：打通底层、系统创新提升运行效率

新华社全球视频智媒体平台于 2016 年 5 月开始建设，突破了空间聚合、系统孤岛的传统思维与习惯做法，以再造生产流程、构建大系统，支撑新华社全球范围内总社、31 家国内分社和 180 家海外分社等与音视频内容生产和服务有关的内容资源、人力资源、技术资源、数据资源等资源的有效利用，实现所有音视频生产系统之间的互联互通、生产全流程的数据追踪和基于互联化、移动化的业务生产、供稿和管理。这个智媒体平台的建设充分考虑了新华社作为世界性通讯社全球运行的视频业务生产和报道需求，特别是面向传统媒体和新媒体的视频节目和直

播融合供稿业务，对全球相关资源和生产要素进行有效整合，基于互联网形成体系化的媒体数据共享、信号分发、产品生产与发布、数据反馈等融合生产服务。

主要建设内容包括：音视频生产服务流程，作为创意制作工场的全媒体高清演播室，适应多种需要的信号调度与处理体系、系统，数据服务功能。

新华社全球视频智媒体平台的系统创新，体现在建设了一个融合互联网、网际互联协议（IP）和云平台等全球多渠道视频源，协同全球直播的全媒体高清演播室；设计并实施了一种视频稿件生产全流程数据追踪的方法；实现多类型视频源向高清非编系统自动导入；实现通过高清非编系统向基于互联网的统一发稿系统发布视频稿件；实现对视频信号以 IP 视频数据流的方式进行传输调度和分发；实现对新华社视频直播业务的全流程管理。

新华社全球视频智媒体平台建设完成、投入使用，从技术上支撑跨越地理空间，可在全球随时组建视频编辑部进行视频生产和直播发稿，视频生产流程化、自动化、便捷化、数据化水平大大提升，工作效率和新闻时效性也大大提升。

这个智媒体平台具有快速拓展能力。2018 年两会召开时，根据报道形态、业务形态的需要拓展功能，实现中文直播、英语直播、音频直播三个直播在一个业务体系同步完成。这三个直播每一个都有自己的特殊要求，甚至入点和出点都不同；直播式供稿要保证时效，对特定时段的画面组合都有与直播不一样的要求。更重要的是必须精确控制以信号流集束和分发为核心的整个业务体系和技术体系。这需要技术团队对新华社音视频业务和需要完成的四项任务有清晰的理解，而不是被动执行，需要业务团队与技术团队的紧密融合式协作。

第二节 增强体系竞争力：智媒体平台构建的核心目标

在几乎所有媒体都尝试了介入新媒体传播、制作新媒体产品后，媒体深度融合应当如何用力，向什么方向突破？很多媒体和地方都在筹划建设新的技术系统或媒体融合平台。值得提出的问题是：以什么思维方式规划这样的融合平台，是否清晰明确并得当把握构建融合技术平台要实现的核心目标？技术建设从来不是单纯的技术应用，它既要为融合媒体、运行业务、增强影响力服务，又要支撑、促进、牵引媒体融合。因此，确定构建媒体融合技术平台的核心目标，才能确保实现目标、不走弯路。

面对新媒体竞争态势的变化，构建媒体融合技术平台的核心目标应当是增强体系竞争力。已经安全运行几年的新华社全球视频智媒体平台，就是以增强体系竞争力为核心目标。冷静回顾，其筹划、构建与运行过程中的探索，具有方法论意义，对正在广泛推进的媒体深度融合和县级融媒体中心建设，具有参考价值。

一、核心目标：从增强竞争力走向增强体系竞争力

媒体融合发展的方向是什么？显然，制作新媒体内容产品、使用新媒体工具和平台，都只是适应新媒体竞争、实施媒体融合的初步举措。推进媒体融合发展，就“要坚持一体化发展方向，加快从相加阶段迈向相融阶段，通过流程优化、平台再造，实现各种媒介资源、生产要素的有效整合，实现信息内容、技术应用、平台终端、管理手段共融互通，催化融合质变，放大一体效能”①，并以这样的全面推进，打造一批具有强大影响力、竞争力的新型主流媒体。

① 习近平：《加快推动媒体融合发展 构建全媒体传播格局》，《求是》2019年第6期。

所谓媒体融合，不仅仅是能够利用新媒体、适应新媒体，而更应是通过流程优化、平台再造，通过实现各种媒介资源、生产要素有效整合，实现信息内容、技术应用、平台终端、管理手段共融互通，形成体系竞争力；以体系竞争力来真正适应已经出现“全程媒体、全息媒体、全员媒体、全效媒体，信息无处不在、无所不及、无人不用”[①]的现实，从而在舆论生态、媒体格局、传播方式发生深刻变化的今天和未来具有更强大的影响力和竞争力。

一个媒体或一个企业，可以存在多个单项竞争力领先的情况，但多个单项竞争力如何组合、协同体现，依然是需要解决的问题。竞争，本来就是一个全体系的战略问题，只是比较直观地体现在了产品层面上。因而，形成体系竞争力的前提是构建体系，不仅在一定物理空间里整合各方面资源和力量，而且借助技术力量在同一时空或异步时空，同样能够更有效率地集聚媒介资源和生产要素，形成体系聚合，打造体系竞争基础，更有效地激发这个体系的潜力和活力，生成并体现体系竞争力。因而，体系竞争力是一种基于技术系统与制度安排、媒介资源和生产要素聚集并形成运作体系而体现出的综合竞争力，是一种基于体系运作效率的多要素、多向度协同运作，是一种可持续的综合竞争力。

客观地看，支撑体系竞争力的两大基础：一个是建设基于 IT 网络、大数据处理与分析、视频处理与传输、云计算等技术的媒体融合平台，一个是构建能够有效发挥这个平台功能与扩展性的，以制度安排、养成培训、系统管理为实现手段的运作体系。显然，二者缺一不可。构建媒体融合平台时，要充分考虑满足构建体系、实现体系聚合、形成体系竞争力的需要；体系竞争力生成过程中，随着竞争环境的变化，又要不断对媒体融合技术平台进行优化，特别是引入人工智能技术成果，探索将人工智能运用在新闻采集、生产、分发、接收、反馈各环节中。脱离构建体系、形成体系竞争力需要的技术平台建设，往往停留于单纯的

① 习近平：《加快推动媒体融合发展 构建全媒体传播格局》，《求是》2019年第6期。

设备添加、工作环境的大屏化，可能依然会按照旧习惯形成一个个信息孤岛，会影响体系聚合的形成和体系竞争力的生成与增强。而脱离媒体融合技术平台建设与运用的体系构建，在当前竞争条件下，也是难以奏效的。

二、竞争策略：从空间整合走向体系聚合

什么是媒体深度融合的难点？集中体现在三句话上，即重构采编发网络，再造采编发流程，提升整体传播能力。

要破解这样的难题，通过技术与行政手段把编辑部各部分整合在一个物理空间中，集中办公运作，辅以一定技术手段进行人力资源、信息资源等生产要素的空间整合，还只是初步。更为重要的是实现多媒体采集、内容生产、内容产品分发、内容服务等主要环节，在一定技术系统支撑下构成技术、业务体系，实现体系聚合，从而支撑一体化发展。这里所说的技术系统，就是基于 IT 网络、大数据处理与分析、视频处理与传输、云计算等技术的媒体融合技术平台；伴随媒体融合技术平台的构建，重构采编发网络、再造采编发流程，构建内容服务体系，从而实现技术系统对媒体融合的支撑、牵引。这两者的结合，能够实现媒介资源和生产要素的体系聚合，与空间整合模式相比，体系聚合对媒介资源的利用效率、对生产要素活力的激发能力，都大大推进一步。这两者的一体筹划、一体推进，是媒体深度融合、一体化发展最需要突破的难点。

从历史的角度看，以空间整合方式整合人力资源、信息资源等要素的模式，已经出现多年。30 多年来，多个媒体多次实施的开辟大工作平面、打造编辑中心，就是一种空间整合。只是，过去主要是行政、物理手段，技术建设的含量不大，所占工作空间也比今天小得多。2006 年后，英国《每日电讯报》在一个很大的空间里集聚了编辑部的主要力量，十多个编辑部门的负责人在中心圆桌指挥，各编辑部门围绕中心圆

桌呈放射状排列，便于交流和迅即反应，让参观者们印象深刻。“中央厨房”（Media Hub）模式的出现，甚至使得“HUB”这个名称都似乎流行起来。2012 年，BBC 新启用大楼的负一层是一个超大面积平层，也采用了这种在圆心位置的“办公桌”呈放射状排列的布局，各个频道、频率编辑部可以在这个大工作平面汇聚资源、迅速反应。与《每日电讯报》不同的是，BBC 把主要演播室的导播部分都放在负一层，而其演播部分则在负三层。负三层的演播部分使用了轨道摄像机，可以在负一层的导播间里操纵。一旦遇到突发事件需要编辑临时进演播室，他们可以从旋转楼梯或电梯迅速下去。这种以作为指挥中心的“办公桌”为圆心的放射状排列体现了他们对于媒体融合生产流程的理解和安排。

应当说，一定空间布局是一定生产流程的具体体现，而一定生产流程是一定内容生产理念的物质化。面对已经出现的“全程媒体、全息媒体、全员媒体、全效媒体，信息无处不在、无所不及、无人不用”的现实，面对今天技术革命不断催生新形态、新模式、新应用的竞争态势，仅仅是空间整合就显得力有不逮。

传统媒体与新媒体最大的差异是效率差。它体现在多个层面。最为明显的是新媒体传播效率更高。借助互联网和移动互联网，信息可以轻易跨越时空障碍。全世界发行量最大的报纸不过每期发行一千余万份，但今天，微信这样的社交媒体，用户量已经是十亿量级，主流媒体的客户端下载量已经是数亿量级，即使日活量只占总量的 5% 左右。新华社在海外社交媒体上的粉丝总量已经过亿。传统媒体的资源利用效率也远远比不上新媒体，不仅数据处理能力不足，利用深度也有明显差异，或者说颗粒度太粗。传统新闻机构拥有海量视频素材，但据有关人士反映，其素材再利用率不过 1%。传统新闻机构视频素材，仅仅靠数字化入库时的文字说明中的关键词检索，找到所需要的特定画面很费力，匹配成功率也不高。很多时候，人们往往选择重新拍摄。引入人工智能技术，识别图像，在一定程度上理解图像，同步加上数字标引，再利用的“颗粒度”就会更高。

传媒发展史与技术变革史紧密相连，传播方式变革史同样与技术变革和人们习惯变化紧密相连。但要贯穿起来理解其变革，效率是最有解释力的视角之一。从提升效率这个视角观察，就可以找到钥匙。媒体是一种知识性组织，通过各种手段努力提升生产率和媒介资源、生产要素利用效率，是提升竞争力的关键。面对新的态势与竞争需要，新华社音视频部努力探索的，就是从空间整合走向体系聚合，因为体系聚合才能有效提升全员、全流程、全要素的生产效率和利用效率。我们不是着眼于仅仅把编辑部这一点人力纳入系统，使用平台，而是把整个采集网络、编辑队伍、信息提供者和用户等，都通过这个融合平台整合到一个体系中来，把每一个“散兵游勇”都变成这个体系的有机组成部分。

三、方法变革：体系聚合的技术逻辑、业务逻辑与政治逻辑

人们都认同，重构采编发网络、再造采编发流程、提升整体传播能力，必须以先进技术为支撑。如何通过技术系统建设，实现技术支撑甚至引领业务变革？这首先需要媒体的领导者、技术系统建设的主持者在理念和思维方式上有必要的调整，必须深刻理解媒体演变的趋势，深刻理解推进媒体深度融合要求的实质，深刻理解传统媒体运行的规律和新兴媒体发展规律，深刻理解正在变化的受众的接受心理和接受行为，深刻理解内容生产者、传播者的心理要求和行为特征，深刻理解内容生产系统和立体多样、融合发展的现代传播体系对技术系统的要求，必须有清晰的流程思维、系统思维和体系思维。有了这样一系列的深刻认识，才便于媒体的领导者和技术系统建设的主持者，避免从现有业务流程提出技术系统建设需求和构想，而是从现在与未来业务变革的结合点上，确立技术系统建设的关键需求，确立技术系统建设必须实现的关键指标和功能，使新技术系统能够支撑当前的业务变革并能满足可能发生的业务需求，能够引领业务变革和流程再造。

因此，在推进媒体深度融合进程中规划和推进技术系统建设和流程

再造，不能简单地只依靠业务思维，也不能简单地只依靠技术思维；不能仅仅依照技术逻辑，也不能仅仅依照业务逻辑。实际上，要想所建设的技术系统真正支撑媒体深度融合，支撑流程再造，媒体的领导者和技术建设的主持者必须以一种兼顾融通的思维考虑问题，确定要解决的核心问题、要实现的核心目标，必须把握好技术逻辑、业务逻辑与政治逻辑的结合。

所谓依照技术逻辑行事，就是在研讨、解决技术问题时以技术上能否实现、怎么实现作为基本路径和落脚点。这在单纯技术层面上是必须的。在媒体深度融合进程中的技术系统研发、规划、建设、运行、优化，并不只是单纯的技术问题，并不只是单纯的技术展示。设备选型、软件研发、系统建设必然要考虑媒体转型需要、流程再造可能，必然涉及内容生产和传播流程。因此，决策者必须要有更强烈的用户体验意识，更清晰的流程思维、系统思维、体系思维；必须把握技术逻辑与业务逻辑的结合；必须在总体上考察现有业务流程，而借技术系统建设之机解决原有流程存在的重大问题，实现流程再造甚至组织再造。这才能实现以先进技术为支撑、内容建设为根本。

冷静观察，过去传媒业的技术系统建设有一些值得反思的地方。过于考虑技术逻辑，与内容生产需求、流程再造结合不紧，技术效能发挥不充分；过于依从媒体目前的业务流程，单纯以技术系统帮助解决某些问题，可能固化了传统生产方式下形成的业务习惯和业务流程，反而束缚了媒体转型、影响媒体融合的推进；单纯考虑技术上的合理性，对使用者的心理需求和行为习惯考虑不够，技术系统的实施或使用反而会遇到诸多障碍。历史上普遍采用的技术标准和产品有时并不是技术上最先进、技术逻辑上最合理的。这同样值得人们在规划组织实施媒体融合的技术建设时注意。

所谓依照政治逻辑，当然是指技术系统建设的核心目标，必须有利于推动传统媒体和新兴媒体在内容、渠道、平台、经营、管理等方面的深度融合，实现各种媒介资源、生产要素有效整合，实现信息内容、技术应用、平台终端、管理手段共融互通；有利于支撑内容生产，推进媒体深度融合进程，催化融合质变，放大一体效能，形成强大影响力、竞争力。实际上，新的技术系统建设也有一个怎样获得人们更多支持的问题，也就是要把支持的人搞得多多的。要强化互联网思维，至少应当包括更加注重改善使用者的体验，更加注重不断让使用者获得更多便利，这样才能获得使用者的支持。技术系统的建设，不仅要考虑管理者的需要，更要考虑使用者的需要。让人们看到新技术建设的好处，看到流程再造的好处，这样就能获得更多人的支持。

四、实现路径：以体系聚合增强体系竞争力

无论是对于媒体主要负责人还是技术建设负责人，虽然主要工作内容之一是技术系统建设，但绝不能单纯只考虑技术建设，构建媒体融合平台绝不是单纯的技术问题。一旦技术系统建成，既会对业务发展起到强大支撑作用，也会对业务流程有诸多约束。业务发展与人们的使用习惯，都会有顽固的路径依赖。

因此，在建设之初，决策者就必须对竞争态势有比较清醒的认识，对核心目标有比较清晰的认识和得当把握，对竞争策略有比较清楚的谋划；就要充分掌握拟建的技术系统可能实现的功能与关键点，充分掌握业务流程的需求与关键点，并能够在统合把握技术系统与业务流程的基础上，梳理创新需求与可能遇到的问题。

建设新华社全球视频智媒体平台，什么是我们需要把握的竞争态势？一是全球主要媒体，包括主要通讯社，都在以视频业务作为战略突破口，随着移动传播成为主要传播形态，直播和短视频业务更成为重点中的重点。二是尽管用户依托短视频平台生产越来越多的内容，但人们依然对可信度更高的媒体提供的内容有强烈依赖和需求，对视频内容同

样如此。三是新华社作为世界上主要通讯社之一，采取全球布点、全球采集、全球编发、全球供稿服务，即全球运行，这不仅需要我们有更强的流程思维、系统思维、体系思维，还需要有全球视野和更强的风险控制意识，以新的思维与模式构建相适应的媒体融合平台。四是移动优先、融合发展，特别是人工智能的介入，会进一步推动媒体竞争态势的变化，在这种情况下建设的媒体融合技术平台，必须有足够的适应性，有引入人工智能技术和应用接口的考虑。

建设智媒体平台，什么是我们需要把握的核心目标？建设智媒体平台，既包括我们必须设定一系列有足够牵引力的具体目标，更包括要梳理清楚需解决的深层问题。这一系列具体目标，必须服务于实现核心目标，即构建并不断增强体系竞争力。要解决的深层问题包括：一是缩小传统媒体与新媒体实际存在的几个效率差，提升资源利用效率、传播效率、运行效率；二是打破传统媒体技术建设形成的信息孤岛，构建全流程、全体系、一体化的开放平台；三是必须把内容数据与内容生产、服务流程中产生的内容数据之外的数据，特别是行为数据，聚合起来，积聚、利用数据资源；四是必须能够与新华社在用与新建的所有内容生产服务系统互联互通。

建设智媒体平台，必须更有效发挥新华社优势。新华社与中国其他新闻媒体最大的不同，是其全球存在、全球运行。任何技术系统的构建，都必须充分考虑这个特性，发挥这个优势。这是最有效的竞争策略之一。为满足新华社视频业务全球布点、全球采集、全球编发、全球供稿服务的特殊需求，智媒体平台必须是真正全流程、全体系、全开放的平台，而绝不能是一个个信息孤岛的组合；智媒体平台的建设必须充分考虑媒体融合、移动优先战略的需要，充分考虑新华社采集网全球运行、传统媒体和互联网用户全球存在的需要；智媒体平台必须能够适应新华社发展并满足重大新闻报道的需要，能够满足在全球任何地点构建编辑部或临时编辑中心的需要。

更重要的是，我们的基本建设理念，是超越空间整合，实现体系聚合。即超越在编辑部以超大办公空间、各编辑单元集中办公的空间整合模式，力争在节约预算的前提下实现新华社音视频生产体系的聚合，形成体系竞争力。为此，这个智媒体平台建设，最重要的并不在于或仅限于采用了什么新技术、新设备、新系统，而是我们以前瞻性理念和对新华社音视频业务发展的预测，构建了从用户需求获知，到采集、到内容生产、到用户服务的全流程体系，打通了与音视频生产相关的所有系统的底层，通过建立音视频生产体系管理平台，与采、编、发、供各环节的所有系统在底层连通，共享数据，分发信号，传送产品，回馈状态，从而构建了一个音视频内容生产服务技术、业务体系。这个智媒体平台不仅实现了视频高清化，还实现了数据化、便捷化。这个系统与世界先进的媒体制作管理平台理念一致，符合媒体行业发展方向，在大数据积存、使用及操作便捷化等方面具有独到之处。它比一般的工具、技术运用等比较引人注目的行动，更为深层、更为基础、更为系统，从而更有效支撑运行、支撑创新、支撑融合，驱动业务模式和服务模式变革。

五、流程再造：以系统功能强化支撑体系聚合

（一）音视频生产服务流程重构

新华社音视频生产服务流程重构是全球视频智媒体平台建设的主线与基础。基于充分发挥新华社全球各地采集与报道能力的目的，充分考虑传统媒体与新媒体的深度融合，充分考虑新闻传播报道的时效要求，充分考虑各类用户的需要，对资源和各生产要素进行优化配置，重构音视频生产服务流程。优化后的音视频生产服务流程按照多媒体采集、统一汇聚、制作生产、编审、多元发布、数据反馈的全链条、全流程生产环节进行设置，所有的业务行为全部在线上基于流程化、自动化开展，生产数据和行为数据自动积存、自动汇聚、多要素分析、按一定方式呈现、按一定权限调取，促进音视频业务的高效生产与管理，提升整体传

播能力和体系竞争力。

（二）作为创意制作工场的全媒体高清演播室建设

通过现代全媒体技术和电视演播技术的结合，采用大屏幕包装、虚拟植入、交互点评等新型节目制作手段，将新华社大厦演播室建设成5讯道的多景别、可视化、交互式的互联网全媒体高清演播室，并集成了信号、数据汇聚调度控制功能。打造综合性、多角度、360度无死角全景区于一体的综合新闻播报中心，实现了对实景演播室、导播间和媒体指挥中心的全方位提升。这个高清演播室还设计了网、库双重安全机制以保障播出安全。

这个高清演播室实现了与新华社音视频生产系统在信号、数据等方面的互联互通，实现了最大144路外来视频信号的汇聚、监控、调度、处理、分发，设置了面向全球的直播指挥通讯系统，融合了基于IP和云平台的全球视频信号采集调度。高清演播室系统作为新华社音视频采、编、发、播、存等生产环节的重要核心，支撑新华社全球各分社的直播报道和各视频采编部门的节目录制、生产等业务，是新华社的可视化移动互联创意空间和视频高清创意制作工场。

（三）适应多种需要的信号调度与处理体系

新华社视频直播业务已形成日常直播、重大报道直播、突发事件报道直播常态化的报道模式，“新华直播”成为新华社在融媒体时代的直播品牌。新华社视频直播业务在报道范围、直播频次、服务对象、服务形态和传播渠道等方面具有鲜明的通讯社直播供稿特征。直播式供稿业务需要综合考虑传统媒体和国内外视频网站等用户的需求。

为此，新华社采用了基于互联网的IP化直播架构，将卫星、光纤、专线、互联网、移动互联网、电视系统、云导播等不同来源的直播信号源接收后全部以IP化形式进行实时监控、调度、处理和分发，在线实时调度能力最高达100路，可同时进行4入4出IP流无缝切换，并实现跨网段IP数据流的转发。在直播信号的分发环节，根据直播供稿和节目生产的需要，将IP数据流同时分发至演播室、高清非编系统、卫星供稿系统以及互联网网站用户。

基于互联网的全IP直播架构，通过IP化的标准传输协议调度对接新华社的业务电视系统、高清演播室、多技术途径直播源、新华社客户端等海内外移动终端，新华社海内外分社云导播平台，互联网商业视频网站和海内外社交媒体，有效满足了新华社视频直播信号的汇聚、调度和分发处理要求，大大减少了传统串行数字接口（SDI）设备的使用投入和运维布线量，提高了视频信号调度的灵活性并扩大了覆盖范围，直播运维流程实现可视化、移动化和标准化。

（四）系统建设与整合

新华社全球视频智媒体平台作为以新华社全媒体高清演播室为核心的生产平台，依托于互联网思维、虚拟化技术和大数据技术进行建设，高度耦合了新华社视频业务的生产需求。

以智媒体平台上的音视频生产体系管理平台为统一接入平台和主界面，集成了与音视频生产相关的19个系统及功能模块。所集成的原有系统包括：视频回传系统、音频采编系统、音像资料库、视频分发系统、电视节目素材交换系统、新媒体数据库、ENEWS等。新开发上线投入使用的系统和功能模块，包括高清非编系统、统一发稿系统、管理平台应用门户和统一检索、直播流程管理、统计分析、数据追踪、设备管理、分社约稿管理、文件共享等功能模块。

智媒体平台上的音视频生产体系管理平台，为新华社全球范围内的视频编辑、记者、雇员和终审人等相关业务人员提供统一入口和工作平台，满足视频业务人员在采集环节、制作生产环节、编审环节、节目发布环节、数据反馈环节等与视频生产相关的线上报道需求，实现新华社海内外分社和总社各视频编辑部门的跨空间、跨地域全球协同生产与报道。

（五）数据服务功能

建设新华社全球视频智媒体平台的重要目标是实现数据化。这个平台上的音视频生产体系管理平台实现了视频资源、生产过程、用户行为、系统运行四个方面数据的自动积存、自动汇聚、多要素分析、按一定方式呈现、按一定权限调阅。其中，视频资源数据包括新华社 31 家国内分社和 180 家海外分社每日采集回传的视频素材资源、音视频资料库中的几百万条历史视频资料、视频直播信号收录的视频资源等；生产过程数据包括视频业务人员的采集回传、制作、编发、审核等行为数据和稿件相关资源信息；用户行为数据包括用户信息、下载稿件信息等；系统运行数据包括智媒体平台多个环节硬件设备、后端服务器、存储、网络等设备的运行情况。

新华社全球视频智媒体平台上的音视频生产体系管理平台，通过将各系统底层的数据源互联互通，为视频业务的生产和发稿提供数据服务。视频资源可以在生产过程的各环节和各系统间无缝流转、直接共享使用，而且所有的视频资源数据通过新华社音视频生产体系管理平台与新华社的新采编发平台、新华 “智云”平台等互通，实现了新华社文、图、视频等资源的统一共享。新华社全球视频智媒体平台系统获取生产过程数据和用户行为数据，通过科学的数据统计分析为新华社的视频采编生产、运营和管理考核提供精准的数据服务。通过获取全系统各部分的运行数据，为系统自动化运维和监控提供数据参考。

六、守正创新：以系统创新实现体系聚合、效率提升

新华社全球视频智媒体平台的建设，以基于互联网的视频稿件供稿、直播流供稿、海外社交媒体和客户端的播发为主要需求，系统建设按照互联网思维进行，对音视频生产相关的全部系统实现统一管理，实现采编发生产链条的系统间互联互通、无缝对接。在直播信号调度和管理方面，大胆创新采用了全部基于 IP 的汇聚、调度、分发架构。从流

媒体协议支持、信源画面信息展示、全球云平台部署等方面进行开发拓展，开发视频直播预约系统，实现直播业务的全流程管理，以移动化、网络化的方式进行业务流程管理和技术运维管理，服务于新华社每年1 000多场的直播供稿、发布业务。

新华社全球视频智媒体平台的系统创新包括以下六点。

（一）建成一个可协同全球直播的全媒体高清演播室

这个可协同全球直播的全媒体高清演播室，融合互联网、IP和云平台等全球多渠道视频源，它可实现最大144路外来视频信号且基于IP的汇聚监控调度处理分发、节目录制、全球直播指挥通信和360度无死角全景区多景别设置，实现现场声和中、英、法、西、俄、葡、阿、日同声传译等多语种音频解嵌、加嵌及多语种多声道混合处理，用于新华社视频采编部门、海内外分社的日常报道、重大报道、特色报道等音视频生产、直播及发稿业务，为海内外视频用户进行直播式供稿，服务于新华社海外社交媒体账号、新华社客户端等新媒体直播发布业务。

（二）设计并实施了视频稿件生产全流程数据追踪方法

通讯社的视频生产业务涉及分社和总社记者视频采集、总社编辑制作、终审审核发布、媒体用户下载等多个环节。基于数据唯一编码的方式进行关联和映射，实现了将海内外分社记者回传、总社编辑制作、审核发布、用户使用等全流程各环节的稿件数据和行为数据联通。其中稿件数据定义为具体某个视频稿件的相关信息，包括稿件的标题、记者、编辑、终审等基本信息；行为数据定义为生产流程中的相关操作，包括素材使用、稿件生成、签发、用户下载等信息；所有数据通过唯一编码与统一管理平台对接，将音视频生产全流程所有环节中的稿件数据和行为数据关联起来后进行分析，实现全流程数据追踪，为新华社管理人员和采编人员提供数据反馈服务。

（三）实现多类型视频源向高清非编系统自动导入

根据新华社视频全球采集、总社编辑制作生产的业务特征，充分考虑手机、4G 背包、光纤、专线、卫星、互联网、业务电视、运动相机（GoPro）、无人机等多类型、多渠道的视频来源，将基于 IP 流、信号、文件等多形式、不同制式、多格式的视频来源统一处理后，根据日常业务、突发报道、快编抢发、重大报道等业务类型的不同需求，分权限、分级别自动导入高清非编系统中，供总社具备相应账号权限的编辑使用。

（四）实现通过高清非编系统向基于互联网的发稿系统发布视频

高清非编系统节目制作完成后，视频检测模块将对所生成的视频文件实体文件、视频稿件信息数据、编辑人员的基础用户信息数据等进行合法性检测和过滤。通过校验的相关数据由自动导入模块导入稿件任务生成模块中。然后，根据高清非编系统生成视频文件的对应编辑和操作人等相关属性信息，在统一发稿系统中自动生成待审稿库中的待审稿件，供审核发布，最后实现通过新华社多个供稿线路供给媒体、网站、移动终端各类用户，并面向新华社海外社交媒体账号、新华社客户端等移动终端直接发布。

（五）实现以 IP 视频数据流方式传输、调度、分发视频信号

利用专线或者互联网，对采集到的视频信号进行编码后，以 IP 视频数据流的方式进行传输调度和分发。传输和分发时，除支持常见的用户数据报协议（UDP）、实时消息传输协议（RTMP）、快速生成树协议（RTSP）等协议外，还支持基于开源视频传输协议（SRT）的可靠传输与调度。系统支持同时 4 入 4 出无缝切换和最大 100 路 IP 信源调度切换，实现新华社视频直播业务面向社内外的跨网段 IP 数据分发和调度，为传统媒体和新媒体等海内外用户提供日常直播供稿服务，解决了传统以串行数字接口（SDI）为主的传输分发有限制、设备布线运维量大等问题。

（六）实现了新华社视频直播业务全流程管理

视频直播业务涉及新华社海内外分社视频记者、总社直播报道人员、演播室人员、海外社交媒体编辑、技术人员等多个工种及设备相关资源。新华社全球视频智媒体平台上的视频直播预约管理系统，实现了对人员、资源的统一调度和直播业务的全流程管理。这个子系统具有直播任务申请功能，直播负责人可实时掌握直播各点位情况，以便于进行全局调度；提供直播列表清单，负责人可看到已预约直播场次和已完成直播场次；提供积存统计直播场次、直播类型、直播时间段、参与人员、用户采用情况、演播室资源使用等直播任务数据；该系统提供手机客户端和 PC 端两种使用方式。

更为重要的是，这个子系统还为进一步引入人工智能技术和应用，提供了接口和基础，这将进一步提升新华社全球视频智媒体平台的支撑能力，有助于进一步增强体系竞争力。

七、实施成效：支撑报道力、影响力有效提升

2017 年 3 月 3 日，智媒体平台中的内容生产部分以高清直播为标志开始试运行。2017 年 4 月 20 日，非编和资料库系统从传统内网被搬至绿区互联网，成为中国第一个基于互联网运行的高清非编和资料库系统；当天，这个视频智媒体平台中的音视频生产体系管理平台上线，实现了项目建设的重要目标数据化。2017 年底完成了国内分社与海内外分社的视频报道装备配备、升级。

智媒体平台建设完成后，新华社全球的视频采集、制作和服务能力大大提升，组成了分布于全球各地的快速应急报道视频团队，通过重构音视频生产服务流程和生产体系聚合，推动了视频生产模式和场景的变革，大幅度提升了视频业务人员的工作便利性。

这个平台从技术上支持了地理空间的跨越，新华社可在全球随时组建视频编辑部进行视频生产和直播发稿，视频生产流程化、自动化、便

捷化、数据化水平大大提升，工作效率和新闻时效性大大提升。依托这个集采集、生产、分发、数据分析于一体，全面重塑音视频生产服务流程的智媒体平台，新华社的报道力明显提升。在发稿时效方面，不断取得新突破，重大报道基本实现“直播式发稿”：从以往最快近 2 小时，到 2017 年两会时最快 4 分钟，再到金砖国家领导人在厦门会晤的报道中最快以 1 分 41 秒的速度发出短视频稿件。2017 年，第一届“一带一路”国际合作高峰论坛期间，我们依托这个智媒体平台，在前方设立视频发稿中心，这是新华社建社 86 年来第一次实现了在任何地点快速构建视频编辑部，摆脱了传统条件下只能在总社发稿的局限。

新华社全球视频智媒体平台建设完成、投入使用，促进了新华社视频业务的深度融合发展，增强了新华社视频业务的报道力、传播力和影响力，增强了体系竞争力。正是基于这个智媒体平台，新华社音视频部把握 2018 年两会报道的创新契机，以流程再造驱动报道力提升。这包括进一步实施流程再造，强化精确控制，在报道形态、业务形态上进一步有所突破，实现中文直播、英语直播、音频直播三个直播在一个业务体系同步完成，三线同时直播。

这个创新目标的实现基础，是高水平的专业高清视频直播。其专业性不仅体现在高清视频直播上，更体现在对这个业务体系的精确控制上。对于新华社这样全球布局的音视频报道体系来说，核心竞争力之一是复杂的业务、技术流程和对这个流程的精确控制，有了这种精确控制才能保证在比传统电视机构少得多的人力投入、技术投入和采访拍摄条件投入下，仍可获得专业的直播和报道效果。一个业务体系同时完成中文直播、英语直播、音频直播三个直播和支撑直播式供稿，更需要精确控制。因为，这个体系中的三个直播，每一个直播都有自己的特殊要求，甚至入点和出点都不同。直播式供稿要保证时效，对特定时段的画面组合都有与直播不一样的要求。这都需要在梳理清楚的前提下对整个业务、技术体系实施精确控制。因此，摄像采访团队和演播制作团队必须适应高强度直播。48 场直播报道对于前采 9 位摄像记者来说是严峻考验。平均每天两到三场直播报道，大家都要提前进场测试，同时还要兼顾配合记者采访。为确保直播安全和专业水准，同时满足利用直播信号快速切短视频的需要，摄像和导播事先要充分研究大会堂的所有场景，推敲确定基本镜头组合和扩展镜头组合，从而实现对直播画面和内容的精确控制。

更重要的精确控制是以信号流集束和分发为核心对整个业务体系和技术体系的控制。这需要技术团队对新华社音视频业务和需要完成的四项任务有清晰理解，而不是被动执行，需要业务团队与技术团队的紧密融合式协作。为此，音视频部大直播协调会有自己特色的——逐环节汇报，由上下游每个环节的业务和技术人员对正在汇报的环节提问题、确定协调细节。大协调会主持者需要站在业务、技术体系的高度把握全流程，要比每个环节的具体操作者更善于发现问题、确定解决办法和相关规则；要更善于根据业务、技术体系安全顺畅运行的需要解决问题，理顺流程。

正是因为有了新华社全球视频智媒体平台的支撑，我们可以在重大战役性报道中积极实施报道创新、业务创新。以重大战役性报道作为创新发动机和平台，不是无谓冒险，而是要充分掌握技术系统的可能性、风险点，充分掌握业务流程的关键点、风险点，并能够在统合把握技术系统与业务流程的基础上，梳理把握创新需求与可能遇到的问题。

基于这个智媒体平台，我们不仅实现了中文直播、英语直播、音频直播三个直播在一个业务体系同步完成，并在 2018 年两会加进了音频直播形态。这也是我们首次在重大战役性报道中实施互联网音频直播。其中，喜马拉雅 FM 在“外长记者会”采用新华社音频直播信号，总参与数超过 245 万人次，是当日中央级媒体在新媒体平台的独家音频直播。我们还利用直播体系实施直播式发稿，利用现场传回的摄像机信号和无“新华视频”标志直播信号，以快切方式发短视频；利用高清直播信号和电视通稿线路、音频通稿线路、英语通稿线路、短视频专线等同时“多切、快剪”。在与 2017 年同期相比未增加编辑人手的情况下，

2018 年两会期间该平台以快切方式共滚动播发短视频 777 条。这种直播式滚动抢发短视频的报道形态，体现了通讯社工作模式和报道形态的优势，所发布的节目占据新华社客户端视频页面的 90% 以上。仅在“新华视点”微博账号，此类短视频的点击量就达到 200 多万。在 2018 年两会期间，以这个智媒体平台提供的视频做支撑，我们实现了在新华社法人微博“新华视点”和微信公众号上滚动播发全媒体快讯，即文字、图片、视频同步发稿并组合在同一界面中，形成了我称之为“融媒体快讯”的新产品形态。基于新华社全球视频智媒体平台的支撑能力和音视频部已经相对成熟的业务流程，在重要节点，我们成功实现重大程序要闻“融媒体快讯”抢发，有效实现了文字、图片、视频的融媒体协同，提升了报道力。新的产品形态形成了很好的传播效果。

第三节　构建方法与实现路径：融合运作体系关键所在

推进媒体融合发展、催化相融质变的关键，不仅在于媒体融合技术平台的建设，更在于融合运作体系构建。媒体融合技术平台构建的核心目标，是增强体系竞争力。体系竞争力的构建与增强，不仅基于媒体融合技术平台，还基于构建能够有效发挥这个平台功能与扩展性的，以制度安排、养成培训、系统管理为实现手段的运作体系。完成技术层面上的媒体融合平台建设，还只是媒体融合技术平台构建的第一步，能否顺利上线、能否纳入所有资源和要素，以制度安排、养成培训、系统管理为实现手段的运作体系构建水平如何，决定了媒体融合成效与水平。融合运作体系的构建过程，就是先进技术与业务需求、业务管理相融合的过程，就是制度建设、养成培训和系统管理逐步完善的过程，就是人力资源和团队能力得到有效激发、放大的过程，就是驱动多元创新、提升综合竞争力的过程，就是实现信息内容、技术应用、平台终端、管理手段共融互通的过程。

“媒体融合是一场不容回避的自我革命。”[①] 媒体融合技术平台规划、建设的过程，必然要求业务系统与技术系统在新水平融合，必然伴生业务团队与技术系统的磨合、协同，必须追求在这个过程中优化流程、整合资源，必须追求以技术平台建设支撑、驱动业务创新和其他方面的创新。这种不断推进的相融而合，就是媒体融合进程要解决的核心问题。在构建既与媒体融合技术平台相适应又能够有效发挥其效能的融合运作体系过程中，不断以体系思维和创新手段推动这个融合运作体系有效运作，就可切实获得、有效发挥媒体融合的整体优势，实现“催化融合质变，放大一体效能”[②]。

融合运作体系是由参与全流程工作的“人”，在媒体融合技术平台支撑下构成的体系性“组织”。其构建，始于融合技术平台系统设计，成于融合技术平台构建过程中技术与业务融合，决定于一整套制度安排。

新华社全球视频智媒体平台建设过程，实现了融合运作体系的同步构建，有效体现了流程优化、平台再造和各种媒介资源、生产要素有效整合，实现了信息内容、技术应用、平台终端、管理手段共融互通。这既是发挥新华社全球视频智媒体平台效能的重要物质基础，也是形成并不断增强体系竞争力的关键选择。在同步构建融合运作体系过程中，也形成了一系列独特实现路径、构建方法和关键环节处理手法。

以新华社全球视频智媒体平台总体设计与相关媒体融合运作体系为研究样本，通过对其理论基础、设计原则、制度安排以及如何解决相融性问题的研究，探讨媒体融合运作体系构建方法和实现路径，对更进一步深刻认识媒体融合核心问题、推进媒体深度融合、构建融媒体中心相关的媒体运作体系具有参考价值。

① 黄坤明：《积极适应全媒体时代发展大势 加快推进媒体深度融合》，《人民日报》2019 年 2 月 26 日，第 4 版。

② 同①。

一、体系构建：始于体系竞争力追求，成于技术与业务融合

体系，是一定范围内相关要素基于特定目的、按一定秩序和内部联系、遵循一定法则和规则以及制度安排有效运行的集合体，是由不同系统组成的协同系统。在这样的集合体中，相关要素产生新的连接方式与协同方式，从而形成体系聚合，并发挥出新的效能。

体系性对抗和竞争，正在成为现代社会的一种主要竞争形态。在经济领域，企业间的竞争能力不仅体现为创新能力，还体现为创新成果的实现能力，体现为供应链和销售体系的融合控制能力。移动互联网领域的所谓生态系统竞争，实质上就是体系建构与运用成效的竞争，就是一种体系竞争。而竞争形态也正在演化成体系对抗，尽管有非对称性打击战略，但仍然集中于体系作战能力的对抗。

就媒体融合而言，“形成体系竞争力的前提，是构建体系，不仅要在一定物理空间里整合各方面资源和力量，还要借助技术力量在同一时空和异步时空，更有效率地集聚媒介资源和生产要素，形成体系聚合，打造体系竞争基础，更有效地激发这个体系的潜力和活力，生成并体现体系竞争力”[①]。这样的体系，就是融合运作体系。融合运作体系的核心，是以参与全流程工作的“人”及所构成的人力资源为主干，在媒体融合技术平台支撑下，按照相应生产服务流程、制度安排，构成的一个有机运作的体系性“组织”。这种体系性组织，基于媒体融合目标而存在，所以被称为融合运作体系。

这种运作体系，是一种 “流动性组织”，是生命系统中的组织层次，如人体中血液就构成了这种“流动性组织”。这种体系性组织，是人力资源、生产资源、服务资源、用户资源在一定制度环境、技术环境下运行，有效集成各种要素，不仅生产物质产品，也生产与此相关的知

① 陆小华：《增强体系竞争力：媒体融合平台构建的核心目标——新华社全球视频智媒体平台的探索与思考》，《新闻记者》2019 年第 3 期。

识，从而形成制度经济学家康芒斯[①]所称的“运行中的机构”。这种体系性组织，是我曾讨论过的整合成本相应较低的“软组织、轻结构”。与管理学意义上的组织相比，它同样是由诸多要素按一定方式相互联系起来的系统，但它更是人们为实现一定目标、在一定制度安排、流程安排约束下互相协同行动而形成的集合体或“软团体”，是一种体系性组织形式，而不是因为有行政隶属关系、权力授予与行使而形成的有确定职权、岗位和编制的“硬团体”“硬组织”。这种体系性组织，不再主要呈现为集中式指令性控制，而是呈现按一定规则与机制运行的分布式协同性控制，多个主体通过协调合作而呈现出群体智慧。因而，这样的融合运作体系，不仅能够实现资源共享，而且能够实现一定程度的行为协同，既能够有效发挥媒体融合技术平台功能，又能够有效发挥各种资源要素的作用。

正是因为融合运作体系是由人构成的，构建融合运作体系客观上会触及人的习惯、人与人的协同关系、资源配置，等等，所以构建融合运作体系，不仅需要通过流程优化、制度安排、养成培训、系统管理等手段实现，更需要人们在理念层面、认知层面、习惯层面发生变化以协同配合。分析新华社全球视频智媒体平台的总体设计形成过程与构建过程，就会发现构建融合运作体系、增强体系竞争力从一开始就被确定为必须实现的目标，以实现“先进性、实用性、兼容性”的要求。项目从最初启动时就确定了下述原则，即在整合需求后的深化设计方案中，必须着眼于大需求，构建大系统、大流程、大功能，努力构建一个包括采集、传输、内容生产、内容服务四大领域、汇聚各方面资源、满足多种需求的大技术平台，以尽可能推动新华社视频供稿业务适应互联网时代、适应媒体融合。这个总体设计的物质基础，在于一个负责主体同时主导两个技术项目的建设，一个是包含视频内容采集、传输、生产的高清改造项目，另一个是用于服务新华社视频供稿用户的基于互联网的视

① 约翰·R. 康芒斯（1862—1945 年），美国制度经济学家。主要著作有《资本主义的法律基础》和《制度经济学》。

频内容分发平台[①]。新的总体设计确定要把这两大项目打通，构成一个包括视频采集、传输、内容生产、内容服务四大领域的大流程、大平台。因此，技术团队深化设计时必须以流程思维、系统思维、体系思维去实施高清改造项目和内容分发系统项目，并从底层连通这两个项目相关系统从而形成新华社全球视频智媒体平台；同时，还必须基于这个视频智媒体平台构建生产服务运作体系，从而实现体系聚合，有效提升全员、全流程、全要素的生产效率、利用效率和运作效率。基于一个责任主体既从事报道业务管理，又组织实施这两个技术建设项目的特殊条件，基于对于媒体融合运作的研究和思考[②]，在全球视频智媒体技术平台建设实践中，构建媒体融合运作体系的理念、认知与方法在实施中一步步深化，成果也一步步显现。

也正因如此，项目启动之初所确定的这个媒体融合技术平台总体架构和主要功能的八个定位[③]，符合先进性要求和实际需要，从而能够在智媒体平台建设中切实体现。这八个定位：一是支持跨系统调用，即必须能够在高清系统调用新华社多媒体数据库内容，能同时处理视频和文稿；二是大数据功能，即必须能自动积存全流程、各环节的数据，而且能够按照一定条件和算法对数据进行简单分析，然后随时反馈给记者、编辑；三是支持移动采集、移动传播，即能够接收用手机等移动终端、移动方式发来的视频稿件，能够通过这个系统向移动终端一键发稿；四是支持智能监控系统运行，即必须能够在指挥中心、监控中心随时知道系统中每个设备的工作情况，减少巡检工作量，体现一定程度的智能运

① 新华社音视频部作为责任主体，同时主导两个大的技术建设项目。其一是基于互联网的视频分发平台，建设目标是通过互联网为新华社媒体和非媒体等机构用户提供视频服务，此前已经开始建设。其二是高清建设项目，包括四大子项。

② 新华社全球视频智媒体平台建设的特殊条件之一，就是我作为负责人，既负责音视频业务报道，又负责这个技术平台建设，又是一个长期研究媒体融合的学者。这种条件给技术平台建设和体系构建带来了明显益处。

③ 这八个定位是 2016 年 5 月 12 日在新的高清项目联合项目组第一次会议上提出来的。这次会上我还明确了一个原则，不做力所不及的技术设想，比如，不建社交聊天子系统。

行；五是破除信息孤岛，打通全系统，包括采集子系统、制作子系统、播出子系统、资料子系统，既要无缝对接又能互相调用；六是向下兼容，即通过新系统可以调用、利用原资料系统存储的视频资料；七是支持自动转码，既能够实现高速转码、批量转码，也能够输出高码流、兼容低码流，兼容标清；八是支持融合发稿，即适应媒体融合需要，支持视频、图片和文字的组合。

这八个定位，决定了这个全球视频智媒体平台能够完成从为电视播出制作视频，转向为互联网点播制作视频产品的重大转变。明晰定位是为了明晰技术路线和建设目标。总体设计的基本原则就是要定位大需求、考虑大系统、打通大流程、实现大功能。在大需求、大系统、大流程、大功能的总体考虑之下，来决定每一步、每一部分要实现的功能，决定各个部分如何连接。这就要求整个技术团队必须加深对业务流程的理解。

二、构建基础：打通全流程相关系统底层支撑体系化运行

构建融合运作体系始于融合技术平台的系统设计。而影响设计方案整体性、系统性等水平的决定性因素之一是理念，是对于媒体融合与互联网发展趋势的认识，是对于系统、流程、体系等的认识。这些决定了技术系统的建设目标和实现方法。

技术系统如何搭建，会制约运作体系如何构建。实际上，一个技术业务体系的体系化水平高低、实现绩效大小的决定因素，在于采用什么技术手段实现，更在于对大需求、大流程、大系统、大功能的认识、追求和定位。这需要技术团队必须有很强的流程思维、系统思维、体系思维，要有很强的技术与业务互相融合的意识，关键是按互联网思维去构建大流程、大系统、大功能，要先做好架构设计、系统构建，想清楚这个大流程、大系统要实现什么功能，怎样能与新华社在用和正建的其他大系统实现无缝连接、互相调用；要从大系统层面考虑清楚各子系统功

能与接口。总体设计的关键之一是架构设计、系统设计、结构设计，它要求技术团队转换思维，从结构工程师、系统工程师、架构设计师层面考虑问题，从流程、架构、结构层面思考为什么内容生产服务流程这么设计，按分工和专长为之服务，而不是停留在单纯技术、单纯设备选型层面。

（一）大流程：在再造流程中优化流程

如何定位需求？实践中人们有各种各样的需求，但归结于一，是需要基于对媒体融合趋势的认识、从竞争战略层面去提炼升华，形成大需求。这样的大需求，就是要形成构建融合运作体系所需要的大业务流程和支撑这种大流程的大技术系统。

构建融合运作体系所需要的大技术系统，必须能够贯穿、支撑采集、传输、内容制作、内容分发、用户服务全流程。

什么是大流程，什么是新华社视频业务所必须构建的大流程？新华社全球视频智媒体平台的定位和追求，就是要构建能够贯穿、支撑采集、传输、内容制作、内容分发、用户服务的大流程，把主要服务于采集、内容制作环节的高清系统，与另一个已经在建设的基于互联网的视频分发系统对接起来，构成一个大技术系统、大技术平台，以支撑大流程。这个大系统、大平台如同一个架设在数据库上的全流程采集、制作、服务平台；高清改造项目是主系统、主管道，互联网视频分发系统是子系统、是面向用户的服务平台；这个主系统的基础就是音视频数据库。人们要以模块化思维把握不同子系统间的关系。高清系统就是基于数据库的高清视频采集、制作平台，这个平台必须连接面向用户的互联网视频分发系统。这个大系统又可以是新华社全媒体采编发大平台的一个子系统。对视频数据库的定位要超越电视界通常所用的媒资库概念。媒资库的核心功能只是编目、存储、管理，而这个大系统、大平台的视频数据库应当支持通过授权使用方式直接出售数据库内容产品。

以这样的理念和定位建设新华社全球视频智媒体平台，构建大流程也体现为在再造流程中优化流程。一个技术系统最重要的恰恰是其"软"的部分，是大系统构建及其与各子系统衔接，是内容数据、数量数据和行为数据等的自动积存，以支持构建融合运作体系。在互联网时代构建的技术平台，必须改变依靠一个个子系统物理隔离、互不相连来保证技术安全的习惯做法。

（二）大系统：打通全流程所有相关新旧系统底层

构建融合运作体系所需要的技术系统，应是大技术系统、大技术平台，而绝不仅仅是一个内容编辑平台。大流程需要使用多个技术系统的相关功能以做支撑。一个内容采集、加工、分发、服务大流程所需要的技术支持能力，一定不是单一的而是多样的；所涉及的技术系统一定是多个而不是一个；其中部分系统也往往已经存在，而且必须继续使用。把一个责任主体同时建设的两个技术项目连通、构建成一个可以支持采集、加工、分发、服务的大系统、大平台，依然不足以满足全部业务需求，不足以支持实现构建一个媒体融合运作体系的目标。因此，作为这个大平台的总体设计者，我做出了新的选择，一是要求联合项目组技术团队与承建厂商技术人员加强沟通，深化设计，必须实现完全打通其分别设计的演播室部分和非编制作部分；二是在深化设计方案与建设中，增加一个基于互联网的音视频生产体系管理平台①，以此平台为纽带连通所有与音视频生产和服务相关的新旧系统，从而实现所有新旧系统底层相连，构建成一个大技术系统、大技术平台，彻底解决多数原有系统互不相连的问题。

就技术平台总体设计而言，以一个管理平台连通所有与音视频内容生产服务相关新旧系统、子系统底层，是一个思路清晰、结构简明的方

① 这个基于互联网的音视频生产体系管理平台相当于所有系统之上的一个连接平台和管理平台，所有新旧系统模块与音视频生产体系管理平台底层连通，从而可以打通信号流、信息流、数据流、指令流，既构成一个具有多种功能的大技术系统、大技术平台，又可实现对这个大平台中所有子系统运行状况的管理和控制。

案，更体现系统思维和互联网思维。这个构想和设计方案的实施关键，就是以什么方式打通全流程所有相关新旧系统底层。这些系统中，有些属于新华社采编业务的基础性系统，比如，ENEWS 系统是各种重大事件、突发事件报道中新华社文字报道移动发稿主系统。不管是体现媒体融合思维、适应移动优先策略，还是基于共享资源等，都同样需要非编制作系统与 ENEWS 系统连通，以使音视频编辑也能使用通过 ENEWS 发来的音视频稿件的文字部分和其他相关稿件。

打通所有新旧系统和子系统的底层，是艰难的一跃。此过程中的典型案例，就是如何把原先独立运行的音频内容编辑系统与音视频生产体系管理平台连通，从而并入新华社全球视频智媒体平台。联合项目组技术团队与原承建厂商协商确定了四点解决方法：一是音频采编系统作为独立应用，集成到音视频生产体系管理平台中，由统一门户系统负责维护用户的对应关系；二是音频采编系统的相关元数据等信息同步到音视频生产体系管理平台的统一数据库中，实现统一检索，数据查询和数据更新接口由音视频生产体系管理平台开发方统一定义；三是音频采编系统向音视频生产体系管理平台提供采集、编辑等相关数据；四是音频采编系统和视频资料库系统的互联，按照《新华社音像资料库与业务系统媒体文件交换互联规范》实现互联互通。

打通所有新旧系统的底层，需要有坚定的目标、清晰的思路与专业的执行力，更需要会商机制。实践中，这个会商机制包括：相关部分的技术人员在一起共同探讨、解决问题；在联合项目组和承建厂商参加的每周例会上决定打通底层涉及的重大事项，等等。

（三）数据流：自动积存、自动汇聚、实时共享

从构建融合运作体系的层面考虑问题，构建贯穿采集、传输、制作、分发、服务全流程，构建能够支撑这个大系统的技术系统，关键不仅在于实现信号流、文件流有控制地按流程、程序和指令自动流转，还在于实现数据流按流程、程序和指令自动流转，实现数据的自动积存、

自动汇聚、实时共享。打通所有新旧系统底层接口实现连通，不仅要实现信号流、文件流的共享，实现大流程；更重要的是与音视频生产体系管理平台连通，实现数据流的自动汇聚和共享。

这个技术平台在建设启动之初，就确定了要实现自动积存、自动汇聚、实时共享数据的目标[①]。其后，数据流在全流程、全系统的利用，成为重要追求目标和攻坚重点。从更高层面看，信号流的连通是承建厂商的看家本领，而智媒体平台的攻坚重点是数据流的获取和连通，自动积存、自动汇聚等其他新闻机构没有实现的目标都是必须攻克的难点。

尽管大数据的发展引人关注，但数据流实施难点首先就在自动积存上。非线编辑设备能否自动积存数据并打开底层接口实现自动汇聚数据？从非编设备的设计和相关厂商的反馈看，过去没有这方面的考虑。新华社全球视频智媒体平台构建过程的重要成果，是在相关厂商的配合下修改了非编设备的软件设计，实现了数据自动积存，并打通了底层接口，实现了自动汇聚，从而使数据流目标的实现更进了一步[②]。最终，依托智媒体平台的大数据功能，可以获知每一位记者、编辑即时和一段时间的工作数量，可以获知一条视频稿件成品共使用了多少素材以及使用了什么编辑动作，可以获知一条素材在一段时间曾经被多少条成品稿件使用过，可以获知一条成品稿件各个环节的加工时间。分析这些行为数据和数量数据，可以帮助提高工作质量和工作效率。

在方案实施阶段，我曾经计划在编辑工作平面的上方以多块大屏幕

① 自动积存、自动汇聚、实时共享数据的目标，是我于 2016 年 5 月 12 日在新的高清项目联合项目组第一次会议上提出来的。

② 最初在联合项目组和承建厂商参加的每周例会上，我多次提出非编系统的生产数量数据和行为数据都要自动积存。但最初得到的反馈是非编机没有这样的数据。在我看来，非线编辑机无非是功能更强大一点的专用计算机，只要是计算机，就会留下使用痕迹，就可以提取出相关数量数据和行为数据。以这样的思维方式与相关厂商研发负责人沟通后，在相关厂商的积极努力、大力配合下，按照把以往只放在缓存里的使用痕迹等数据保存下来的解决思路，修改了系统软件，实现了自动积存，然后打通底层，设计接口规则和数据格式，把相关数据提取出来，汇聚到音视频生产体系管理平台，实现了数据流目标。

显示对数据的多元分析，作为一个有形的数据汇聚显示中心，这有助于增强这个视频智媒体平台的培训功能和影响力，只是因为工期太紧而放弃了[①]。

（四）移动性：支撑移动传播优先和在任何地点构建编辑中心

构建媒体融合运作体系，就必须适应移动互联网的发展，适应移动传播优先，这要求正在进行的技术系统深化设计和方案实施要体现移动性。解析新华社全球视频智媒体平台的总体设计和实现功能，满足移动性体现为：满足移动采集、移动编辑签发、移动互联网终端用户使用、新华社海内外移动终端发稿、移动互联网终端用户供给内容产品的需要。

（五）便利性：以提升系统集成度、使用便利性支撑体系运作

为支撑构建媒体融合运作体系，智媒体平台的深化设计和实施必须高度重视系统的集成水平，从而提升功能。这如同摩尔定律所描述的，芯片的发展特征之一就是不断提升芯片的集成度。智媒体平台以资源整合、再造流程、提升效能的思维，打通底层，连通所有与音视频内容生产服务相关的新旧系统，就是提升智媒体平台集成度的体现。

而从构建媒体融合运作体系的层面看，提升系统集成度的衡量标准与效能目标更集中在系统功能与人机界面的便利性水平。便利性决定了这个技术系统的被接受度和能效发挥水平，也影响着媒体融合运作体系的构建。

如何通过提升系统集成度来提升音频、视频素材使用的便利度？途径之一，就是提升音频部分的共享水平。这既包括把现场的音频信号直

① 新华社全球视频智媒体平台的高清非编和资料库部分、演播室部分，自2016年11月16日由招标阶段转入实施建设阶段，至按联合项目组确定并实现的试运行时间2017年2月19日，实际施工时间只有96天，2017年3月3日开始通过平台进行高清直播、进入全系统实际运行，实际施工时间只有108天。其中还跨越春节。

接接入演播室和各编辑系统，提升对突发事件的反应速度和稿件中现场信息的丰富度，也包括通过把音频制作系统与视频制作系统互联互通，提升视频直播信号质量和素材中的音频部分的共享水平。这个视频智媒体平台在这两方面都提供了强大支撑，实现了较高能效。

（六）协同性：以同步性和系统性功能实现体系性运作

协同性是媒体融合运作体系的核心要求，也是技术平台必须支持的关键指标。在技术平台深化设计和实施过程中，协同性要求必须体现在多个方面。

不同途径传来信号的同步性问题，就是系统协同性的一种体现。从构建媒体融合运作体系的层面说，对协同水平的追求还意味着能让内容生产者在这个智媒体平台上实时看到需求信息和用户反馈信息，因此，在按照智媒体平台深化设计方案实施阶段，在打通全流程所有系统底层的同时处理好同步性问题，努力实现协同性追求，就成为一项必须认真完成的目标[①]。

（七）扩展性：适应需求和技术变革不断优化系统扩展功能

从构建媒体融合运作体系层面考虑，新华社全球视频智媒体平台还必须具有一定的扩展性。这既指系统本身的不断优化，也指为适应媒体深化融合和体系构建的需要而增加新的功能，更是指要进一步适应科技进步，引入人工智能等技术成果，进一步提升这个全球视频智媒体平台的功能和效能。尽管一些新闻机构拥有数量巨大的视频资料，但相关资料管理人员在工作中发现，其再利用率仅为1%~2%。视频识别和理解可以给视频资料和产品自动添加水印，提升视频数据的“颗粒度”，从而提升视频资料的再利用率。

---

① 在2016年11月21日的联合项目组会议上，我再一次强调了要解决好同步性问题，努力实现协同性追求。

三、制度安排：构建流动性组织实现体系化数据管理

媒体融合运作体系的构建，不仅需要能够支撑大流程且具有数据流、移动性、便利性、协同性等功能的大技术系统，更需要能够有效发挥这个平台功能与扩展性的一系列制度安排，以保证把这个系统的使用者组织成一个体系，构建成一个“流动性组织”。这样，养成培训、系统管理等才有物质基础，媒体融合运作体系才能构建起来。

全球视频智媒体平台打通了与音视频内容生产相关的所有新旧系统，使用者可以从音视频生产体系管理平台一个界面进入，使用所有功能。这体现了便利性追求。但能否从便利性入手，在这个平台上构建让所有使用者能够不自觉加入的“流动性组织”，实现更高效的协同和全流程、全周期的数据管理，就需要探索制度安排和手段创新。

（一）唯一性账号：把使用者导入“流动性组织”

从构建媒体融合运作体系层面看，应努力把没有行政隶属关系的使用者，纳入协同运作的“流动性组织”“运行中的机构”，实现有效协同。分析新华社全球视频智媒体平台与相关运作体系的构建，就可以看出，有效手段之一就是有效利用登录音视频生产体系管理平台、使用所有功能的唯一性账号，把使用者导入“流动性组织”，使平台承接起帮助构建体系、汇聚数据的功能。这客观上就必须改变传统互联网平台允许使用者自己选择账号和密码的做法。

新华社全球视频智媒体平台与相关运作体系的构建，在这方面确定了八个工作原则。

其一，唯一性账号本身就应反映使用者的相关信息。智媒体平台唯一性账号编码规则需特别考虑在自动积存数据、多维度分析数据时把相关数据映射到个人和其相关单位、领域、类别的工作需要；可以借此唯一性账号在数据库中多个维度映射、关联与此使用者相关的数据，并可做多个维度的分析。

其二，为新增需求预留账号使用空间。考虑新华社视频业务发展和媒体融合不断深化，会有部门（单位、总分社）及所辖处室（新海外分社、记者站）对智媒体平台提出新使用需求，账号代码设置需预留空间。

其三，在唯一性账号编码规则中，赋予每个字段确定含义，构成使用者身份、位置信息整体。

其四，唯一性账号由智媒体平台按照编码规则确定、发放给每个使用者，而不是由使用者自己确定。

其五，实施使用者白名单管理。在数据库中，关联唯一性账号与受权使用者的真实姓名和相关信息。

其六，对使用者唯一性账号后四位实行同一性管理。唯一性账号的后四位是使用者本人唯一账号。当使用者离开新华社后，相关唯一性账号封停，账号中的后四位数字也不再重复发放给其他使用者，以免相关内容数据和其他数据出现混乱。

其七，对使用者唯一性账号前八位数字实行动态管理。当使用者工作岗位或职务变动时，则相应变动相关位的代码。

其八，对唯一性账号的使用提供便利服务。使用者只需第一次登录时输入实名和此唯一编码，此后，只需输入姓名和密码即可，以提升便利性。

在新华社全球视频智媒体平台与相关运作体系的构建中，唯一性账号的编码规则既有独创性，又有很强的效能，有效支撑了体系构建。其所确定的唯一性账号的编码规则为：唯一性账号由 12 位数字组成，其中，第 1 位为单位类别；第 2~3 位为单位代码；第 4~6 位为处室代码；第 7 位为人员身份（在职员工、海外雇员、实习生等）代码；第 8 位预留，暂设为 0；第 9~12 位为个人代码。

单位类别代码（第 1 位）是将总社各部门单位、国内各分社、海外各分社分为三大类，分别定义其代码为 1、2、3。单位代码（第 2~3 位）是根据已形成的单位顺序编码，并为未来可能出现的新业务实体预留的号段。处室代码（第 4~6 位）中，一是对总社各部门单位一般都设有的共性名称处室进行统一编码，对于总社部门单位所辖处室个性名称，在“视频高清系统唯一性账号编码规则详表”中进行特殊号段编码。对总社在国内各地设有分支机构的单位（如新华网等），根据所在地、参照国内分社排序、用特定号段对分支机构进行统一编码。对国内各分社下辖共性名称处室实行统一编码，个性名称处室实行特殊编码。对国内分社的各支社在确定号段进行统一编码，并预留号段。对海外各总分社一般都设有的共性名称处室进行统一编码。对海外总分社所辖各分社由东经经度起始，从低到高排序编码。

依此编码规则实施，就为“流动性组织”的建立和体系构建，打下了基础。

（二）依角色职责配置权限：以对象化有序服务为用户创造价值

为保证媒体融合运作体系有序运行，新华社全球视频智媒体平台确定了以岗位职责区分角色、分别配置权限的管理原则，配置智媒体平台的唯一性账号权限，基于为使用者们创造价值，实现对象化有序服务。

新华社全球视频智媒体平台具有多种功能和多种使用权限。但分布在全球的使用者，其岗位职责不同，表现为以不同角色使用这个智媒体平台。因此，以其岗位职责作角色区分，既可以分类服务，更可以按角色积存、分析相关内容数据、数量数据、行为数据等。这个智媒体平台也可以在进行对象化服务过程中，根据有关反馈和数据更有针对性地优化系统；同时，区分岗位职责按角色积存的数据，也可以让智媒体平台实现为使用者创造价值的追求。因此，首先把智媒体平台的使用者按岗位职责（记者、编辑、终审、领导、总编室业务管理、资料管理等角色）进行区分，分别赋予回传系统、移动发稿系统、非编系统、资料系统、音频编辑系统、统一发布系统的使用权限。对媒体用户使用者则按合同约定和使用方式区分角色和权限。

在智媒体平台上线初期，考虑试运行期间必须确保安全有序，有些系统和模块的功能需渐次扩大使用范围。智媒体平台硬件部分运行状况、一些行为数据等，权限控制则应更严，赋予权限人数应更少。

（三）四级响应机制：支持智媒体平台和运作体系安全运行

构建媒体融合运作体系所需要的制度安排同样是一个体系。在构建媒体融合运作体系进程中，不仅必须以唯一性账号把使用者导入这个“流动性组织”，还必须以相应的管理规则支持这个视频智媒体平台和运作体系安全运行。

在保证制度有效的重要管理原则中有几条特别重要。

1. 必须坚持技术平台的使用者一人一账号

这条原则保证管理者可以确切掌握是谁在使用这个系统。与之紧密相连，就必须有效消除习惯出现的多人共用一账号的现象。音视频生产体系管理平台上线之时，作为一条铁规则，新华社全球视频智媒体平台坚决废止了所有集体账号，禁止借用、共用账号。

2. 实施白名单管理

白名单即为授权使用者名单。白名单管理，即依据预先置入音视频生产体系管理平台内的白名单来对应服务使用者，限制非授权使用者。这是媒体融合运作体系制度安排的关键一环。新华社全球视频智媒体平台是一个专业的音视频采集、生产、分发、服务系统，为确保报道安全、运行安全，必须确保使用者是被授权的。作为白名单管理的一部分，可以实施唯一性账号申请制。智媒体平台的实施方式是由新华社各部门、单位、分社向平台的管理机构音视频部书面发送账号申请者名单，从而形成使用者白名单。音视频生产体系管理平台里置入的白名单中有姓名、单位和相应唯一性账号，对应使用者才可能通过音视频生产体系管理平台注册账号、登录使用。

3. 实施登录 IP 管理

登录 IP 管理是通过对使用者登录地点的管理，来管理视频智媒体平台的使用行为，以实现安全运行的目标。唯一性账号本身就包含了常规工作地点、工作岗位信息，为登录IP管理的实施奠定了基础。一旦某个唯一性账号登录IP情况异常，不在常规应在地域，视频智媒体平台的音视频生产体系管理平台就会做出反应，根据预定规则实施管理，以防止恶意登录、影响安全的情况发生。

4. 实施唯一性账号登录行为监管

即使唯一性账号的登录IP没有让系统感知出异常，音视频生产体系管理平台依然应当根据预定规则对所有已登录唯一性账号的使用行为进行监管。一旦使用行为超越四级响应机制管理规则的某一阈值，音视频生产体系管理平台就会做出相应反应。

音视频生产体系管理平台对唯一性账号登录行为实施四级管理响应机制，根据登录IP、上载情况、下载量等指标，把唯一性账号使用行为区分为正常、疑似、问题、严重四类，并分别做出授权、关注、询问、拒绝四级反应。登录IP、使用行为处在正常状态、正常阈值内的，视为正常类，音视频生产体系管理平台给予使用授权。当登录IP、登录行为超越某个阈值进入疑似级时，音视频生产体系管理平台就要关注这个账号的登录状况。这个阈值是根据正常使用情况由管理员设定的。如同一时间点或某一时间段某个账号下载视频资料量超过设定阈值到一定程度，与正常使用行为相比疑似反常，系统就自动把这个账号的使用行为列为关注，给管理人员发出提示。当使用行为超越更高一级阈值进入问题类时，音视频生产体系管理平台就要提示管理人员通过观察使用行为数据、电话询问等方式确认是否存在问题。当使用行为超过严重一级的阈值、被系统根据规则界定为严重类时，音视频生产体系管理平台就应拒绝这个账号的登录要求。

四级管理响应机制要求管理者对各种登录、使用数据进行持续跟踪研究，根据视频智媒体平台使用量的上升，确定登录、使用行为不同类别的阈值标准，从而既保证运行安全、报道安全，又不影响使用者的使用体验。当然，必要的规则是，音视频生产体系管理平台对登录行为、使用行为数据，必须进行高权限管理，严防泄露等问题。

（四）统一签发系统：编审制度执行的技术保障

技术平台是为媒体融合运作体系服务的。因此，“信息内容、技术应用、平台终端、管理手段共融互通”的应有之义，是以技术手段为编审制度的执行提供支撑和技术保障。在新华社全球视频智媒体平台数以千计的使用者中，仅在内容生产部分，就有记者、编辑、终审等多类职责角色。其中，编审制度执行的技术保障重点之一，是严格区分并以技术手段控制编辑与终审两类职责角色的使用场景、使用行为、使用权限。这是因为，分析媒体多年运行实践和以往的报道差错产生原因，就会发现相当多的报道差错以至于报道事故发生，都与自写、自编、自审的编辑与终审角色错位、职责越位有关。在新闻生产大流程中，内容质量和报道安全就是通过记者、编辑、终审的角色分工，通过不同岗位分工之间的互补和制约来保证的。因此，新华社制定并不断完善了三审一校制度。在视频生产中，编辑与终审岗位角色规定职责的有效执行，同样是履行三审一校制度、保证报道安全的重要基础。但编审职责分离，以各自角色与职责执行三审一校制度，不能仅仅靠人的自觉性和纪律性，还必须以技术手段确保三审一校制度执行，做到不仅让编辑角色和岗位不能签发稿件，更要让终审人在发现稿件有错漏不具备签发条件时，自己无法动手修改这个稿件，而只能通过退回编辑修改的方式处理。

这个管理目标的实现方式，就是在智媒体平台深化设计和实施过程中，专门增加统一发布系统或终审签发模块，按能编不能签发、能签发不能修改的原则设计业务流程和技术运行响应规则。当使用者的唯一性账号只具备编辑权限时，就看不到终审界面。当终审人登录智媒体平台时，在统一发布系统的终审界面可以看到待终审稿件，但只具有签发、退回两种功能。稿件达到签发标准，可以在勾选各视频发稿线路、新媒体终端等选项后一键签发。一旦发现稿件不具备签发条件，就只能选择退回。统一签发系统对待签发稿件不提供编辑修改功能，稿件只能回到非编系统中修改。与以往使用习惯相比，终审人不能动手直接修改稿件，这或许会让终审人感到不够方便，或是担忧在有修改情况下影响时效，但这个终审签发系统的实施，就是要给三审一校制度的执行以坚实的技术保障和系统保障。这也是以再造流程优化流程的重要组成部分。

四、培训养成：多层面解决相融性问题实现融合体系运作

媒体融合走到一定阶段，通常会遇到一些战略性问题，即往什么方向走、做什么主导产品、实施什么突破战略；也会遇到一些技术性问题，诸如装备、设备、技术的应用；但更会遇到一些相融性问题，即既有需求在现有生产方式下如何满足，是基于原有流程简单满足需求还是基于再造流程创造性满足需求，采编团队、用户服务团队如何适应新建技术系统；等等。人们比较关注的人机界面，只不过是这种相融性问题的一种表现，更强烈的表现，在于新建的媒体融合技术平台如何处理原有工作流程、资源配置和运作方式。

如何解决人们已经提出的问题，如何帮助人们实现融合目标、进一步增强体系竞争力？媒体融合中，相融性问题是复杂的。人们在理性层面都认同应当进行媒体融合，但融合本身就意味着人们要走出“舒适区”，人们在习惯上、情感上、心理上，在潜意识层面依然会有所惧斥、有所疑问，甚至有所抵触。因此，构建媒体融合运作体系，不仅要从为使用者创造价值出发，还要从多个层面解决相融性问题，以构建一个人们能够在心理上接受甚至愿意加入的融合运作体系。

（一）相融性养成：从征求意见、导入相融开始

在一个新技术系统或媒体融合技术平台筹建之初，项目组总是会调研使用需求。但具体从事内容生产、用户服务的人们并不一定都会对大流程、大需求有系统、深入、前瞻的思考，征集来的需求可能是“散碎银两”。因而，整合各方意见、形成作为技术系统、融合技术平台深化设计依据的整体需求，就是一个关键环节。

但从构建媒体融合运作体系的层面看，征求意见、汇聚需求的过程，不仅有益于形成整体需求，也是一种让未来的使用者群体提前介入技术系统整体设计的过程，是一种提前推进使用者与技术系统相融合的过程，是一种培训养成过程，是构建媒体融合运作体系的重要手段和组成部分。从推进构建媒体融合运作体系目标着眼，征求意见、汇聚需求行动本身既可以发现问题又可以解决问题，既可以导入流程再造、资源整合，更可以借此寻求与媒体融合技术平台有关各方同频共振。这个过程做得越到位，媒体融合技术平台上线和使用就会越顺利，不习惯、不相融就会越少，提升系统运作效率、构建媒体融合运作体系的目标就越容易实现。

新华社全球视频智媒体平台的深化设计和实施建设两个阶段，都按照这个构想，以与编辑团队关联度最高的非编系统、资料系统、演播制作系统的深化设计为切入点，积极向编辑团队征集意见、汇聚需求，在全面实施前创造机会让他们对拟建的技术系统有更系统的了解，在此过程中进一步增强与新系统、新流程的相融性，提前进入培训养成，帮助实现媒体融合运作体系构建目标。

这种将全面介绍技术系统拟实现功能与征求意见、汇聚需求相结合，实现培训养成的工作模式，所带来的效益是极为明显的。比如，梳理在新华社全球视频智媒体平台“非编和资料库子项”方案汇报和意见征集会上[①]收集到的需求后，我们发现重点就集中在 18 个需求和问题上：①文稿和视频，是否可以在同一个界面或者同一个电脑中使用；②视频、图片和文字是否可以绑定后由终审统一签发，或者在同一个系统下展现便于审核，避免出现文、图、视频不统一的情况；③是否可把来自互联网、多渠道的视频素材都导入非编系统，便于快速编辑生产；

① 这次“非编和资料库子项”深化设计和实施方案汇报和意见征集会，是 2016 年 12 月 9 日晚上在新华社小汤山绿化基地会议室、借音视频部处室负责人集中学习的晚上休息时间进行的，联合项目组技术团队和承建方技术人员进行了汇报。按照项目过程计算，这实际上是深化设计技术团队向音视频部做的第三次汇报。

④对发入系统的多种格式视频稿件是否可以统一转换格式；⑤在系统升级后是否可以对视频素材进行自动化管理，不用手动定期删除；⑥是否能够通过非编系统与音频编辑系统对接，直接调用视频稿件中的音频；⑦是否可以从视频文件采集到成品节目生产使用统一稿号，以对稿件自动统计、生成报表，呈现记者、摄像、配音、编辑、拍摄地点等相关信息；⑧是否可以以轻量化工具进行快速剪辑、审片等；⑨能否实现向视频分发系统、新华社客户端等多渠道一键签发成品稿件；⑩能否实现将新系统账号对应到人，以一人一账号替代集体账号；⑪新系统是否可以接收手机视频或通过微信、QQ 等发回的视频，方便突发事件报道时使用；⑫编辑系统的打包、生成环节能否更快；⑬是否可以由系统对视频自动审核，过滤敏感画面；⑭编辑能否通过互联网进入非编制作系统；⑮新系统能否提供文稿交换功能；⑯新系统、新流程能否减少人工处理环节，实现自动化流转；⑰音视频采编业务需要使用的技术系统比较多，能否做一个全流程的生产管理界面，集成各个功能；⑱如何加快定制开发，实现 2019 年 2 月 19 日前新系统上线的目标。这些问题和需求，大部分体现了对大流程和融合运作的期望和需求，这与这个视频智媒体平台的建设目标指向一致，为今后实际使用技术平台和构建融合体系提供了基础。

从构建媒体融合运作体系的角度看，这些问题和需求是在增进对拟建系统功能的了解的基础上提出的，其价值不仅在于提出各自业务需求，也在于帮助深化设计方案。这些问题，涉及的业务层面和对应系统比较多，有些属于本项目范围，有些需通过新建系统解决，有些则需要通过与新华社其他技术系统对接实现。这就要求联合项目组技术团队逐一研究，分出解决优先级，就要求各个子项深化设计和实施方案从系统性层面考虑相互对接，实现数据自动汇聚、自动积存和按一定格式呈现。也就是在这个会议上，实现系统级流程再造，实现数据化、便捷化、高清化目标被通报给了项目组、承建方和使用方。

在新华社全球视频智媒体平台“大厦演播室高清改造子项”深化设

计和实施方案汇报会[①]上收集到的需求和问题，除了涉及演播制作的主播台、灯光、录音等问题外，依然有相当多的部分体现了对大流程和融合运作的期望和需求。其中就有：①配音间能否支持同声传译；②直播时演播室的设备能否支持快编；③通过软件操作调度信号，可靠性如何，能实现多大规模，接收多少类型的信号；④演播室与非编、资料库系统如何对接，能否顺畅实现信号到文件、信号到 IP 流多种转换，实现信号互相联通、数据交互共享，等等。这些问题和需求与演播室新系统的设计目标是一致的，就是应当建成满足新华社音视频业务发展和直播业务运行要求，能够适应互联网和媒体融合要求的全媒体演播室。这样的征求意见过程，就是一种实现相融和认同的过程。

（二）优化培训方法：把提升相融性融入使用技能培训中

客观地看，媒体融合运行体系的构建，绝不会是一个点，而一定是一个阶段，需要不断推进、不断提升融合运作水平。在此过程中，得当培训是有效的推进方式。

在新华社全球视频智媒体平台上线前，不仅进行了多轮需求征集和功能介绍，还实施了多轮培训。这种培训同样以多种方式进行，既有群体授课，也有专项培训。为适应使用者分布多地的情况，培训采取了把在北京进行的讲课通过内部传输系统直播给全国各分社使用者的方式，并做成视频挂在自动化办公网上。这几轮培训，不仅重视提升使用技能，更重视提升新系统、新流程的相融性，发挥系统效能，适应技术变革要求和用户的需求，优化高标准协同，增强体系性。这样就要求培训内容不能停留于具体怎么用上，讲课者必须讲清楚三个问题：一是新系统的设计理念和主要新功能，二是新系统与原系统操作方法与功能比较，三是新系统使用技巧提示。新系统上线前的培训，还融汇在 2017 年两会报道筹备过程的多次报道业务会中，结合选题策划、报道安排、

① “大厦演播室高清改造子项”深化设计和实施方案汇报会是在 2016 年 12 月 10 日晚上在新华社小汤山绿化基地会议室进行的。

流程梳理、岗位分工，融入对新系统上线的相融性和功能性培训。事实证明，在那样任务繁重的时刻，这种培训方式实现了超出预期的效果。

（三）在问题中发现攻略：在“成功上线”中解决相融性问题

媒体融合技术平台的规划、建设成果，都要通过这个技术平台的上线和在业务运行中发挥功效来体现。而技术平台上线的过程，对一个媒体往往是艰难的过程，会伴随着单纯以技术思维或业务思维都难以理解、解决的问题。但这正是媒体融合的契机所在。解决这些问题，就是实现新水平融合的“惊险的一跃”，就如同大中企业在上线 ERP 系统[①]时一样，会推动企业原有运行管理体系产生一系列或强烈或微妙的变革。上线过程一定会提出很多技术和使用方法问题，向新平台、新流程的转换一定会面临适应性问题。我们不仅必须实现“上线成功”，让新技术系统本身顺利进入试运行状态，还必须让使用团队与新系统、新流程在磨合、使用中进入相融状态，实现“成功上线”，从而有效发挥新技术系统和新融合运作体系的效能。从“上线成功”到“成功上线”就是一个制度建设、培训养成和系统管理逐步完善的过程，也是融合运作体系构建的过程。

顺利实现从“上线成功”到“成功上线”的有效方法，是在使用中实现磨合，在问题中发现攻略，在“成功上线”过程中解决相融性问题。从在当年全国政协开幕式上首次使用演播室系统实施高清直播，到在当年全国人大开幕时全面使用高清非编系统向用户发出高清视频

① ERP 系统是企业资源计划（Enterprise Resource Planning）的简称，是指建立在信息技术基础上，集信息技术与先进管理思想于一身，以系统化的管理思想，为企业员工及决策层提供决策手段的管理平台。它对于改善企业业务流程、提高企业核心竞争力具有显著作用。

稿[①]，在使用中实现磨合、在使用中优化流程的努力一直在进行，效果不断显现。比如，以新的信号分发路径实现部长通道和发布会两路直播信号直接从摄像机进入非编系统，不用经过人工上载、下载。这部分流程的再造大大提升了效率和时效。至两会报道结束，采编发全流程全面基于全球视频智媒体平台进行，新系统经受住了考验。

在此过程中，如何运用新系统、适应新流程，使用者会提出一系列问题，上线首日问题更会比较集中。但显然，采编团队一起适应新系统、新流程，所提出的问题中一定有很多是共性问题。因此，平台上线时采取了一个简单有效的方法，把使用者所提出的问题和项目组、承建厂商技术人员的解决方法对应记录下来，整理成书面“问与答”，并在第一时间把“问与答”放在编辑工作区显眼处，发在自动化办公系统通告栏，后来也挂在音视频生产体系管理平台首页处。这些回答，都尽可能简练、清晰、提供图示说明、可供按顺序操作，以解决问题。这样，对问题最初的解决方法，就变成对类似问题的解决攻略。这些问题中，既有具体软件使用问题，也有流程性问题，还有规则性问题，这些问题都通过提供攻略，让其他人通过自我学习顺利解决。这种以“问与答”攻略解决共性问题的做法，也迅速拉近了使用团队与新系统的距离，让彼此更容易相融，也大幅度提升了上线过程的效率[②]。

媒体融合运作体系的构建，是媒体深化融合的要求，也是不断创新的追求。实际运行中的经验和发现，需要不断地在方法论层面加以总结、提炼。基于实践的推动，加上不断推进理论思考，才能不断完

① 2017 年 3 月 3 日早上决定，从当天下午全国政协十二届五次会议开幕式前的部长通道媒体开放活动开始，正式使用新演播室系统实施高清直播，此时新演播室系统仅仅通电 12 天，有些功能还没有完全调试完成。3 月 5 日，音视频部两会报道全面使用高清非编系统，开始向用户发出高清视频稿。经过 3 月 5 日下午和晚上两次系统全面上线协调会，确定海内外各分社高清发稿路线图和时间表。3 月 7 日晚签发通知，要求自 3 月 8 日零时起海内外各分社只发回高清视频素材，不再发回标清视频素材。

② 2017 年两会期间，这类“问与答”一共编发 7 期，共 57 条。之后，又编发 11 期，共 51 条。108 条“问与答”，有效解决了上线过程的相融性问题。

善。最佳境界，是把这样的方法论提炼和理论思考，变成一个集体的习惯和这个运作体系的自觉。这样，媒体融合运作体系才会真正构建起来。

结语

总体上看，数字变革引发了融合技术平台和融合运作体系的构建，但决不会止于构建一个融合技术平台和相应运作体系。客观上，任何技术平台都只体现一定阶段的科技发展水平和人们的认知水平，融媒体必然要走向智媒体，才能适应“与人工智能共生”时代的到来。同样，数字变革中“生存规则”“变革逻辑”“运行范式”的演变，也不会停止，这才是符合历史发展规律的认识。